千丘之国

卢旺达浴火重生及其织梦人

[美]斯蒂芬·金泽　著
延飞　等　译

世界知识出版社

图书在版编目(CIP)数据

千丘之国:卢旺达浴火重生及其织梦人/(美)金泽著;延飞等译.—北京:世界知识出版社,2014.3
(浙江师范大学非洲研究文库.非洲研究译丛)
书名原文:A thousand hills: Rwanda's rebirth and the man who dreamed it

ISBN 978-7-5012-4622-9
Ⅰ.①千… Ⅱ.①金… ②延… Ⅲ.①政治—研究—卢旺达—现代 Ⅳ.①D742.7
中国版本图书馆 CIP 数据核字(2014)第 045222 号

图字:01—2014—1437 号

书　　名	千丘之国:卢旺达浴火重生及其织梦人 Qian Qiu zhi Guo: Luwangda Yuhuo Chongsheng ji qi Zhimeng Ren
作　　者	[美]斯蒂芬·金泽
译　　者	延　飞等
责任编辑	柏　英
特约编辑	王振兴
责任出版	刘　喆
责任校对	陈可望
出版发行	世界知识出版社
地址邮编	北京市东城区干面胡同 51 号(100010)
投稿信箱	xueshuchuban@126.com
电　　话	010-65265923(发行)　010-85119023(邮购)
经　　销	新华书店
印　　刷	北京京科印刷有限公司
开本印张	720×1020 毫米　1/16　20 ½印张
字　　数	400 千
版次印次	2014 年 4 月第一版　2014 年 4 月第一次印刷
标准书号	ISBN 978-7-5012-4622-9
原书书号	ISBN 978-0-470-12015-6
定　　价	58.00 元

本书为刘鸿武任首席专家的“教育部区域与国别研究中心基地浙江师范大学非洲研究中心”、“浙江省哲学社会科学重点研究基地非洲研究中心”、“浙江省2011协同创新中心非洲研究与中非合作协同中心”、“浙江省高等学校创新团队非洲研究团队”的研究成果

《非洲研究文库》编纂委员会

（以姓氏笔划为序）

本书翻译组成员

延　非	说明与致谢、导言
孙成功	第一、二、三、四章
吕凌琼	第五章
李意钢	第六、七、八章
李晨光	第九、十四章
王兆学　史　策	第十、十一、十二章
孙文璐	第十三章
延　非	第十五、十六、十七、十八章
延　非	统校全文并完成所有注释

谨以此书献给卢旺达人民

我们看似效死疆场，其实休眠以逸待劳。

莎士比亚：《亨利五世》第三幕第六场

目　录

Contents

说明与致谢

如果没有主角保罗·卡加梅总统的合作,这本书写不出来。他在2006年和2007年慷慨大方地接受了30多个小时的采访。他没有要求审查书稿,也没有检查。

本书中用的卡加梅总统引述都出自我对他的采访记录。大部分的引述均在脚注中注明了出处。其他没有标明出处的卢旺达人引言也来自我本人的采访。

本书所有引言原文照录,只有三处调整以确保连贯性,以免混淆。

卢旺达人通常被称为"Rwandan",但也有人称之为"Rwandanese"。我一律用前者。

1990—1994年打仗的卢旺达爱国阵线游击队员正式名称是"卢旺达爱国军"(缩写为RPA)。但是,大多数人统称这支队伍及其上层政治组织为"卢爱阵"(RPF)。在这方面我也如此称呼。

"胡图"和"图西"两个词的复数没有一定之规。我选择常用的格式,没有后缀"-s"。

见多识广的读者,特别是劳拉·侯末克、理查德·奥斯、卡伦·施密特以及詹姆斯·斯通对书稿的某些部分提出颇有价值的评论。才女编辑爱尔迈拉·拜拉斯利熟练地帮助编辑此书。谢尔拉·米尔曼提供极有价值的研究帮助。但是他们都没有看过最终定稿,因此如有错误,与他们无关。

伊利诺伊州奥克帕克镇公共图书馆的格蕾丝·刘易斯等人帮我寻找不明出处的书籍和文章。

卡加梅总统的助理达文娜·米龙格十分耐心,是我与总统之间的联系人。

约瑟夫·比德日、乔治·巴亚姆维萨吉、帕特里夏·坎伊金亚以及弗雷德里克·蒙亚鲁布噶帮我找到书中插页的照片。

我走访卢旺达是人们愿意同我交谈、指引我、帮助我。旅居国外的卢旺达人也与我交流有价值的看法。他们的慷慨大度引导我在这本书里得出对他们国家的种种理解。

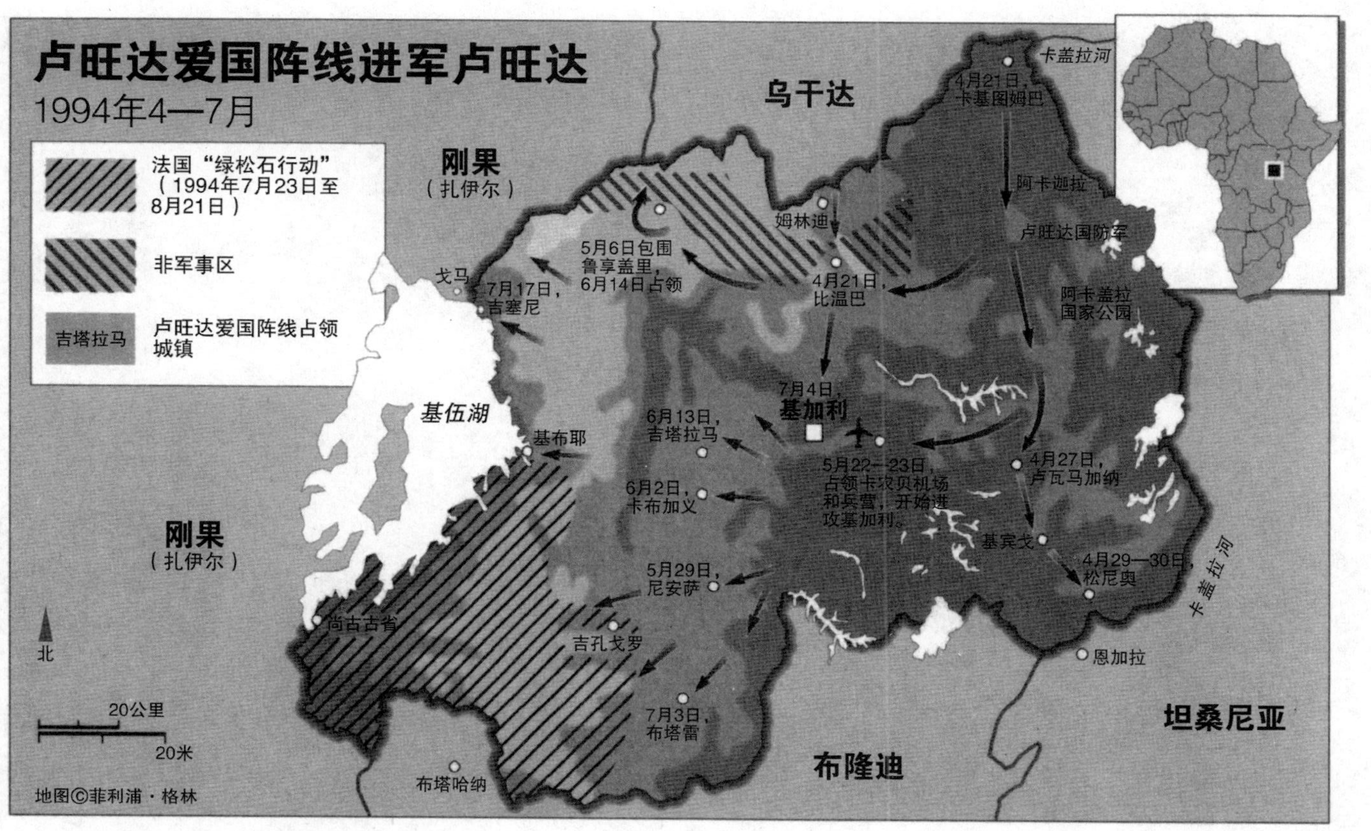

卢旺达爱国阵线进军卢旺达
1994年4—7月
法国“绿松石行动”（1994年7月23日至8月21日）
非军事区
吉塔拉马
卢旺达爱国阵线占领城镇
刚果（扎伊尔）
乌干达
卡盖拉河
4月21日，卡基图姆巴
阿卡迦拉
卢旺达国防军
阿卡盖拉国家公园
姆林迪
4月21日，比温巴
5月6日包围鲁享盖里，6月14日占领
戈马
7月17日，吉塞尼
7月4日，基加利
5月22—23日，占领卡农贝机场和兵营，开始进攻基加利。
4月27日，卢瓦马加纳
基宾戈
4月29—30日，松尼奥
恩加拉
基伍湖
基布耶
6月13日，吉塔拉马
6月2日，卡布加义
5月29日，尼安萨
吉孔戈罗
7月3日，布塔雷
尚古古省
布塔哈纳
布隆迪
坦桑尼亚
北
20公里
20米
地图©菲利浦·格林

你难道不觉得在这种状态下生活令人厌恶吗？我们国家为什么要依赖别人？我们自己不行吗？我们为什么要靠别国纳税人的钱过活？为什么两百年前我国人民过得比我们今天好？为什么？我们的祖先诚实正直、勤劳能干、敢于维权。我们现在却遭人蔑视，甚至厌弃。我们没做错什么事，我们有能力应对这些挑战。

保罗·卡加梅

导言

我曾多次小住卢旺达，一次恰逢不速之客到访。此人命走背字，临危受命出任世界上最动乱国家索马里的临时总统。军阀割据该国大片疆土，全国绝大多数地方人人自危，民众无法奢望和平、安全和幸福。

这个黑暗国度的总统来卢旺达祈求施舍。他希望卢旺达精英部队派兵帮助稳定摩加迪沙，还恳求保罗·卡加梅总统提供其他援助，帮他应对危局、重新统一四分五裂的索马里。

这次邂逅说明，当代卢旺达的确令人着迷。20 世纪 90 年代中期，卢旺达同索马里一样废墟遍野。卢旺达大屠杀夺去百万生灵，索马里众军阀豆剖瓜分国家。当时的卢旺达和索马里堪称全球浩劫最甚的国度。“失败国家”都不足以形容这两个类似地狱的国家，当时看来，他们会双双走向一族独裁或动乱不已。

不出人们所料，索马里依旧陷于一片混乱的无政府状态。出乎人们所料，卢旺达与命运抗争，从内战与大屠杀之中浴火重生，民族团结，社会稳定，天下太平。卢旺达领导层雄心勃勃，老百姓人心振奋，前途无量。外国人蜂拥而至，希望为卢旺达的民族复兴助一臂之力。

为何卢旺达得以劫后重生而索马里却一蹶不振？我看着两国总统握手，心中突然冒出这个问题。卢旺达浩劫之后不过十年，不仅国泰民安，而且朝气蓬勃、壮志凌云。这一切从何而来？

索马里总统访问卢旺达伸手求援之时，另一则报道出现在非洲各国报刊头版头条。焦点是肯尼亚，那里曾与其他非洲国家一样充满希望，此时却在暴力和腐败的重负之下步履蹒跚。大半辈子在非洲传教的一位美国老妪及其 52 岁的女儿在内罗毕市郊惨遭劫车团伙杀害。这种残杀无辜在非洲一些地方屡见不鲜。此次受害者是白人，引起外国侨民的惊恐万状。我的一位朋友在内罗毕负责援助项目。她惊魂未定，保安昼夜看守、每间屋子都装有警铃的家宅又遭手持冲锋枪的暴徒团伙袭击。她次日便决定立即辞职回国，不敢让全家冒此风险。

这则报道引发卢旺达民众及其朋友的强烈共鸣。卢旺达没有劫车暴徒或武装团伙。白天黑夜，人们随时怀揣金钱、手机或其他贵重物品逛街。万一遇到警察拦车，也不过是检查司机是否系好安全带，并非威胁、勒索或劫持车主。

卢旺达不像内战不休的索马里或暴力泛滥的肯尼亚那样分崩离析，相反，一切安稳，民众一心探索现代化和解放之路。我在卢旺达逗留数月，所到之处总问当地人十年来转变的原因，几乎人人答复相同，甚至使用完全相同的词句。

他们告诉我："归根到底，取决于领导人。"

领导卢旺达新生的核心人物是保罗·卡加梅。他在21世纪头十年中成为非洲最迷人的领袖，力倡安全，引导和解，廉政治国，首先强调自力更生。他给1994年大屠杀后的卢旺达带来难以想像的法制与秩序，经济恢复增长，社会改造转型，宗派狂热降温，最令人惊奇的是民众普遍迸发出激情和乐观。

我在卢旺达小住期间，比尔·克林顿曾到访并探望其名下基金会在东部富庶热带草原林夸乌镇附近资助的一所医院。几天后，比尔·盖茨到访，宣布其基金会拨款90万美元建造一个医疗中心，培训全非洲治疗各种传染病的医生。星巴克集团董事长霍华德·舒尔茨接踵而来，他感慨万分并邀请卡加梅总统次年出席西雅图的公司年会。亚特兰大前市长、美国前常驻联合国代表安德鲁·扬大使随非洲裔美国人领袖代表团访问卢旺达后惊叹道："卢旺达正在改天换地。"

不仅是外来访客着迷于卢旺达的迅速复兴。无论我走到哪里，人人都深信这个蕞尔小国(同美国马里兰州或比利时的面积相差不多)蓄势待发，面临可载入史册的繁荣跃进。我的笔记本上记满了他们赞美卡加梅的言语。

出生于英国的矿业工程师凯文·特里说："我自己是个非洲人，见证了许多颇有希望的领袖人物上台又下台。保罗·卡加梅给我留下深刻印象。想想这个国家过去经历的灾难，再看看这里当前的发展，简直令人难以相信。这里大有希望，整个非洲的人都开始瞩目于此，赞不绝口：'看看卢旺达，为什么我们国家就不行呢?'不得不说，这主要归功于保罗·卡加梅。非洲一直未能解决的难题，看来，他能解决。"

美国得克萨斯州的农学家蒂姆·席琳在卢旺达南部辅助农民种咖啡，他认为："卡加梅是关键。他有能力团结全民。如果卢旺达坚持这样走下去，此人定能成为非洲的明星。”

荷兰大使彼得·圣豪(2005—2007年驻卢旺达、布隆迪)说:“这些人在大屠杀之后短短几年间取得的成就令人难以置信……这个国家了不起。你能同这些人合作,他们有股干劲,想干成事。这里不像其他国家,只见政府信誓旦旦,却一事无成。这里的人十分努力,他们有目标、精明……他们想干大事、上台阶,如果他们坚持下去,我相信他们能够实现目标。”

保护卢旺达山地大猩猩项目的负责人艾丽西娅·利里博士说:“我在卢旺达看到的一切有点儿让人不敢相信。积极向上,进步神速。这位总统正在创造奇迹。”

印度裔商人拉吉·拉詹德兰说:“这里的办事效率远胜于该地区其他国家。我们在乌干达有家分公司,还同肯尼亚、南非以及其他很多国家的供货商合作。相比之下,这个国家的效率高很多……我认为,这些都归功于卢旺达总统。他本人的个性使得全国事业有成。”

尽管大家满怀热望,仍有充分理由担心卢旺达的未来。它面临众多巨大挑战。这个内陆国家人口过多,大多数人的生活极端贫困。政府要求国民反复讲求和解,然而众人心中充满仇恨。

怀疑论者最大的困惑集中于卡加梅总统本人。此人远见卓识、精力充沛、雄心勃勃,但也可以说是一位愤愤不平、报复心强的专权领袖。由于他一手主宰卢旺达,其选择完全决定整个国家的未来。

凡是看好非洲领袖巨大潜力的人,都不会无视先前那些英雄耸人听闻的败迹。许多非洲国家令人尊敬的独立之父,如克瓦米·恩克鲁玛和乔莫·肯雅塔,满载民众期望上台,然而他们下台时其祖国更加贫穷、衰弱、四分五裂。最著名的反殖民主义革命领袖兼解放者当属津巴布韦的罗伯特·穆加贝,他最后却成为压迫者。乌干达领导人约韦里·穆塞韦尼是卡加梅多年的师傅,这个“潇洒的孔武王子”曾想发起非洲革命,结果却是独自恋权几十年,堕落为蜕化腐败、任人唯亲、傲慢自大之人。[①]

天真的外人渴望听到非洲的成功故事,急于颂扬有希望的领导人。有时不

① Bill Berkeley, *The Graves Are Not Yet Full: Race, Tribe and Power in the Heart of Africa*. New York: Basic Books, 2001, p. 237.

免过于性急。2003 年，为利比里亚政府工作的一位美国律师出书称，查尔斯·泰勒总统“忧国忧民，富有魅力，自信超人，明察世界大事。”[①]四年之后，国际刑事法庭指控泰勒犯下战争罪和反人类罪。

武装革命集团领袖个个残酷无情。他们为了自身生存，不得不猜忌他人，密谋于暗室，动辄采用暗杀等暴力行为。成功夺权者渴望改邪归正，然而本性难移。

卡加梅总统稳定国内，开启未来希望之门，已经取得许多人意想不到的成就。然而，前面的挑战更加复杂。卡加梅缺乏耐心，难抑怒气，不容批评，他能否应变自如必将决定其功业。

一位熟悉卡加梅总统并曾与之共事多年的卢旺达人告诉我：“迄今为止，对卢旺达来说，卡加梅是个好人。我假定他言而有信，如果这是一个过渡期，那我对他毫不怀疑。倘若他想维持现状，那就惨了。卢旺达需要的领导人，要能治愈创伤，负责任地管理权力、分享权力，创立制度。我看不出卡加梅具有这些素质。至今他干得还行，但我担心他在兵行险招。”[②]

卡加梅总统深知非洲没能产生领袖范例或国家转型模式，转而青睐“亚洲四小龙”。他期望实现类似它们在 20 世纪下半叶的成就：经过一代人的努力，带领国民从贫穷走向富裕。他自信能与历史和地理抗衡，满足民众的期望。

> 也许我们不能完全复制新加坡、马来西亚或韩国那种做法。不过，如果他们能办到，为什么我们就不能？几十年前，我们的经济发展水平和他们一样。为什么我们就该以国弱民穷、自相残杀传名于世？上帝诅咒我们？我们命该如此？我们不能改变做法？同其他发达国家比，我们天生不行？
>
> 保罗·卡加梅

卢旺达是片极其美丽的土地，青翠，肥沃，素有“千丘之国”的美誉。不过，此

---

① Lester Hyman, *U.S. Policy toward Liberia 1922 to 2003: Unexpected Consequences*. Cherry Hill, N. J.: African Homestead Legacy, 2005, p. xii.

② 作者私下采访。

处也令人紧张，提心吊胆。政府担心杀戮狂热复起、灾难再次降临，因而限制政治自由。人权团体等外部势力形容卡加梅总统是专制暴君。甚至有些卢旺达人长期固守世道不变的成见，不满他提出变革的要求。

> 我们不得不改变国民的思维方式，不得不引导他们懂得尊重劳动和努力工作，改变过去的习惯。这需要不断敦促和推动。我听到有人私下批评和抱怨，说国民被逼过甚。我并不同情。人要有压力，甚至感到痛苦。我对自己也施加压力，许多日子甚至几乎累倒。
>
> 我们没有什么值得自满。我们贫穷，贫穷不是好事。如果说有压力感到痛苦，也绝不会像贫穷那么令人痛苦、不会像饥病交加那么痛苦。我不会因力促国民努力而道歉。我倒是希望有更多的精力推动他们加倍努力。这可能伤到他们，但最终他们会事有所成。有一种文化观念认为，要让国民随心所欲。我不认为这是一种自由观。必须从大背景来理解自由。
>
> 不应该说绝不能敦促或要求国民做事。我敦促国民工作，这有什么错？许多人懒惰成性，以为最终总会有人来喂饱他们。但是，我们应该自食其力，甚至要喂饱别人。
>
> 保罗·卡加梅

尽管卢旺达跃进发展的新闻传遍四方，很少有人能够理解，一个看似无关大局的国家怎么突然在世界上大有可为。更令人不解的是，保罗·卡加梅在难民营长大，没有接受多少正规教育，除了打仗并无所长，他何以能脱颖而出，设计并掌控如此宏伟大业？他是何等人物？从何得此远见卓识和满腔激情？什么力量推动他上台并走向世界舞台的独特位置？他为何深信苦难的小小卢旺达蕴藏着巨大潜力？他真能实现自己的梦想，将其国家变成非洲的瑰宝？

我从这个偏僻国家的历史，特别是卡加梅本人经历中找到了这些问题的答案，发人深省，令人既惊奇又不安。这些故事包括流亡生涯、艰难困苦、背信弃义、违命反叛、牺牲性命、残酷战争以及暴力洗劫。这些足以说明，正是这个无足轻重的地方给人以大胆激进的启示。

我周游卢旺达时遇到一位省长，问及他和新政权希望实现什么丰功伟绩。我以为他会长篇大论，不料他的回答直截了当，简单明了：“我们想当第一，愿意教授所有非洲国家。”[①]

这可能吗？卢旺达的划时代成就能够启迪甚至改变更大一片世界吗？众多发展中国家初衷良好的领袖屡试屡败，卡加梅总统却有望成功？所有回答汇集起来，便是引人入胜的故事，供世人品读。

曾几何时，仅靠超级大国就能保障全球稳定，然而，那个时代已经结束。在新世纪，唯有缩小令人震惊的贫富差距才有可能实现和平。如何实现和平，对未来世界的安全至关重要。

无以计数的专著和论文试图解答这个问题，如果首尾相接，足以环绕地球。相比之下，践行发展理论、运用宏伟理想改造复杂混乱世界的领袖却少得可怜。然而，这正是卡加梅立志完成之举，他与他的同志着手实现充满风险与希望的宏业。历史预见他们必败；但是，如果成功，他们就能改变世界。

---

① 作者采访省长博尼法斯·卢卡古(Boniface Rucagu)。2010年他从全国团结与和解委员会主席岗位退休。译者注。

我记得当时站在窗前眺望旁边的山头，一伙人正在放火烧房、杀人。母亲近乎绝望，但仍不肯离开这里。

我听到有人大声喊叫，说我们要逃跑，招呼人赶紧抓住我们，别让我们跑掉。我记得，除了一片火海，就是冲下山来抓我们的一群人。

保罗·卡加梅

第一章　惨景挥之不去

在卢旺达，大事总是发生在山上，难怪卡加梅的母亲要把他带到山坡上面对屠刀。她看到一伙武装暴徒冲向自家宅院，马上想到全家在劫难逃。她带着两个幼子和三个女儿走出房门，大义凛然地迎接死神。

她对孩子们说："与其惨死在屋里，我宁愿光明磊落地死在屋外。"

这伙暴徒离他家只剩一英里，旁边土路上突然马达轰鸣，一辆汽车飞驰而来。这一带，有汽车的人家很少，这是国王穆塔拉三世鲁达西格瓦的座驾，专程赶来拯救卡加梅一家性命。王后是卡加梅母亲的表亲，她得知当天不法暴行蔓延，担心卡加梅家遇险，派王室司机前来营救。暴徒见有车来救，冲得更快，想抢先杀人。就在他们将要靠近时，只听汽车"吱"地一声刹车，司机迅速将卡加梅一家人拽上车，绝尘而去。

这场卢旺达有史以来首次种族屠杀，亦称"大屠杀彩排"，爆发于 1959 年 11 月 3 日，提前了三天。[①] 一位亲历此劫的美国传教士写道："大约上午 9 点，传来令人毛骨悚然的哭喊。三教九流一伙汉子和后生，手舞砍刀长矛，高声尖叫，连跑带跳，冲下山坡，掠过此地。"[②]11 月 6 日奔袭塔姆布维市中心卡加梅家的，也是此类暴徒。

司机惊魂未定，从死神手中救出卡加梅及其母亲、兄弟姐妹，一路飞奔送他们到安全的王宫。王宫是座欧式建筑，俯瞰近处的尼岩扎镇。他们躲过的这场浩劫打开了卢旺达历史的新一页。此后几十年间，卡加梅历经穷困潦倒的流亡生涯，参与秘密活动史中最为大胆创新的密谋，奋力组建推翻独裁政权的起义部队，矢志创立新秩序和重建破碎社稷。

卡加梅全家在王宫避难八周。血腥杀戮结束后，母亲阿斯特丽亚[③]才敢带孩子们回家。半年后，屠杀卷土重来，她又携儿带女重返王宫。这一次，王宫各

① Josias Semujanga, *Origins of the Rwandan Genocide*. New York: Humanity, 2003, p. 181.

② Meg Guillebaud, *Rwanda: The Land God Forgot*. London: Monarch, 2002, p. 142.

③ 拉丁文，"星彩宝石"之意。译者注。

处挤满难民。她寻找机会带着子女逃到人烟稀少的东北部，那里临近乌干达，且有亲戚。弃家而逃的丈夫迪奥格拉蒂亚斯[①]也赶来团聚。他很快看出这个偏僻角落同样不安全，一家人接着逃到乌干达，全部家当只有几口袋孩子的衣服。

1959年和1960年，仇杀队在卢旺达乡下烧杀抢掠，掀起一场"解放胡图人"的新政治运动。其策略之一就是恐吓卡加梅家族等图西旧贵族。比利时殖民当局及其卢旺达子民都支持这场血腥运动。警察置若罔闻。强盗明火执仗杀人，全然不受惩罚。每次袭击都导致众多图西人背井离乡。

成千上万难民涌入乌干达，生活凄惨。他们一过国境，乌干达官员就围捕抓人，把他们赶上卡车运到偏远地区。每一两周派辆卡车运送配给豆类和面粉，其余生计全靠难民自行解决。他们开荒种地，有什么种子种什么庄稼，用泥土掺上野草树枝搭简陋窝棚。一年后，许多人又无缘无故被迫迁往他处，从头开始。卡加梅的父母找到卢旺达亲戚帮他们抚养两个女儿(后来都流落欧洲)，自己带着另外两个女儿和两个儿子艰难度日。四个孩子童年时大都是拾柴觅水。

卡加梅全家首次落脚的难民营在乌干达西南部的安科莱区。卡加梅结识了卢旺达男孩弗雷德·卢威杰马，他也是随父母在首轮大屠杀时逃难出境。两个好朋友形影不离，一同随家人北迁托罗区，旁人都以为他们本是亲兄弟。

保罗和弗雷德带着少年特有的眼光观察难民营陌生的新奇世界。他们最爱围在一位老难民身边，听他讲引人入胜的战争故事和光复卢旺达的理想。这位老战士参加过图西难民夜袭队[②]。20世纪60年代初期，图西难民常在夜间越境攻打卢旺达政府的哨所。由于力量悬殊，政府军轻而易举地挫败袭击，并且变本加厉镇压屠杀图西平民百姓。保罗和弗雷德对这些战斗故事百听不厌，他们在周六则用香蕉叶包着棍棒当枪，模仿夜袭队战士玩打仗游戏。

他们开始为日后的战争演练，信念的火种代代相传。

有人认为这两人情投意合，有人则以为二者在很多方面各不相同。卡加梅聪慧过人，但性格内向，抑郁寡欢，一触即跳。他不苟言笑，表情严肃，年长者在他面前都会收敛粗言硬话。弗雷德却相反，生气勃勃，富有魅力。他的迷人微笑和直爽性格赢得了众多朋友。完全不同于清瘦颀长的卡加梅，他英俊潇洒，温文

① 拉丁文，"托上帝之福"之意。译者注。

② 原文为"inyenzi"，卢旺达语"蟑螂"之意。译者注。

尔雅，众人推服，姑娘簇拥不散，后生争相效仿。

卢旺达难民子女都在父母自办的难民营简易露天学校读书。卡加梅酷爱学习，四年级时进入名声不错的卢文格鲁小学，每天跋涉 10 英里上学，风雨无阻。他专心致志，小学毕业成绩全区第一。这绝非易事，因为卢旺达学生众多，人人都发奋学习，都想摆脱流亡困境。

> 那时候我还是个孩子，但在那种环境中长大对我的影响极为重要。我想得很多，满脑子都是问题。长大之后常同父母、朋友和其他人讨论整个历史。日后慢慢理解生活的艰难，实际上一无所有，家道贫困。我开始琢磨这是为什么……我听人讲述历史，目睹生活窘迫，我会问：这为什么偏偏发生在我们身上？一些想法开始形成。也许，年纪越小，困惑越多。
>
> 保罗·卡加梅

卡加梅凭借优异成绩考入乌干达最好的恩塔雷中学。然而入学后，他却突然变得冷漠乖戾，心烦意乱，丧失学习兴趣，不再急于改变境遇，厌恶眼见的一切。

他越加深思自己经历的不公正待遇，他最敬慕的亲人也在悲惨生活中精疲力尽，不堪重负。

卡加梅的母亲内心坚强，勇于面对流亡和损失的打击。她忘却昔日的特权，同其他难民一样种地养活子女。她丈夫却难以适应变故。他出身贵族，曾是小酋长，又是国王的心腹，拥有一大群牛。他接受不了命运的打击。

他对妻子说："我干活也是死，不干也是死，不如让我死吧。"①

此后几年，这个颓丧的男人从忧郁走向绝望。仅有的一点钱都花在抽烟上，最后在烟雾缭绕中死去。

父亲死时卡加梅年仅 15 岁，这一人生打击更加燃起他的无名怒火。他听任成绩滑落，在校惹是生非，先是带领卢旺达籍同学还击欺负侮辱他们的乌干达学

---

① 作者采访卡加梅的母亲阿斯特丽亚·卢塔嘎穆布瓦（Asteria Rutagambwa）。

生，后来又跟当地日娃寻衅打架。校长每次把他赶回家，母亲不问青红皂白就是一顿惩罚，她知道肯定是儿子的过错。

他的同学后来回忆，“他做事从容不迫，从不立即反应，不忙参与，先从旁观察判断，善于倾听他人意见。不过，他也勇于出手。总有人骂我们，他从不容忍。我记得很清楚，有一次几个乌干达人辱骂和袭击我们。我们 40 个人住一个宿舍，他组织我们反击。对方的个子都比他大，但他总说：‘我们不能屈服，不能让他们随意骂我们，不能低三下四。’他懂得生存之道。当时生活十分艰难，我们大家都知道，如果想过得好，就必须去争取。别人不会白给你。”①

1976 年，卡加梅中学刚上一半，他最好的朋友走了。当时，两个小伙子都不能静心读书，苦于无法宣泄内心的愤怒，日益了解到革命洪流正在东非各国风起云涌。卡加梅猜到弗雷德参加了某种秘密活动，很可能是从军反对乌干达独夫民贼伊迪·阿明。弗雷德突然失踪，卡加梅备感孤独，甚至怀疑诺大世界是否仍有他一席之地。

失去稳重好友弗雷德的影响，卡加梅越发不安分，校方暂令他停学。他转到老坎帕拉中学，但依旧不服管束，争强好斗，只要听到有人指摘卢旺达，他便上前反诘。他最终以一般成绩毕业。

> 我开始感到，从思想到为人处世，逆反心理很强，总想反抗现实生活的一切恶事。心头充满难以言状的怒火。我想克服自己的毛病，但不知道是什么。
>
> 周围环境总是以不同的方式提醒你，你不属于这里，你不该在这里。你没有属于自己的地方。你无权说话，只好保持沉默。凡事都告诉你，不在自己所属的地方。这几乎已成惯例，但没人能够习惯这种处境。
>
> 保罗·卡加梅

在几年索然无味的中学生活中，这个苦恼的年轻人一度垂头丧气。随后，他

---

① 作者采访卡加梅的发小埃曼纽尔·恩达希罗上校（Emmanuel Ndahiro）。他是前国家情报与安全局局长，2011 年 7 月出事叛逃。译者注。

重新振作，决心充分利用乌干达所能提供的机会。虽然他尽力融入当地社会，却屡屡以痛苦的失败告终。

几次冷遇令他形成人生最基本的信念——指望别人帮助是愚蠢的想法。

卡加梅1976年从老坎帕拉中学毕业，几个月后他意识到，中等成绩的贫困难民前途渺茫。他决定回校专心复读一年。但他囊中羞涩，便去求助在坎帕拉的富有亲戚，他叫她“婶婶”。

> 她拒绝帮忙，我一气之下离开她的办公室。我发誓再也不求任何人的帮忙。真是火上加火。
>
> 保罗·卡加梅

那次受挫后不久，卡加梅得知在乌干达另有一个亲戚。他小有名气，常出奖学金送非洲学生去瑞士上学。他去拜访此人申请奖学金，但又是不了了之。据他自己分析，部分原因是他不愿苦苦哀求。

> 他送其他三个人去瑞士学习，并非因为他们的学习成绩更好，而是因为他们的亲戚关系更近。如果我再坚持乞求一下，他也能送我去。这要怪我自己，我不喜欢哀求别人，不喜欢强求。
>
> 保罗·卡加梅

第三次机会可谓从天而降。1977年，卡加梅看到东非航空公司在乌干达报纸刊登广告招收10名飞行员，并在乌干达著名的索罗提航校培训。卡加梅从小就热衷于飞行，自然想抓住这个机会。他和百余人参加选拔考试，成绩公布时，他惊喜地发现自己排在前十名。他欣喜若狂，以为终于找到走上正常生活之路。他大步走进校长室，说他成功入选，愿意应征。校长抬头一看，马上知道眼前这个年轻人根本不是乌干达人，而是个从卢旺达来的难民。

“就你？”他不屑地吼道：“滚出去，你这个卢旺达人。”

卡加梅并非唯一遭遇辱骂的卢旺达难民子女。1959—1964年，民族灭绝的屠杀波澜迭起，30 多万图西人被逼逃离卢旺达。[①] 他们大多落脚于周边的乌干达、肯尼亚、布隆迪、坦桑尼亚和刚果，少数前往欧洲、北美。其中许多人尤其是年轻人，从不接受卢旺达新统治者强迫他们永生流亡的判决。他们没有自己的国家，在磨难中牢树信念。近似神话的传说让他们深信，命运和历史赋予他们至高无上的神圣使命，千方百计也要返回老家，许多人对卢旺达并无丝毫记忆，只是他们理想中的祖国。

理查德·瑟兹贝拉[②]也是卢旺达难民子弟，后来成为职业医生和外交官。他认为，被迫流亡和备受歧视的经历具有非常积极的意义。他说："人生成败都来源于此，苦难不是摧毁就是增强人的自尊心。对我们大多数人来说，这段经历更加坚定我们的自尊，激励我们加倍努力。"

一些年轻流亡者想探访自己矢志为之牺牲一切的祖国，保罗·卡加梅也在其中。他两岁时离开祖国，只记得自己曾与死神擦肩而过，别无其他印象。他同其他难民一样，无缘拥有护照，因为卢旺达不再承认他，乌干达也不让他入籍。但他还是说服一名乌干达官员为他颁发"旅行证件"，1977 年年末他跨境重返故国。

时年 20 岁的卡加梅，在边境关卡雇了辆出租车就直奔卢旺达首都基加利。他称作"叔叔"的一位亲戚曾是卢旺达著名青年左翼团体成员，留学捷克斯洛伐克，毕业后政府却不许其中的图西人回国。所有留学生聚集反抗，卡加梅的叔叔等人被捕，入狱一年有余。他成了卡加梅在国内的第一个朋友。两人畅谈多时，讨论观念冲突、祖国形势以及今后事业。

卡加梅虽是合法入境，但其旅行证件上并未注明他原籍卢旺达。因此，担心基加利警察找麻烦，他天黑后才敢冒险上街，一出门便走个不停，慢慢体会这座城市的现实，此前这一切只是在睡梦和传说中存在。他全凭夜色和直觉保障安全。

偶然一个机会，他发现基耀坞中等宾馆有个酒吧，一拨政客、公务员和警官喜欢下班后来此喝啤酒聊天。他也成了常客，每次都悄悄溜进门，尽量不引人注

---

① Gérard Prunier, *The Rwanda Crisis: History of a Genocide*. New York: C. Hurst & Co. Ltd., 1995, pp. 61-62.

② 前卫生部长，现任东非共同体秘书长。译者注。

意，独自找张桌子坐下，不跟别人搭讪，一瓶接一瓶喝桔子汽水。他看上去在独自沉思，实际上专注倾听周围人谈话。他听得入了迷，大多是有关政治交易的小道消息：谁输了，谁赢了，谁得志，谁失势。

卡加梅在卢旺达逗留六周。一年后，他再次回国，主要是走访乡间。他观察聆听，感受颇深。这些经历从两个方面形成他的认识。首先，他对过去一无所知的祖国有了初步了解。他通过考察得知卢旺达人民的生活，颇有收获，特别是加深了对种族隔离式政治制度的强烈义愤。也许更为重要的是，卡加梅两次回卢旺达基本上都是自行侦察，增强了对收集情报的兴趣。他早就对詹姆斯·邦德小说和尼克·卡特侦探故事爱不释手，与同辈的许多不安分的理想主义者一样，他也顶礼膜拜切·格瓦拉。他在卢旺达自担经典的侦察任务：通过分析诸多零碎线索把握复杂时政局势。他不经意间步入破坏颠覆和隐秘行动的世界。

两次卢旺达之行后，卡加梅对困扰他以及多数卢旺达难民的难题认识得更加清醒。他们面临两个针锋相对的现实：流亡充满敌意的异国他乡令人无法忍受，返回祖国又不可企及。这个问题始终困扰着新一代流亡者。这一复杂矛盾牢牢拴住了他们：既不能留，也不能回。

> 大约在1977年或1978年，我开始思索能做些什么。我跟朋友们讨论此事，但我不同意他们的许多想法。我们好多人谈论此事，但我看不上其中一些人。他们只是空谈，不想干事。好像习题，做完就完：讨论，抱怨，商量下次会期，却不讨论最终如何行动。
>
> 保罗·卡加梅

卡加梅绞尽脑汁考虑他这一代人如何带领同胞返回祖国。突然间，他听说童年好友弗雷德·卢威杰马来到乌干达西部的波特尔堡，并且四处找他。卡加梅赶去见弗雷德，听他讲自己的惊人经历。乌干达造反者约韦里·穆塞韦尼决心推翻伊迪·阿明的独裁统治，弗雷德应招后离开乌干达，一年多来他和其他游击队员在坦桑尼亚一处半秘密基地训练。目前，这支造反武装在大批坦桑尼亚士兵的支持下打回乌干达，弗雷德也在其中。他离开乌干达时是个漫无目标、一无所有的难民，回来时已是雄心勃勃、自信不疑的战士。两人的此次重聚，将改写卢旺达的历史进程。

有些感情很难表达。我不知道怎样说才准确，只能说当时觉得十分温暖。这种感觉很特别。我们俩谁也没有想到此生还能相见。也许他以为我死了，也许我也觉得再也见不到他了。因此，这次重逢让我们十分激动。我们从早到晚在一起，无所不谈，晚上同睡一屋，说不完的话。

保罗·卡加梅

弗雷德·卢威杰马的军事训练和积累的经验为卢旺达流亡者开辟了一条新路。他是同辈人中第一个自学成才的军人。保罗·卡加梅等人很快也迎头赶上。

从那时起，卢旺达流亡者在不为世人所知的情况下开始学习作战。

当年，仰仗前宗主国比利时和法国的无条件支持，卢旺达政府的统治还算稳定。除了一些憧憬未来的流亡者外，没有人想到能用武力推翻卢旺达政府。设计了这种政权的欧洲人不曾想到，他们在其内部埋下了毁灭的种子。他们以为卢旺达是一个殖民地成功范例。实际上，他们培养了摧毁卢旺达政权的力量，战争之惨烈超出常人设想。

这些事情十分重要。并非最近发生的事情，而是历史上很久以前发生的事情。我对这些详情很感兴趣。它们能陶冶内心，让人懂得我们这个民族有尊严，我们的历史值得骄傲。它唤起人们的兴趣，钟爱自己的民族身份；而且不断提醒你，尽管目前没有人看得起你、你没有国籍，都无足轻重。但是，你拥有历史，你拥有文化，你拥有民族。它不断提醒你要牢记这些。也许，我们不该沉睡或死去。这种观念成为一股强劲动力。

保罗·卡加梅

第二章　优雅金红美女

卢旺达第一位国王叫吉汉噶，据说是"人之初"女神的儿子。早期历史学家认为，他在位时期大约在10世纪。现代历史学家则怀疑，世代相传的有关他及其显赫子孙甚至那些史诗传说里的英雄，根本就是子虚乌有。许多谜团如同雨季笼罩卢旺达群山的雾霭，遮蔽了卢旺达的早期历史。

不过，学者们一致认为，到18世纪，卢旺达人已经在非洲建起当时组织程度最高的社会，逐步形成由贵族、酋长和小酋长分担责任的复杂等级体制，统治者和被统治者各司其职。[①] 国家权力的象征是国王代代相传的卡林夹王室圣鼓[②]，下面挂着战败敌酋的睾丸。

卢旺达武士虽时常攻打邻近部落，夺占领地，但并不远离大峡谷边缘的祖国，他们认为身处内陆反而安全。涉足东非其他地方的阿拉伯和亚洲商人从未到过卢旺达，早期来自欧洲和非洲其他地方的人害怕冰雹般的箭簇和长矛。奴隶贩子费尽心机也未能走进卢旺达，亦无卢旺达人参与奴隶贸易的记录。卢旺达在历史上一直与世隔绝。从殖民前时期直到最近，卢旺达基本上没有受到非洲其他地区乃至整个世界发展的影响。

卢旺达历史中一直令人困惑不解的问题是胡图人与图西人的起源及其相互关系的演变。迄今没有统一的说法，他们是不同的种族、种姓、民族、部落，或只是不同的社群？可以确定的是，他们几个世纪以来一直比邻而居，使用同一种语

---

① Dixon Kamukama, *Rwanda Conflict: Its Roots and Regional Implications*. Kampala: Fountain, 1993, pp. 8-24. Jacques J. Maquet, *The Premise of Inequality in Rwanda: A Study of Political Relations in a Central African Kindom*. Oxford: 1961. Audrey I. Richards ed., *Economic Development and Tribal Change: A Study of Immigrant Labour in Buganda*. Cambridge: W. Heffer & Son, 1954. Rachel Van der Meeren, "Three Decades in Exile: Rwandan Refugees 1960—1990", *Journal of Refugee Studies*, 1996, Vol. 9(3), pp. 253-256. Jan Vansina, *Antecedents to Modern Rwanda: The Nyiginya Kingdom*. University of Wisconsin Press, 2004.

② Gérard Prunier, *The Rwanda Crisis: History of a Genocide*. New York: C. Hurst & Co. Ltd., 1995, p. 10. "Kalinga"是卢旺达语，在15—17世纪是卢旺达国王政治权力的象征。"他是王，拥有鼓。鼓声大于臣民的喊声。"译者注。

言，遵守同一套法律，传承同一样神话，信奉同一个宗教。

民族学者认为，在14—15世纪非洲人辗转迁移期间，一些图西人从北方某地来到卢旺达。他们重新组织原有社会，既用和平手段也动武征服胡图小国，图西众首领成为卢旺达诸侯"姆瓦米"。图西人是统治阶层，个子通常比胡图人高，放牧牛群，不事农耕。除此之外，两者并无实质性区别，相互之间还可以转换身份。胡图人牛畜超额，就成为图西人；图西人弃牧种地，则变成胡图人。双方允许通婚，几乎没有社会冲突。

自从欧洲人统治卢旺达后，这一切彻底改变。卢旺达的殖民开始得较晚，也同其与世隔绝有关。1892年，第一位踏足卢旺达的欧洲人是名德国探险家。[①]两年后，德国伯爵古斯塔夫·阿道夫·冯·戈曾首次因公访问卢旺达，并到尼岩扎拜见近似神祇的姆瓦米。他与主人握手，吓坏了聚集一旁的贵族。他们视之为违背习俗的可怕举动，担心怪异的不祥之兆降临本国。

他们没有猜错。

当时卢旺达人并不知道，1884—1885年的柏林会议已经将卢旺达—乌隆迪的领地分给德国。如今的卢旺达和布隆迪这两个"双胞胎"国家，当时只是德属东非的一部分，由冯·戈曾出任地方长官。他同其后的欧洲人[②]一样，都欣赏卢旺达—乌隆迪王国的高效治理和严密组织。他与王室联盟，甚至帮助其征服卢旺达北部残余的胡图小国。冯·戈曾是第一位（可惜不是最后一位）利用卢旺达两个群族自相残杀并从中渔利的欧洲人。

德国在第一次世界大战中败北，其非洲殖民地丧失殆尽。1916年，大战尚未结束，协约国即将卢旺达—乌隆迪领地转交比利时，比利时当时已经霸占毗邻的刚果，疯狂掠夺其丰富的自然资源。比利时直接统治刚果，同时将卢旺达—乌隆迪视为"托管地"，即在国际联盟（后来在联合国）的监督下管理这块地盘。先后两个国际组织都不闻不问，比利时人基本上可以随心所欲处置一切。

在20世纪早期，欧洲人沉迷于种族观念。上几代人的种族偏见根深蒂固，甚至坚信自己掌握科学依据。很多欧洲人笃信人类各种族截然不同，相互间的

---

① Learthen Dorsey, *Historical Dictionary of Rwanda*. Lanham, Md.: Scarecrow, 1994, p. 42.

② John Bale, *Imagined Olympians: Body Culture and Colonial Representation in Rwanda*. Minneapolis: University of Minnesoto Press, 2002, p. 17. Gérard Prunier, *The Rwanda Crisis: History of a Genocide*. New York: C. Hurst & Co. Ltd., 1995, pp. 6-11.

区别自然产生等级差别，一些种族生来就要统治其他种族。这种信念成为他们侵占殖民地的理由。比利时人因此还在卢旺达一再误判妄断，最终酿成大屠杀惨剧。

第一个错误判断是有关权力而非种族。经历几个世纪，卢旺达两个族群形成基于权利与责任复合网络的完善社会体系。图西人组成统治阶层，并在大多数情况下得到被统治者的认可。社会的不同角色基本按年龄长幼排序，均衡分配。有些国王比其他国王更能维持平衡，但总的来说，在殖民之前的大部分时间人们比邻相处，彼此并无深仇大恨。

比利时人刚控制卢旺达时看不到这一点，不相信王室能与平民和睦相处，不接受建立协商一致基础之上的等级社会。他们用欧洲人的眼光看卢旺达，认定卢旺达王室基本仿效欧洲封建制度。在他们看来，姆瓦米是最高首领，属下大臣和酋长组成贵族，占人口85%的胡图人则为农奴。这种架构对比利时人有利，他们正好利用自己误以为独裁专制的现有王室进行统治。在他们的怂恿之下，卢旺达王室真的变成专制独裁。

比利时殖民者选择了自以为合乎逻辑的做法。卢旺达已有自己的政府，且由比利时人认为天生优越的人掌管，其中很多人愿意接受比利时的统治。既然如此，何不与他们结为同盟呢？

比起上述误读更悲惨的是比利时人实行种族主义政策的影响。他们占据卢旺达后不久，认为当地种族关系颇为独特，图西人非常聪慧儒雅，不像欧洲人成见中的那些非洲人。为了解释这种矛盾现象[①]，他们认定图西人根本不是真正的非洲人，而是另一个种族的人，很可能是迁徙到卢旺达的高加索人后裔，这就是所谓"含米特人说"。几位先前到过卢旺达的欧洲人都认为图西人是《圣经》中含氏族部落的后裔。据说，含的父亲诺亚念咒语使含的肤色变黑。另一些欧洲人后来提出各种理论，说图西人来自埃及、阿纳托利亚、印度、西藏、美拉尼西亚、亚特兰蒂斯抑或伊甸园，众说纷纭。一位天主教牧师（当时在卢旺达的大多数学者和老师都是来自比利时的牧师）曾形容图西人是"优雅的金红美人"，生有"跟闪米特人一样的希腊人体型，甚至有犹太人特征"。还有人认为他们是人类的

① Mahmood Mamdani, *When Victims Become Killers: Colonialism, Nativism, and the Gencoide in Rwanda*. Princeton: Princeton University Press, 2001, p. 99.

"优等民族",他们应该"天生掌权","独具原始人中罕见的高雅非凡气质",他们"同黑人绝对不是同源人种"。

相反,胡图人则被视为"智力不高,头脑简单,天真幼稚,轻信他人,性格外向,笑口常开,地位低下"。[①]

欧洲人按照这种双重误解统治卢旺达:一是图西王室专制独裁,二是图西人天生优越。因此,他们认为专制也是好的。他们鼓励王室更加严厉地依赖行政命令而非协商一致来治国,强加征税或劳役等。图西人陶醉于比利时人赋予他们的特权,有人竟然深信自己的确高人一等。[②] 胡图人对苛税劳役十分不满,前所未有地怨恨王室。

比利时当局统治卢旺达十年后,决意将其种族规范推向极端。他们用精密的尺子和卡钳测量卢旺达人的额高、鼻宽、耳长等自定特征,划分每个卢人的民族属性。不合标准的则另有规定:凡是有 10 头牛以上的家庭为图西人,不足者即胡图人。1933 年,比利时人根据这些标准给每个卢旺达人发放身份证,注明其为图西人或胡图人(极少数人属于第三族的瓦特人)。他们通过颁发证件将自己认定的观念形成法律规范,即胡图和图西分属截然不同的种族,种族是两者之间最根本的区别。证件上的族属用卢旺达语"ubokwo"[③],日后导致数十万图西人流亡国外,客死异乡。

比利时人表面上说卢旺达有"两个主要种族",实际上,强加给胡图人的身份与种族毫无关系,纯粹出于迫其臣服的政治考量。有一位历史学家说,这种制度旨在"一面放纵图西人张扬其文化自负,一面击垮胡图人的自尊,最终形成日趋愤世嫉俗的自卑情结。"[④]

比利时种族政策恶毒地将卢旺达人分成原住民和外来族,这种假定自然影响卢旺达人生活的方方面面。图西人起初只是感到新奇而已,后来看到比利时人十分认真,许多人居然信以为真。

---

① Gérard Prunier, *The Rwanda Crisis: History of a Genocide*. New York: C. Hurst & Co. Ltd., 1995, pp. 6-8, 11.

② Ibid., p. 9.

③ "Ubwoko"通常被译作"氏族、部落"并不准确,因为没有"共同祖先"的含义,其实应该译为"群体"。译者注。

④ See ①, p. 9.

天主教牧师最热衷于鼓动图西人自命不凡。

自欧洲人殖民卢旺达起，天主教会就对卢旺达社会和政治生活起着决定性影响。1898 年首批传教牧师来到卢旺达，特别是比利时人接管卢旺达后，殖民当局和教会机构联手共事。双方对非洲和非洲人的看法相同，目标一致。比利时牧师大多来自白袍神父会(peres blanc)，即"我们的非洲女神传教团"，他们的影响无所不在，在卢旺达现代史上每个阶段都起着关键性作用。

天主教会在卢旺达的中心任务是开展教育，只有通过教育才能培养出一个拥护殖民观念的新阶级。最早来到卢旺达的天主教士之一莱昂·克拉塞主教在卢旺达传教 25 年，1930 年他与比利时殖民当局签约，由天主教会独家控制卢旺达教育。大多数学校只招收出身好的图西人，每收一个学生，比利时当局给教会一笔钱。这些学校越来越受欢迎，卢旺达人意识到，要想进入殖民社会上层必须上这类学校，几乎停止信奉传统的造物主伊玛纳神(Imana)，皈依基督教。1930 年签约后数月，有个牧师欣喜万分："天主教的队伍空前壮大。"①

国王余西五世·姆幸噶则拒绝加入这支队伍。他不弃传统信仰，不换王袍，不穿西装。最有甚者，他坚持行使王权，不惜对抗比利时当局。1931 年比利时人罢黜国王，经克拉塞主教挑选其长子继位，史称穆塔拉三世鲁达西格瓦。② 比利时人强调改朝换代，不许鲁达西格瓦沿用传统加冕仪式。此后多年，他的确成为比利时人的忠实朋友，俯首帖耳，身着西装，学开汽车，誓行一夫一妻，处处显示自己全盘接受欧洲观念。他甚至效仿西班牙独裁者弗朗西斯科·弗朗哥，将卢旺达奉献给基督。③ 一些卢旺达人称他为"白人的国王"(umwami wabazungu)。④

法国历史学家热拉尔·普鲁尼写道："穆塔拉三世即位后，天主教不仅与国家最高层相关联，而且自上而下完全深入卢旺达整个社会。它是政府合法性的要素，是旗帜、牟利来源、接受教育的途径，也是俱乐部、婚姻介绍所，有时甚至是

---

① Learthen Dorsey, *Historical Dictionary of Rwanda*. Lanham, Md.: Scarecrow, 1994, pp. 196-197. Josias Semujanga, *Origins of the Rwandan Genocide*. New York: Humanity, 2003, pp. 141-145.

② Gérard Prunier, *The Rwanda Crisis: History of a Genocide*. New York: C. Hurst & Co. Ltd., 1995, p. 31.

③ Learthen Dorsey, *Historical Dictionary of Rwanda*. Lanham, Md.: Scarecrow, 1994, p. 197. See ②, p. 30.

④ See ②.

至高无上的信条。"①

殖民总督几年一换，天主教牧师则在卢旺达几十年。他们会讲卢旺达语，比其他外人更了解这个国家。比利时总督主要听从他们的建议，尤其是在如何同白袍神父眼中的两大不同种族打交道方面。

在卢旺达，传教士是比利时殖民主义教育家和理论家，主要负责提出和传播种族主义理论，在整个20世纪里给很多卢旺达人洗脑。他们首先引进"含米特族论"，树图西人为生来优等的外族人。1933年，他们倡导人口普查，创立臭名昭著的身份证制度，给每个卢旺达人划分种族，自然也是20世纪50年代从根本上改变殖民政策和重塑卢旺达社会的主要力量。

在殖民统治的头几十年，到卢旺达的比利时传教士大多是比利时南方的瓦隆人上层。他们生性保守，认为理想的殖民方式是利用当地精英管治百姓。此后的新一代年轻神职人员多为北方弗拉芒人。他们出身卑微，自认为身受其他比利时人歧视乃至压迫，同情社会主义。他们是理想主义者，反感教会在二战期间勾结纳粹，渴望教会转而站在穷人和社会弃儿一边。但他们和前辈一样，用欧洲人的"有色眼镜"看卢旺达，认为冷酷无情的图西贵族统治着无权无势的胡图族大众显然有悖他们的正义观，因此决意改变现状。一时间，多年来强化图西统治的学校和神学院热衷于传播新思想，其中的"社会多数统治观"立即唤醒了新兴胡图精英，他们虽然受过良好教育，却很难进入公务部门和私营企业。

随着教会推进新观念，比利时当局也改变了统治方式。当时，民族主义浪潮席卷非洲大陆，很多国家的激进人士鼓动争取独立，殖民列强策划在独立后维持对原殖民地的控制。联合国托管理事会发表一系列报告，敦促比利时允许卢旺达人更多参与政府，旨在最终实现民族独立。比利时官员受其盟友天主教牧师的影响，以为仍能操纵于己有利的新型"民主"体制。他们要与自称"多数人民"并可能以此统治独立国家卢旺达的胡图人携手合作，这就意味着抛弃曾经长期合作愉快的图西盟友。

世界政治也对比利时人在卢旺达扶新弃旧有一定的影响。马克思主义观念传遍非洲，西方列强害怕在独立后从加纳到桑给巴尔的非洲大陆中心出现敌对

① Gérard Prunier, *The Rwanda Crisis: History of a Genocide*. New York: C. Hurst & Co. Ltd., 1995, p. 31.

政权“赤色地带”。[1] 卢旺达极为保守的图西知识阶层长期接触马克思主义观点，因此在意识形态上绝不可靠；少数胡图知识分子一心变革，接近天主教，反倒更加可靠。

比利时人匆忙决定让胡图人掌权，着手选举地方和省区议会，多数地方都是胡图人当选。胡图知识界胃口大开。1957 年，九名胡图知识分子（其中几人与有权势的瑞士裔主教安德烈·佩罗丹过往甚密）发表了激情洋溢的《胡图宣言》，改写此后近 40 年的卢旺达历史。《胡图宣言》号召胡图人奋起反对“图西族的政治垄断”，称其迫使胡图人“永远低人一等”。有人说，《胡图宣言》签名者及其追随者“对图西人特权阶层垄断所有政府和经济部门极为不满，破除这种垄断成为胡图知识分子的核心任务”。[2]

卢旺达北部一家天主教会出版机构印制《胡图宣言》，并散发到全国各个教堂。[3] 这为宣言的中心思想平添了一层正义色彩：卢旺达是胡图人的国家，理应由胡图人统治。这种观念不胫而走，许多胡图人很快意识到出头之日在望。1959 年 10 月，佩罗丹主教的私人秘书格鲁戈瓦·卡伊班达宣布，建立政治组织“胡图解放运动”，即“帕梅胡图党”（Parmehutu），胡图人群情激昂。其党纲不仅要求改善胡图人的条件和待遇，而且要求革新体制、胡图人掌权、图西人臣服。卡伊班达毕业于神学院，曾任天主教报纸主编和天主教“玛丽军团”首领，很快在全国名噪一时。[4]

这一时期，比利时的政策重点是顺利过渡到胡图人统治下的独立，却意外遭到穆塔拉三世鲁达西格瓦国王的顽抗。他坚持要保证所有卢旺达人的安全，否则不支持独立。比利时当局请他到邻国布隆迪讨论化解分歧。1959 年 7 月 25 日，他抵达布国，只吃了几口主人准备的午餐便病倒。比利时医生很快宣布国王不治身亡。当时，比利时人及其盟友在非洲各处暗杀敌手，许多卢旺达人确信国王死于比利时人之手。不管事实如何，国王去世显然为比利时和胡图激进派清

---

① U. S. Committee for Refugees, *Exile from Rwanda: Background to an Invasion*. New York: U. S. Committee for Refugees, 1991, p. 4.

② Mahmood Mamdani, *When Victims Become Killers: Colonialism, Nativism, and the Gencoide in Rwanda*. Princeton: Princeton University Press, 2001, p. 112.

③ Carol Rittner, John K. Roth, Wendy Whitworth, eds., *Genocide in Rwanda: Complicity of the Churches?* St. Paul Minnesota: Paragon House, 2004, pp. 152-153.

④ Josias Semujanga, *Origins of the Rwandan Genocide*. New York: Humanity, 2003, p. 174.

除了一大障碍。

当时形势紧张，社会暴乱一触即发。11 月 1 日，一伙图西人殴打一名帕梅胡图党人，胡图激进团伙随即大肆屠杀图西人，其中在塔姆布维的那次袭击差点要了幼年卡加梅的性命。这是卢旺达现代史上胡图人和图西人之间首轮有组织的暴力冲突。

杀戮持续数月。比利时当局已决定适时转而支持胡图人改朝换代，因此袖手旁观。非但如此，他们还大批起用以帕梅胡图党为主的胡图激进派替换图西酋长。霎时间，在图西人统治几个世纪的卢旺达土地上，图西人由殖民当局的宠儿和统治精英沦为胡图人追杀和恐吓的对象。

为正式改变力量对比，1960 年 6 月比利时人举办地方选举。联合国托管理事会提出抗议，敦促双方先行“和解”之后再投票选举，图西主要政党也抵制选举，比利时人则一意孤行。[①] 胡图激进派获得 70％的选票，控制卢旺达的政治，并借此很快开始推行其种族主义意识形态。

1961 年 1 月 28 日的“吉塔拉马政变”是卢旺达非殖民化的一大事件。[②] 当日凌晨，全国各区区长和区委乘卡车前往帕梅胡图党领袖格鲁戈瓦·卡伊班达的家乡南部中心城市吉塔拉马。下午，3000 多人在此集会，引来 25000 多名围观者，许多人隐约感到历史即将改写。几位帕梅胡图领导人分别激情演讲，随后宣布废除帝制、创建共和国，并推举卡伊班达为领袖。众人欢呼。

1962 年 7 月 1 日，比利时承认卢旺达独立，卡伊班达成为卢旺达首任总统。他称之为“社会变革”，实际不过是两拨卢旺达精英换位而已。

联合国托管理事会颇有先见之明，严肃警告：“过去 18 个月间形成了一党制种族主义独裁。一种压迫体制取代了另一种压迫体制……我们很有可能在未来看到针对图西人的暴力行动。”[③]

---

① Richard F. Nyrop, et al., *Rwanda: A Country Study*. Washingtion, D.C.: Government Printing Office, 1982, p. 21.

② Learthen Dorsey, *Historical Dictionary of Rwanda*. Lanham, Md.: Scarecrow, 1994, pp. 214-215. Mahmood Mamdani, *When Victims Become Killers: Colonialism, Nativism, and the Gencoide in Rwanda*. Princeton: Princeton University Press, 2001, p. 124. 吉塔拉马是原 12 省之一，同名城市现属四省之一的南方省。译者注。

③ Michael Barnett, *Eyewitness to a Genocide: The United Nations and Rwanda*. Ithaca: Cornell University Press, 2002, p. 53.

很多非洲国家得到了殖民主子“准予”的独立，但当时的条件注定其必然失败。他们面对无法完成的发展重任，没有合适人才，没有经济产业，无法稳定社会。前殖民者却欣喜万分，这样的表面独立自然导致新政权不得不继续依赖从前的殖民“主子”。这也将许多非洲国家送上灾难之路，其中卢旺达受害最深。

1960年前后，卢旺达历史一分为二。国内这部分显而易见，但在其后的30年间国外形成另一个卢旺达。基加利政权以为，独立前后几年成群外逃以及后来几次屠杀后被迫离境的图西人会离散于各国，沦为难民，逐渐遗忘祖国。但事实恰恰相反。流亡国外的卢旺达人及其子孙从未适应难民地位，从未忘记被迫离别的祖国。

这种分裂不仅形成另一个幽灵般的卢旺达，而且导致图西人离心离德。留在卢旺达国内的图西人大多顺应现实、忍辱负重、保持低调，听到图西人惨遭屠杀的消息时反而暗喜自己幸免于难。

1959年后，几十万逃离家园的图西人则截然不同。他们不仅渴望重返故土，而且痛恨卢旺达政府压迫留在家乡的同族亲友。流亡生活非但没有削弱他们对祖国的感情，反而加深了他们的眷恋与爱国。这些图西人散落于远近不同的乌干达、比利时、加拿大魁北克省或美国加州，他们自行组织各种文化团体，出版报刊，教育子女传承风俗习惯。他们始终不忘落叶归根。

图西流亡者试图打回老家，屡战屡败，国内没人相信他们能够成功。1961—1966年，流亡乌干达、布隆迪、坦桑尼亚和刚果的图西武装频频发起“蟑螂突袭”，先后十来次潜回卢旺达攻打警察哨所和政府机关。这些零散夜袭行动协调配合不足，没能动摇政局，卡伊班达总统反而借机加剧镇压图西人。1962年2—3月，图西流亡者两度袭击，打死三名警察、两名政府官员和一名平民。3月袭击后次日，卢旺达军队和民兵大开杀戒，血腥报复。

有关报道称，“约一两千图西男女老少惨遭屠杀，尸体现场掩埋，土屋茅棚烧毁，财产洗劫一空，胡图人瓜分死者地产。”[1]

① U. S. Committee for Refugees, *Exile from Rwanda: Background to an Invasion*. New York: U. S. Committee for Refugees, 1991, p. 5.

60年代初期，这些清洗暴行夺走两万生灵，[①]并为卡伊班达总统提供借口实行残暴统治。1963年年底流亡者夜袭之后，他下决心杀尽留在国内的所有图西人领袖，亲自圈定27人名单，逮捕后押到北方鲁亨盖里监狱处决。[②] 其实这些人都是同意参加胡图政治体制的图西温和派。政府处死他们，反倒让图西同道者彻底失望，情绪躁动不已，政府也丧失了与境外图西流亡者的沟通渠道。

从此，卢旺达图西人的政治活动只能限于境外。

20世纪60年代图西流亡者的夜袭活动，除了军事上的失败并招致政府报复杀戮平民百姓之外，还导致许多胡图人称图西造反者为“蟑螂”，后来泛指所有图西人。没人能确定这个称呼的起源。可能是图西造反者自创此称，以表现他们夜间出没的习性和斩不尽杀不绝的坚定信念。后来其敌人也借用此词，认为它贴切地表现了反叛者就像肮脏的蟑螂不断侵扰干净家园。30年后的1994年大屠杀期间，许多杀人凶手用“蟑螂”指称杀戮对象。与其他地方一样，卢旺达领导人也懂得，要让普通人成为刽子手，首先要让他们相信自己要杀的不是人类而是动物。

在卢旺达境外，卢旺达政府镇压图西人引起众多抗议。贝特朗·吕塞尔在《世界报》撰文称，此乃20世纪40年代“纳粹灭绝犹太种族以来”未曾见过的“大屠杀”。梵蒂冈广播电台报道说：“非洲心脏地带正在发生最残忍的有组织大屠杀。”[③]然而，除此之外，全球媒体对这些屠杀几乎毫无报道。没有一个外国政府提出抗议。在许多图西流亡者心目中，外界的无动于衷加深了他们逃离卢旺达时的体会：孤立无援，朋友皆无，凡事只能依靠自己，没有人会伸出援手。

多数图西人在逃离祖国后的头几年都抱有希望，认为流亡时间不会长，很快

---

① Mahmood Mamdani, *When Victims Become Killers: Colonialism, Nativism, and the Gencoide in Rwanda*. Princeton: Princeton University Press, 2001, p. 130. Josias Semujanga, *Origins of the Rwandan Genocide*. New York: Humanity, 2003, p. 187. Henry Kwami Anyidoho, *Guns over Kigali: The Rwandese Civil War—1994*. Woeli Publishing Service, Fountain, 1998, p. 2.

② Mahmood Mamdani, *When Victims Become Killers: Colonialism, Nativism, and the Gencoide in Rwanda*. Princeton: Princeton University Press, 2001, p. 130.

③ Colin M. Waugh, *Paul Kagame and Rwanda: Power, Genocide and the Rwandan Patriotic Front*. Jefferson NC: McFarland, 2004, p. 28.

就能返回故土，许多人都只种了一季的庄稼。然而，“蟑螂”行动接连失败、卢旺达政府的血腥镇压以及整个世界毫不关心他们的困境，这使流亡者逐渐意识到无望重返家园。到20世纪70年代，卢旺达图西人近一半（即60多万人）看来将永远流亡国外。[①]

从富足稳定的生活突然沦落到靠种地维持生存，对这些图西难民来说是重大打击。[②] 不过，他们慢慢在落脚之国重新生计，特别是在乌干达和刚果金等国，原来就有大量班亚卢旺达人——囊括图西、胡图卢裔和相关族群，他们帮助新来的远亲适应流亡生活。

流落东部和中部非洲的卢旺达难民们吃苦耐劳，适应力强。年青一代渴望上学读书，但受到旅居国体制上的歧视，想读初中的孩子入学考分要比当地人高很多。他们满怀成就人生以期早日摆脱流亡困境的动力，大多取得高分并以优异成绩毕业，经商创业或事业有成。

流亡在外的图西人散布在非洲、欧洲、北美甚至澳洲，他们可能是唯一能与犹太人和巴勒斯坦人相媲美的族群。他们和犹太人一样重视教育，无论身处何地、面对任何困难，都能取得成功。他们和巴勒斯坦人一样，令当局痛恨并恐惧，注定亡命国外。

一位美国学者探访图西难民营后写道：“在乌干达的大多数难民，即使其中最成功、最适应的人，也深感流离失落。他们都说渴望返回卢旺达，但为了生存不得不隐瞒国籍，极为悲伤……在乌干达寄人篱下，使得很多难民梦想几乎一无所知的祖国，并不乏溢美之辞。”[③]

卢旺达人传统上视民族构成相似的邻国布隆迪为姊妹国家，布隆迪发生的事件常在卢旺达引起共振。最惨烈的一幕发生在1973年，布隆迪以图西人为主的国防军屠杀20多万胡图人。卢旺达胡图人出其不意地报复他们的图西邻居：不断解雇图西人，勒令原本不多的图西大学生退学。一些胡图领袖呼

① Colin M. Waugh, *Paul Kagame and Rwanda: Power, Genocide and the Rwandan Patriotic Front*. Jefferson NC: McFarland, 2004, pp. 9-10, Gérard Prunier, *The Rwanda Crisis: History of a Genocide*. New York: C. Hurst & Co. Ltd., 1995, p. 63.

② U. S. Committee for Refugees, *Exile from Rwanda: Background to an Invasion*. New York: U. S. Committee for Refugees, 1991, p. 9.

③ Ibid.

叶"一劳永逸地解决图西人问题"，胡图匪帮杀害了几百图西人，甚至杀掉一些胡图富人或是国内南、北方水火不相容的对手。这令政府领导人深感不安，几周骚乱过后他们公开警告必须把屠杀控制在“合理范围之内”，谴责那些“企图制造动乱”的团伙。[①] 然而，毫无作用。独立十多年来，卡伊班达总统第一次无法控制局面。

1973 年 7 月 5 日，陆军司令朱韦纳尔·哈比亚利马纳将军发动不流血政变夺权，宣布成立卢旺达“第二共和国”，下令处决前政权众多官员，有些人遭受长期酷刑。不过，他不敢虐待和处死前总统。[②] 哈比亚利马纳出生于北方，深受当地迷信的影响，依靠占卜师和萨满师出谋划策。当他想要除掉被推翻的前总统时，担心自己沾上对手的鲜血而被其灵魂纠缠，便派兵包围卡伊班达宅邸，饿死他及其夫人。[③] 罢免总统和前第一夫人最后几天饥不择食，以图书以及沙发垫泡沫为粮。他们死后，哈比亚利马纳稳坐江山，成为卢旺达新的独裁者。

哈比亚利马纳这种角色在独立后的非洲司空见惯。对内，他自诩“国父”，颇有魅力，赢得相当多数民众支持。尽管他因在军校学习时受伤而跛脚，有时仍会在地方庆典中载歌载舞。他留着蓬松发式，自以为凸显年轻时髦。在重大问题上，他的政权沿用其前任遵循的两大戒律。第一，严守宗族之法。尽管他在任内杀的图西人不及卡伊班达杀的多，但他认定卢旺达是个胡图人的国家，不许图西难民回国。第二，效忠欧洲主子。他去比利时是王室之客，去法国则更受欢迎。

法国与卢旺达的关系始于卢旺达独立后不久，戴高乐总统与卡伊班达政权签署合作协议。在蓬皮杜、吉斯卡尔·德斯坦以及密特朗时期，两国关系稳步增

---

① Mahmood Mamdani, *When Victims Become Killers: Colonialism, Nativism, and the Gencoide in Rwanda*. Princeton: Princeton University Press, 2001, p. 137. Gérard Prunier, *The Rwanda Crisis: History of a Genocide*. New York: C. Hurst & Co. Ltd., 1995, p. 61.

② Josias Semujanga, *Origins of the Rwandan Genocide*. New York: Humanity, 2003, p. 31.

③ Linda Melvern, *Conspiracy to Murder: The Rwandan Genocide*. London: Verso, 2004, p. 11. Linda Melvern, *A People Betrayed: The Role of the West in Rwanda's Genocide*. London: Zed Books Ltd., 2000, p. 25. Gérard Prunier, *The Rwanda Crisis: History of a Genocide*. New York: C. Hurst & Co. Ltd., 1995, p. 82. 本书作者的采访。

进。卢旺达成为全世界法语国家的一根支柱，[①]法国领导人视哈比亚利马纳为忠实盟友之一。哈比亚利马纳曾在一个法语宗教教团求学，每逢访法都会朗诵法国诗歌向其主人炫耀。法国主子则视他为重要侍臣，许诺保护其免受威胁，因为他在殖民后的体制中安分守己。

在国内，哈比亚利马纳依靠鲁亨盖里和吉塞尼等北方省份部落和家族的支持，图西人直到20世纪初才靠德国人帮助征服了这些胡图势力较强的地方。他依靠亲戚和发小组成的严密集团“阿卡祖”(akazu)统治国家[②]。其核心成员是第一夫人阿加特。日后事实证明，她是哈氏家族中最激进的人，还有她那三位同样激进的兄弟。他们的“第二共和国”在各主要方面都只不过是他们推翻北方人宗族独裁政权的新翻版。

“人权观察”组织报告称，“阿卡祖”成员形成了“一个特殊圈子以保障持续掌权”。[③] 一位旅居卢旺达的美国人写道：“看上去，威胁他们的任何人都会遭到秘密逮捕，常常被严刑拷打，有的甚至惨遭杀害。”[④]哈比亚利马纳夫人是“阿卡祖”的主心骨，[⑤]卢旺达人都谈之色变。她是一个被罢黜胡图酋长的后代，心中充满仇恨图西人的怒火。她出门常穿扎眼的蛇皮衣，佩戴金首饰和牛角框墨镜。她所到之处，人们都俯首帖耳、唯命是从。

夺权两年后，哈比亚利马纳总统宣布法令，卢旺达实行由其领导的“全国发展革命运动”(法文缩写为“MRND”)一党制。他后来颁令卢旺达所有公民(包括婴幼儿)都是党员，必须遵守党规。1978年，他颁布宪法，举行总统选举，自己

---

① Linda Melvern, *A People Betrayed: The Role of the West in Rwanda's Genocide*. London: Zed Books Ltd., 2000, p. 41. Andrew Wallis, *Silent Accomplice: The Untold Story of France's Role in the Rwandan Genocide*. London: I. B. Tauris, 2006, pp. 14-19, 22-26. Colin M. Waugh, *Paul Kagame and Rwanda: Power, Genocide and the Rwandan Patriotic Front*. Jefferson NC: McFarland, 2004, pp. 10-11.

② 直译为“小家庭”，原指殖民前的皇家内廷，1985年后成为哈氏政权小圈子的外号。此处指其滥用权力非法致富。译者注。

③ Alison Liebhafsky Des Forges, et al., *"Leave None to Tell the Story": Genocide in Rwanda*. New York: Human Rights Watch, 1999, p. 44.

④ Meg Guillebaud, *Rwanda: The Land God Forgot*. London: Monarch, 2002, p. 206.

⑤ Gérard Prunier, *The Rwanda Crisis: History of a Genocide*. New York: C. Hurst & Co. Ltd., 1995, pp. 86-87. Colin M. Waugh, *Paul Kagame and Rwanda: Power, Genocide and the Rwandan Patriotic Front*. Jefferson NC: McFarland, 2004, p. 21. Andrew Wallis, *Silent Accomplice: The Untold Story of France's Role in the Rwandan Genocide*. London: I. B. Tauris, 2006, p. 52.

是唯一候选人，大获全胜而当选。他利用手中权力，进一步构建世界上纪律最森严的专制政权。卢旺达人人佩戴印有他头像的徽章，每周二上午所有学校和劳作场所都要集会听取他的最新指示，并为他大唱颂歌。

哈比亚利马纳夺权以及一切如故，都影响着流亡国外的卢旺达人，促使他们明确认识到，若不想终生当难民，必须亲手把握自身命运。乌干达的政治激变给他们提供了机会。

当时在乌干达有8万多图西难民。[①] 他们曾饱受米尔顿·奥博特政权的体制歧视，粗俗无礼、杀人成性的暴君伊迪·阿明推翻奥博特上台后，他们的处境仅有少许改善。1979年，坦桑尼亚军队支援并带领乌干达流亡武装打进乌干达，经过几周战斗推翻阿明政权，最终逐其出境。年轻的弗雷德·卢威杰马就是参加这支部队的卢旺达人之一。

坦桑尼亚领导人热衷于支持乌干达新政府，1979年年底提出为乌干达60名军人进行半年的军事情报培训。22岁的新兵保罗·卡加梅有幸加入，随59名乌干达军人赴坦学习情报、伪装和监控等技艺。卡加梅此前就是一名自学成才的业余特工，经过专业训练后更是如虎添翼。

乌干达新政权不久便解体。国防部长约韦里·穆塞韦尼与临时政府首脑米尔顿·奥博特积怨很深。1980年，奥博特在有争议的选举中再度当选总统，两人彻底决裂。穆塞韦尼在政坛失手，决心在战场打赢。

与同时代的许多非洲造反者一样，穆塞韦尼倾向于马克思主义，且是坚定的泛非主义者。20世纪60年代他辗转到坦桑尼亚，部分原因是向往那里的南非革命运动基地，部分原因是想亲眼见识朱利叶斯·尼雷尔总统的新“非洲社会主义”。他考入达累斯萨拉姆大学，那里是吸引非洲大陆各国理想主义激进派的意识形态大熔炉。他深受富有魅力的左翼学者沃尔特·罗德尼[②]的影响，也颇受

---

① Jason W. Clay, *The Eviction of Banyaruanda: The Story behind the Refugee Crisis in Southwest Uganda*. Cambridge, Mass.: Cultural Survival, 1984, Vol. 14, p. 16.

② 沃尔特·罗德尼(Walter Rodney,1942—1980)：圭亚那历史学家、政治家，加勒比和北美黑人民权运动重要人物，泛非主义者，反殖民主义经典著作《欧洲如何导致非洲不发达》的作者。1963年，毕业于牙买加西印度群岛大学学院。1966年，在英国伦敦东方和非洲学院获历史学博士学位。1966—1967年和1969—1974年，任坦桑尼亚达累斯萨拉姆大学教授。1968年，牙买加政府禁止他回国。1974年，他回到圭亚那并创建劳动人民联盟。1979年，被捕。1980年6月，他在汽车内被炸弹暗杀。译者注。

美国激进学者斯托克利·卡迈克尔[①]在校园系列演讲的启发，并应莫桑比克革命者之邀前往考察那里的“解放区”。他撰写论文介绍阿尔及利亚造反者弗朗茨·法农[②]，称法农的激情著作鼓舞着全世界的革命者。在很多卢旺达难民心目中，穆塞韦尼是集英雄和保护神于一身的榜样。

穆塞韦尼曾参与推翻乌干达总统伊迪·阿明的斗争。他被排挤出新政权后，革命激情与雄心更强，深信一定能推翻另一个乌干达总统。1981 年年初，他组建革命核心，共有 40 位志同道合者，其中有 38 名乌干达人，另两位是弗雷德·卢威杰马和保罗·卡加梅。他们自称全国抵抗军，誓与奥博特政权血战到底。

这批先驱者中的乌干达人只有一个战斗目的——取代可恶的旧政权。弗雷德和卡加梅一样，都很钦佩穆塞韦尼。法国历史学家热拉尔·普鲁尼写道：“他俩和穆塞韦尼有着相同的左倾民族主义观点，不信任西方，痛恨独裁，相信‘人民战争’具有拯救世界的能力，此乃当时年轻‘进步’第三世界政治家的一贯想法。”[③]不过，弗雷德和卡加梅也另有自己的计划。

首先，他们要减轻旅乌卢旺达难民的压力。奥博特总统冷酷无情，敌视卢旺

---

① 斯托克利·卡迈克尔(Stokely Carmichael，1941—1998)：1941 年 6 月 29 日，出生于特立尼达首府西班牙港，11 岁跟家人移居美国纽约曼哈顿的哈莱姆黑人区，1954 年加入美国国籍。1964 年从哈佛大学毕业并获哲学学士学位，与马丁·路德·金一起领导民权运动。1966—1976 年，任美国学生非暴力协调委员会(Student Nonviolent Coordinating Committee)主席。20 世纪 60 年代，主张“黑人权力”。1967 年，因观点分歧出走并游历古巴、中国、越南、几内亚等地，深受流亡的恩克鲁玛泛非主义思想影响。回美国后在全国组成黑人团结阵线，担任黑豹党(Black Panther Party)领袖。1972 年，帮助成立全非洲人民革命党(All-African People's Revolutionary Party)，号召“在科学社会主义下完全解放和统一非洲”。后改名为“克瓦米·杜尔”(Kwame Toure)。1998 年 11 月 15 日，在几内亚死于癌症。译者注。

② 弗朗茨·法农(Frantz Fanon，1925—1961)：法国马提尼克作家、心理分析学家、非洲革命家，提倡“黑人意识”、“黑人文化传统”等。1925 年 7 月 20 日，出生于法属马提尼克岛的法兰西堡。父亲是非洲奴隶后裔，母亲有非洲、印第安和欧洲血统。1943 年，前往英国加入戴高乐的自由法兰西部队，随盟军驻扎摩洛哥和阿尔及利亚。次年，在解放法国本土战斗中获得勋章。1945 年，回马提尼克并通过法国高考。1946 年，到里昂学医。1951 年，获得心理医生资格。1952 年，写作《黑皮肤，白面具》，分析殖民统治对黑人的心理影响。1953 年，到阿尔及利亚行医。1955 年，参加阿尔及利亚民族解放阵线。1957 年 1 月，被驱逐出境。历任阿尔及利亚民解阵临时政府驻加纳大使、党报《圣战者报》编委等。1960 年，出版游击战争战略的文集《关于非洲革命》。1961 年，出版反殖民主义名著《地球上的受苦人》，分析在争取民族解放斗争的阶级、种族、民族的文化影响和武装革命。先后到苏联和美国治疗白血病。1961 年 12 月 6 日，在马里兰州贝塞斯达病逝，归葬阿尔及利亚。译者注。

③ Gérard Prunier, *The Rwanda Crisis: History of a Genocide*. New York: C. Hurst & Co. Ltd., 1995, p. 68.

达人，指责他们滥用乌干达人的热情好客，将乌干达的许多问题归罪于卢旺达难民，开除在公职部门的卢旺达人，要求私营企业不雇用卢旺达人。这也是卢旺达人迫切希望其下台的缘由。

弗雷德和卡加梅追随穆塞韦尼造反，不仅仅是要消除针对卢旺达难民的歧视。他们深信，图西人只有武装起来才能打回祖国，而没有邻邦友好政权的默契支持，游击运动也难成事。他们认为，如果卢旺达人帮助穆塞韦尼打下乌干达江山，他就会成为他们急需的盟友。

他们参加全国抵抗军的最后的也是最重要的原因是希望获得实战经验。弗雷德和卡加梅穿行于乌干达丛林中，发誓不成功便成仁，勇敢面对艰难险阻。同时，他们也在准备下一场战争，希望率领同胞打回家园。

那是我们非常重要的起步阶段。对我和其他许多人来说，那是一种很好的教育。我们经历了难民的苦楚，却因祸得福。这种经历说明，不经磨难无缘胜利。我们预见到斗争将面临种种困难，这一点当然非常重要。我们知道，如果不得不长期等待，那就得等待。

保罗·卡加梅

第三章　我才死里逃生

夜幕总是有助于游击队行动，一批战士准备进攻乌干达西南部的卡巴姆巴镇。他们有两个目的。第一，他们急需武器装备，希望打劫卡巴姆巴宪兵学院的大批军械。第二，借此向世界宣示全国抵抗军问世。这一仗打响了长期斗争的第一枪，不仅会改写乌干达的历史，而且将改写邻国卢旺达的历史。

这支声名显赫的全国抵抗军司令约韦里·穆塞韦尼亲自秘密部署进攻。他知道，此战如果失利，不仅意味着他本人牺牲，而且初创的全国抵抗运动也会夭折。他手下 27 人有武器，14 人赤手空拳，他们多为乌干达人，另加两个卢旺达难民后代弗雷德和卡加梅。

1981 年 2 月 6 日午夜刚过，几十名游击队员挤上一辆敞篷卡车，从城外一个秘密营地奔向卡巴姆巴。军械库由乌干达军队和坦桑尼亚联军共同把守，为了麻痹哨兵，全国抵抗军的司机换上坦桑尼亚军服，以期蒙混过关闯入军校，但未成功。哨兵发现来车蹊跷便上前盘问，随即枪声大作。凭借穆塞韦尼秘密安排的内线卫兵掩护，游击队员冒险冲过火力网。军械库大半建于地下，防护严密。游击队员打到外围仓库便无法再深入。穆塞韦尼下令撤退，手下人只得顺手抄起几十支自动步枪、几箱子弹、几捆火箭弹和几部电台，匆匆扔上几辆军车，迅速离开。

次夜，他们又袭击附近的警察局，缴获了少量轻武器。此后的八周内，他们不断出击，袭扰警察所和兵站。政府军四处追剿未果。全国抵抗军显示了自身存在之后，再度隐入丛林。数月后，他们积攒了大量武器弹药，招募了几百新兵，重出江湖，广建地下协作网络。

乌干达中部地区适宜开展游击战。名为卢韦罗三角的中心地带有 3000 平方英里稀树草原和热带森林。当地人口多，足以建立社会基础，大片空旷地区易于游击队迂回和隐蔽。三角地带的北部牧民放养牛畜，南部农民种植旱稻和香草。

保罗·卡加梅在这里生活了五年。

全国抵抗军的作战方式给卡加梅留下了深刻印象,了解到游击队的性质和作用。他在乌干达丛林战中学到的经验,对日后组建继而领导队伍解放祖国极为有用。

与同时代的亚非拉游击战领袖一样,穆塞韦尼矢志开展“持久的人民战争”,蔑视政变夺权。他接受毛泽东的理论,认定没有当地人民的支持,起义难以成功。因此,他必须从政治上鼓动民众,首先要培养富有政治头脑的战士。他建设全国抵抗军的原则是,有信念的士兵远胜于浑噩无知之卒。每个基层单位均设政委,每名士兵都要听课,从革命的角度学习非洲历史和政治。

从中国和越南到古巴和尼加拉瓜,这种战略屡试不爽。卡加梅在乌干达丛林作战期间也学会了这一招。数年之后,他以此建立了自己的游击武装。

苏格兰学者和活动家科林·沃曾写道:“全国抵抗军不同于结束殖民之初以来非洲大陆的许多反政府武装。穆塞韦尼努力避免重蹈‘武装—战争—夺权—专权—积怨—反抗’的怪圈。他的全国抵抗运动也不是新殖民主义暴君夺权用的政治集团,并非建立服务于外国主子的傀儡式政权以换取个人私利……全国抵抗运动要创建不排他的包容性全民政体,绝不同于奥博特和阿明那种个人宗室政权。在全国抵抗运动控制地区,全国抵抗运动委员会取代地方酋长,明确征求民众意见,鼓励原受排挤的民族、妇女和青年参与国家政治。”①

乌干达丛林战一如其他战争,士兵不仅要作战,而且要成为某个专业的行家。卡加梅素来热衷于情报工作,自然选择这一行当。尽管后来他坚称自己对此产生兴趣只是“因为形势需要”,②但这也是其性格使然。他生性低调和内省,好奇心强,善于观察,长于分析,喜欢密谋,很快成为穆塞韦尼的得意门生和情报高官。

> 我常走远路,有时奉命前往200公里外的地方,发展联络员,确定游击小组能在丛林里活动的地方。我察看地形,水源是否充足,地形是否隐蔽,当地人是否支持我们。我常要独自奔走几天、几周甚至数月,

---

① Colin M. Waugh, *Paul Kagame and Rwanda: Power, Genocide and the Rwandan Patriotic Front*. Jefferson NC: McFarland, 2004, pp. 30-31.

② Ibid., p. 25.

有时会有少数同伴……

这种事情很多很多。一次，我们有支队伍在离根据地300公里外活动。时间一长，我们听说他们内部出了问题，对敌作战也有问题，我奉命前去调查，重整队伍……

还有一次，我们要穿过一些村庄赶往隐蔽地，天亮时遇到几名村民。他们看出我们不是本地人，大声叫嚷。我们不得不抓住他们，威胁他们如果再喊就杀了他们。我们带着他们走了两个多小时，找到一处隐蔽场所后才告诉他们可以回去。

保罗·卡加梅

引人注目的卡巴姆巴袭击之后，大批乌干达人竞相参加全国抵抗军，也有不少卢旺达难民入伍。1982年，奥博特总统大举驱逐难民，派军队和民兵袭扰难民住地，毁坏茅屋，更多卢旺达人加入全国抵抗军。

美国难民委员会报告中写道："经常发生奸淫杀戮，残酷迫害导致许多卢旺达年轻人加入穆塞韦尼麾下的全国抵抗军。"[①]

全国抵抗军开战一年，队伍扩大到4000人，但仍面临很大困难，武器装备匮乏，只有400支步枪，战士一直吃不饱。部队在丛林跋涉数天，只能靠甘蔗秆和木薯块充饥，劳累体弱，常常几乎没有战斗能力。

丛林中条件恶劣，很难改善。然而，游击队员士气高涨，稳步扩大活动区域，新兵源源不断。这些成就主要归功于穆塞韦尼的非凡领导及其经典游击战术的熟练应用。他手下个个讲得清为何而战，人手一册行为规范用以指导行动，指挥命令(包括晋升)等事宜都要征求军官意见。全国抵抗军凭借这种战略节节胜利，卢旺达籍战士也深受启发，在丛林战中边学习边战斗。

据美国难民事务委员会称，他们中的大多数人"都知道组织一些流亡者打回卢旺达的长远计划，虽然并不清楚细节"。[②]

卡加梅比其他卢旺达籍战士了解和观察得都要仔细。他吃苦耐劳，少年时

---

① U. S. Committee for Refugees, *Exile from Rwanda: Background to an Invasion*. New York: U. S. Committee for Refugees, 1991, p. 11.

② Ibid., p. 13.

历经磨难，能忍饥挨饿，生存能力强。他服从命令，遵守纪律，能应对各种考验。尽管身经百战，他却从未负伤。不过在 1983 年政府军攻势正猛时，疟疾险乎要了他的命。

> 穆塞韦尼的医生给我看病，他是我的好朋友。他留我住在他的帐篷里以便观察。他告诉我治疟疾的药一粒也没剩，他说："我去问穆塞韦尼司令是否还有药。"我听到他跟其他军官说十分担心我的病，如果找不出好办法病情会加重。他报告穆塞韦尼说我凶多吉少，建议派人去政府军控制区搞药。这很冒险，政府军正在大举进攻。几分钟后，他兴高采烈地跑回来说搞到四片药。他说，也许足够药到病除。
>
> 我当时吃什么吐什么，连喝口水也吐。那次我才知道有一种止吐药叫马来酸丙氯拉嗪，他在包里找到一两片这种药。然后我又吃了四片治疟疾的药。药量可能还不够，但也许是求生欲望大而且别无选择，我才死里逃生。
>
> 保罗·卡加梅

此后两年，穆塞韦尼武装的规模和实力稳步增长。奥博特政府急于镇压，轮番扫荡支持全国抵抗军的农村地区，即使按非洲内战标准看也堪称惨无人道。政府军把卢韦罗三角地带变成大屠场，杀戮成千上万农民。这种战术非但没能消灭全国抵抗军，反而促使更多人奋起反抗。抵抗运动经过五年艰苦卓绝的丛林战，最终取胜，1986 年 1 月 26 日攻占坎帕拉，部队达到 14000 人。[①]

其中约有 500 卢籍官兵。他们自然同庆胜利，同时另有想法。全国抵抗运动武装斗争成功，激起他们在自己国家发动第二场革命战争的雄心。包括卡加梅在内的许多卢旺达战士，加入乌干达全国抵抗军时初出茅庐，现已身经百战。

欢庆胜利的卢籍官兵都清楚胜利的深层含义。在激烈战争中经历过血与火的洗礼后，他们明白，只要具备条件，即使面临巨大困难，凭借政治思想武装的游击队在非洲也能推翻强敌政权。战争本身教会他们作战技巧。品尝胜利喜悦之

---

① Pecos Kutesa, *Uganda's Revolution 1979 — 1986: How I Saw It*. Kampala: Fountain Publishers, 2006.

余，卡加梅一门心思考虑自己和同志们如何打赢下一场战争——在卢旺达的战争。

他的一个朋友后来回忆道："走出丛林之后，他更加确信我们一定能成，一定能打回卢旺达并大获全胜。他决意打回国，即便卢旺达士兵在丛林里全力帮穆塞韦尼部队打仗，我们还是流落他乡的难民，总被人瞧不起，眼看着好处都留给乌干达人。这种体验增强了他打回国的意愿和信心。"[①]

20 世纪 80 年代初，卡加梅及其卢旺达同志在乌干达丛林中作战，难民营的卢旺达同胞们则组织各种社会和文化团体，海外卢旺达人不仅有武装，而且有群众组织，几年后逐步形成统一的革命运动。

这一发展始于 1979 年成立的"卢旺达难民福利基金会"，以慈善机构形式掩护其政治目的。仅一年后，基金会领导即决定脱去慈善外衣，更改名称，公开明确斗争宗旨。该组织更名为"卢旺达民族统一联盟"，简称"卢民统盟"(RANU)，宣布争取难民回国的权利。许多老盟员是保守的拥君派，文化水平不高。但领导层都是在难民营长大的新一代，从小接受反帝思想，崇拜菲德尔·卡斯特罗、切·格瓦拉以及越南领袖胡志明和武元甲等革命家。

1986 年，乌干达丛林战结束。卢旺达难民生活稍有改善，看到新的希望。其中有远见者想借在乌干达胜利的东风，将打回卢旺达的斗争推上新台阶。卢民统盟为此请教最受尊敬的博学盟员铁托·卢塔雷马拉，他是旅居巴黎十多年的革命理论家。

大家都称其"铁托"，他是卢民统盟元老级领导，1960 年逃离卢旺达时已是该上中学的青年。他在乌干达的难民营学校教书几年，后去法国求学，获得地理和土地利用规划博士学位，但卢旺达和乌干达两国政府都拒绝给他发护照，他只得留居巴黎。20 世纪 70 年代，他同第三世界众多流亡者一样加入法国共产党，支持世界各国革命运动。卢民统盟领导视其为理论权威，设法让乌干达新政府为他颁发护照。1987 年他从法国飞回乌干达，卢民统盟领导随即委托其率组研究制订新的斗争战略。

铁托回忆道："我们渴望回国，而且只能靠自己的力量，没人会帮忙。我们苦于没人带头组织。整个 20 世纪 60 和 70 年代，我们只是笼统地说要回去，一直

① 作者采访理查德·塞兹伯拉(Richard Sezibera)部长。

没有战略,没有领袖……年轻知识分子开始讨论,'怎么办?如果回去还要忍受独裁统治,那没用。'我们决定必须跟独裁政权作斗争,打回去是唯一的出路。如果通过跟独裁政权谈判回国,我们肯定坐牢,还可能更糟。'不行,我们必须推翻卢旺达的独裁统治。只有这样,我们才能赢得和平。在针对图西人的民族独裁政权之下,回去也没有用。'"①

铁托将分散四处的卢旺达侨民组成团结的政治力量。1987 年 6 月,他在乌干达开办地下学校,培养"了解社会的政治干部"。这显然是应用了毛泽东的思想,即一支献身事业并有文化的军队在毫无政治目标之敌面前有内在优势。

铁托说:"我们吸收大学生,培训后派出去动员别人。目的是教会他人,如果工作做得好、让他们理解我们的宗旨,他们就会帮忙推进革命事业。我们在一个房间里教 30 个人,大家席地而坐……我们告诉他们:'我们要解放祖国,但我们没有太多手段,只有靠自己向人民传播信念,如果讲得透彻准确,有些人就会帮忙。'然后我们会问他们,'我们教会你理论,工作中如何运用?'他们带着这些信念出发,10 月份回来答复我们。"

这些政治干部花了半年时间到布隆迪、坦桑尼亚、肯尼亚、乌干达和刚果(时称"扎伊尔")等国的卢旺达难民当中宣传鼓舞。他们回来报告说,尽管许多卢旺达老人担心武装斗争会像 20 世纪 60 年代"蟑螂袭击"那样惨遭镇压,但年青一代摩拳擦掌准备战斗。这正是卢民统盟领导希望听到的。

群众广泛支持的原因之一是卢民统盟领导放弃原有马克思主义高调和社会激进思想。他们认识到,若要团结全体卢旺达难民,必须采取兼容并蓄的纲领,不按意识形态划线,欢迎所有想返回祖国的人加入。由于采纳几乎每个卢旺达难民都能支持的纲领,卢民统盟队伍稳步壮大。1987 年 12 月,卢民统盟在坎帕拉召开半秘密大会,代表们决定将"卢旺达民族统一联盟"更名为"卢旺达爱国阵线"(RPF,简称"卢爱阵"),②自豪地宣称自己为"坚强勇士"(inkotanyi,原王室禁卫团名)——坚持斗争直至完胜的无畏斗士。大会宣言称,卢爱阵信奉民主、

---

① 作者采访铁托 · 卢塔雷马拉(Tito Rutaremara)。

② Learthen Dorsey, *Historical Dictionary of Rwanda*. Lanham, Md.: Scarecrow, 1994, pp. 360-361. Hildegard Schürings, *Volk Verlässt sein Land: Krieg und Völkermord in Ruanda*. Cologne: Neuer ISP Verlag, 1994, pp. 168-183. William Cyrus Reed, "Exile, Reform and the Rise of the Rwandan Patriotic Front", *Journal of Modern African Studies*, 1996, Vol. 34 (3), pp. 479-501.

民族团结，首先要“结束国家政策制造的难民潮”。[①]

卢旺达爱国阵线随即积极发展组织，在非洲、欧洲和北美建立分支。1988年8月，卢爱阵在华盛顿开会，发誓争得“回国的权利”，不达目的决不罢休。不久，卢旺达流亡者形成革命运动的核心。

这只是卢爱阵运动公开的一面，其实它还有不为人知且雄心勃勃的另一面。

不少参加五年乌干达丛林战的卢旺达籍战士成长为战地指挥员，最优秀的当属弗雷德·卢威杰马。他曾率领全国抵抗军一个纵队转战在坎帕拉附近，后又成为抵抗军参谋长。他的挚友保罗·卡加梅当时是军情高官。1986年抵抗运动取胜后，两人加入新组建的乌干达人民国防军。卢威杰马很快晋升少将，担任陆军参谋长。卡加梅则率领67名情报官赴古巴受训。他学到新技术，并进一步掌握游击战理论。

> 培训十分有用。古巴由于同美国斗争和与苏联的关系，在情报方面相当先进。同时还有政治教育。如：斗争目的，如何持久？总要讨论这些问题……进行武装斗争，战士必须懂得政治。二者合一。
>
> 保罗·卡加梅

1987年年中，卡加梅从古巴回来，与弗雷德司令一道仔细谋划，大胆设计大规模秘密战。乌干达军队中约有1500名卢旺达籍官兵，弗雷德和卡加梅悄悄鼓励更多卢旺达难民入伍。他们利用指挥官的身份和影响力，缜密周全地尽量安排这些人参加各种培训和参与战场指挥。

他们在别国的军队内部建起自己的游击队，这是其他革命组织从未干过的事情。

一般情况下，卢爱阵首先组织精锐小分队上战场，逐步积蓄力量。这也是穆塞韦尼在乌干达的成功战略。但由于卢旺达国土甚小、人口稠密，游击队没有藏身之处和活动空间，难以组建作战部队。此外，卢旺达人此时能够加入乌干达军队，卢爱阵领导便想出这种冒险的计划，在五年间发动成千上万人参与秘密行

---

① Colin M. Waugh, *Paul Kagame and Rwanda: Power, Genocide and the Rwandan Patriotic Front*. Jefferson NC: McFarland, 2004, p. 38.

动。很多卢旺达年轻人加入乌干达人民军，接受严格训练，亲临战场镇压反政府武装。这支军中之军静待号令，随时可以扔掉伪装投入战斗。

> 我们悄悄筹划，效率很高。卢旺达新兵知道一些大概。许多人很可能知道我们忙着起事。他们信任我们，知道我们正在筹划着什么。弗雷德和我开出名单。鼓励他们担任指挥职务。其他人则靠自身努力争取不同岗位，没人提醒他们。总共约有几千人，我们认为他们将来都是我们部队的战士。
>
> 保罗·卡加梅

即便迟至此刻，哈比亚利马纳总统也还来得及防止快要爆发的战争，不过他必须改变卢旺达独立后排斥图西人的政策。然而，他却执迷不悟。1987 年他访问乌干达并出席军队庆典，穆塞韦尼敦促他允许卢旺达难民回国，但遭到拒绝。

他坚称："卢旺达人满为患，就像一只盛满水的杯子。"[①]

难民们屡次要求哈比亚利马纳取消回国禁令。[②] 流亡塞内加尔的卢旺达籍难民不无威胁地公开发表感人至深的请愿书："总统先生，您在接受《青年非洲》周刊采访时重申要逼迫百余万卢旺达难民永远流亡海外，唯一理由就是卢旺达面积狭小。这些男女老少在周边国家棚户区的难民营一蹲 30 年……总统先生，确实您不像我们这样出生于难民家庭，但谁能保证明天您不会沦为难民？这难道不会令您理解自己轻率流放卢旺达难民的悲惨命运吗？"

哈比亚利马纳从不认为这些流亡者会形成严重威胁，却担心一些卢旺达人成为乌干达军队的指挥官，并向穆塞韦尼总统抱怨此事。穆塞韦尼同时还要对付乌干达人的抱怨，包括自己的一些支持者，他们极为反感卢旺达人在乌干达日益增长的影响。1989 年，穆塞韦尼屈服于上述压力，解除了弗雷德·卢威杰马陆军参谋长和卡加梅军情局代局长的职务。两人仍保留现役军籍，影响力基本未减。但是，免职对他们的秘密计划来说是个危险信号，他们感到事不宜迟。

---

① 作者采访埃曼纽尔·恩达希罗(Emmanuel Ndahiro)上校。

② Rakiya Omaar, Waal de Alex, *Rwanda: Death, Despair and Defiance*. London: African Rights, 1995, pp. 26-27.

到 1988 年和 1989 年，他们更加怀疑我们，意识到我们有所打算。这个问题以不同方式冒出来。坎帕拉有人抱怨卢旺达人在乌干达军中占据要职；甚至在军队外面，有些卢旺达人地位显赫也怪我们俩。到处都在议讨和争论。这有助于激励卢旺达人，也有助于我们的动员工作。我们有压力，于是我们俩就说："我们不能放弃这个机会，如果失去，很有可能永远丧失解放祖国的机会。"

保罗·卡加梅

哈比亚利马纳总统在基加利静观事态发展，以为迫使这两位高级军官退出乌干达军队要职是他的一大胜利。他尤其高兴的是，这个地区影响最大的著名卢旺达流亡者弗雷德·卢威杰马遭到沉重打击。然而事实证明，弗雷德的解职恰恰带来相反的结果，弗雷德的权力非但没有削弱，他反而得以摆脱繁杂琐事，担任卢旺达爱国阵线秘密起义部队的新司令。

英国非洲史学家克里斯托弗·克拉彭写道："此前，这位远近闻名的弗雷德司令一直同情卢爱阵，但超然离群。他为穆塞韦尼总统忠心耿耿服务多年却遭遇不公待遇令其怨愤不已，决意全身心投入卢爱阵。凭借其领袖魅力、作战经验和广泛人脉，他成为卢爱阵密谋者招募的无价之宝。"①

弗雷德就任卢爱阵主席，同许多卢旺达流亡者一样，不惜牺牲一切，全力以赴打回老家。尽管多数人并不了解详情，但新生部队业已发展壮大，乌干达军中约有 3000 名卢旺达籍官兵，大都身经百战。②他们的领导人随时准备出击，只待确定时间与方式。

1989 年年底弗雷德解职后，形势很快朝着有利于急不可耐的起义者方向发展。卢旺达国内政局日趋恶化。全球咖啡价格暴跌，卢旺达主要出口作物创汇不力，经济遭遇重创。不同部落之间冲突不断，凶犯与政府肆无忌惮地勾结，全国很多地方粮食短缺，几近饥荒。布塔雷的国立大学学生集会呼吁自由，警察开

① Christopher S. Clapham ed., *African Guerrillas*. Oxford: James Currey, 1998, p. 128.

② Gérard Prunier, *The Rwanda Crisis: History of a Genocide*. New York: C. Hurst & Co. Ltd., 1995, p. 71.

枪打死多人。

危机不断升级,哈比亚利马纳总统向其朋友和主子法国总统密特朗请教对策,密特朗建议他适度开放卢旺达一党专权政体。这意味着要他改变一向最为看重的原则。但他深知危机深重,于是宣布愿意在自己执政17年后考虑批准新政党注册。日益激进的反对派看到其弱势,趁热打铁。30名知识分子联合签署宣言,要求迅速过渡到全面民主。曾与当局合作的几位名流甚至溜出国境到乌干达会晤卢爱阵领导。他们带来令人喜出望外的消息:据说卢旺达政府弱不禁风,重击之下必定垮台。

哈比亚利马纳总统急于重新掌握政治主动,1990年年中宣布至少允许部分卢旺达难民回国。这是缓兵之计,以便显示自己并非独裁,而是愿意妥协的明君。按照他的安排,首批难民将于当年11月回国。卢爱阵领导决定不让总统诡计得逞,坚持所有难民重返祖国的要求,必须明确目标,以正视听。由此,必须在11月之前发起进攻。

卢爱阵五年来在乌干达军中秘密建立游击队,现在可以揭开面纱。到1990年,乌干达军事训练总指挥、宪兵司令、军队卫生部长以及几位重要旅长和营长都是卢爱阵秘密成员。他们及其卢旺达下属都明白,首先要当好乌干达军人,等待领导下令脱离再公开真实身份。

然而,少数人急不可待。他们不知道领导暗地里有条不紊地备战不懈,甚至怀疑有些领导贪图在乌干达的优越生活而放弃了远大抱负。1989年年底,几十个愣头青擅自打入卢旺达境内。

> 他们持枪进入卢旺达,给我们惹来不少麻烦,在乌干达和卢旺达两国都险些暴露我们的意图。我们不得不打一仗接应他们。我们警告他们,如果不回来我们就把他们当敌人打。我们不得不抓紧时间考虑此事的负面影响。
>
> 保罗·卡加梅

这次贸然行动反映出的问题不仅是缺乏耐性,而且提醒卢爱阵领导人,队伍中并非人人都听他们指挥。几名领头人物自诩比卢爱阵领导更激进,甚至独自筹措资金。他们坚称,弗雷德·卢威杰马文化程度低且不善言辞,不能胜任卢爱阵首脑一职。这一派的两名关键人物是乌干达军中最得人心、级别最高的卢旺达籍军官军队卫生部长彼得·巴因嘎纳博士和科瑞斯·布尼恩耶兹少校。他们奔走于难民社团，自称卢爱阵的真正领导人。

一位乌干达历史学家撰文称："两派竞争十分激烈，双方都盘算打进卢旺达以巩固自身领导地位，甚至不惜牺牲对方。双方都急于防止对方率先采取军事行动，都意识到再拖下去会削弱卢爱阵的力量，也会使基加利政府了解卢爱阵的军事战略。"①

促使卢爱阵领导人决心早日进攻的还有其他一些因素。卢旺达政权看到小股部队入侵和卢爱阵加紧在邻国筹措资金，意识到大战在即，着手加强军力备战。与此同时，卢旺达政权面临严峻的内部挑战：派系争斗白热化，新近获得合法地位的反动党施加压力，一些知名人士投奔卢爱阵；国际货币基金和世界银行强推的"结构调整计划"重创经济，加剧了贫困。②

此时，批评卢旺达人在乌干达军队影响过大的声音达到高潮，大多指责穆塞韦尼总统。其政敌甚至指称他本人实际就是卢旺达人。当然，事实并非如此。但他的确来自与班亚卢旺达人关系很近的民族，而且据说他的祖母或外祖母是卢旺达图西人。③ 他为平息非议，解除了弗雷德·卢威杰马等握有实权的卢旺达籍高级军官之职，但无济于事。有些人要求他开除所有卢旺达官兵的军籍。这将给卢爱阵带来巨大损失，迫使卢爱阵加紧行动。

据乌干达历史学家奥奥甘噶·奥图诺说，这些因素合在一起给卢爱阵领导人"传递了一个明确信息"，他称之为"严厉警告"："趁你还有机会利用乌干达的军事、经济和政治资源，抓紧动员和组织进攻……要么借此有利时机搞垮卢旺达政府，要么留在乌干达解散消亡。"④

---

① Howard Adelman and Astri Suhrke, eds., *The Path of a Genocide: The Rwanda Crisis from Uganda to Zaire*. New Brunswick: Transaction, 1999, p. 35.

② Gérard Prunier, *The Rwanda Crisis: History of a Genocide*. New York: C. Hurst & Co. Ltd., 1995, p. 160.

③ See ②, pp. 68-69. Hildegard Schürings, *Volk Verlässt sein Land: Krieg und Völkermord in Ruanda*. Cologne: Neuer ISP Verlag, 1994, p. 171.

④ See ①, pp. 35-37.

有时，我跟妻子和孩子在一起，同他们谈起我的一生与童年……

孩子们总爱刨根问底，有时问题十分尖锐。有一次，女儿问我：“你怎么认识妈妈的？”我告诉她：“我在乌干达打仗，但我想有个家。我急于成家，因为我要投入下一场战争，我不想连个家都没有就去冒险打仗。”她说：“你打算撇下家上战场？”我说：“对。”她马上说：“爸爸，你真差劲儿！你想成家，然后离家上前线！”我告诉她：“不对。两个我都想要。”

保罗·卡加梅

第四章　一杯牛奶结缘

卡加梅在 1989 年工作十分紧张，但并非一心筹划革命战争。他的大多数卢旺达朋友都已结婚成家，他却还是个单身汉，专注于秘密谋划。不久，他发现只剩自己一个光棍。朋友们逮住机会便说他，该结婚了。他慢慢开始接受规劝。

卡加梅遵行卢旺达习俗，托亲戚帮忙介绍合适对象。有个亲戚说，她认识一个稳重优雅且有教养的卢旺达姑娘珍妮特·尼拉芒吉，其父亲是流亡布隆迪的图西小酋长。她出生于布隆迪，现在肯尼亚工作。卡加梅从在肯尼亚的特工那里了解到有关这位合意女子的情况，颇感兴趣。虽然要冒风险，他还是决定前往内罗毕。当时，肯尼亚和乌干达关系不好，乌干达高级情报官现身肯尼亚首都必会引起猜忌，甚至更糟。没人会相信他只是来向佳人求爱。

然而，此次确实是卡加梅一生中罕见的表里如一之举。

在内罗毕，卡加梅求助于一位认识这位女子的朋友。他们决定到她办公室拜访，借用求婚史上最老套的陈词滥调说“只是路过”。卡加梅多年后依旧说，他深信珍妮特当时“蒙在鼓里”。其实她亲戚此前已先告诉她卡加梅去肯尼亚的真实目的，因此，她知道卡加梅的心思。[①]

少年珍妮特曾参加文化社团，跟大人学习卢旺达歌舞和传统。她这一代很多非洲青年和世界青年一样，形成了模糊的、理想化社会主义观念，崇拜切·格瓦拉和马丁·路德·金等革命偶像。遇到卡加梅前两年，她曾第一次也是唯一一次到过卢旺达，留下了可怕的印象。她把卢旺达当作祖国，随父亲和兄弟漫步基加利街头。父兄身材高挑，一副典型图西人相貌，迎面走来一人怒斥道：“你们竟敢待在这个胡图国家？”那次经历让她意识到，图西人留在卢旺达不得不卑躬屈膝。于是，她发誓永不回国。

珍妮特同很多卢旺达难民一样，认为卢爱阵领袖是英雄，其中包括卡加梅。这个名字多年来在卢旺达流亡者中口耳相传。如今，他竟然来向她求爱。珍妮

① 作者采访卡加梅夫人(Jeannette Nyiramongi)。

特发现，他天生腼腆、不擅与女性打交道，便随口说此刻正是午饭时间，请他和朋友去的她公寓吃点东西。

“不，我还有急事。”卡加梅撒谎。

她又说：“来不及吃午饭，那就喝杯牛奶？”

男人不一定都喜欢喝牛奶，但图西人对牛奶情有独钟。图西文化十分看重牛，对牛奶的喜爱在全世界堪称独一无二。珍妮特想用牛奶帮助卡加梅打破尴尬。这一招颇灵。他们俩也像许多因牛奶而生情的卢旺达人一样，终成眷属。

卡加梅巧妙摆脱追捕，匆匆离开内罗毕。他打电话告诉珍妮特，自己无法再回肯尼亚，说服她去乌干达会面。她欣然前往，卡加梅发现她有点爱上自己。1989 年 6 月 10 日，两人结婚。

就在婚礼前后，卡加梅听说穆塞韦尼总统打算送他出国，很可能去尼日利亚接受长期军事培训。他的密友和同谋弗雷德·卢威杰马随后也得知自己要去美国受训。弗雷德听到消息的当晚，两人在卡加梅住处会面。

卡加梅说：“这别有深意。你去美国上学，我去尼日利亚。另外还派一两个人去俄罗斯。这绝非巧合。”

两人谈了一阵，最后卡加梅对好友说道：“弗雷德，你不能走。必须坚持。你是卢爱阵的领袖，不能任人摆布。”

两人一致认为，当下正是秘密游击队揭竿举事的关键时刻，弗雷德一旦离开将会出师不利，他必须坚守岗位。卢爱阵领导当中，他的领袖气质无人能及，临战前官兵唯独对他忠诚不二。但他和朋友都想不出万全之策应对穆塞韦尼总统，各种借口都难以令其信服。

卡加梅说：“你可以同穆塞韦尼说，自己很不容易，在乌干达和坦桑尼亚，不停地战斗、工作，无暇考虑自己和成家立业？你告诉总统，由于族裔这个特殊问题，你的未来不在乌干达军队。你要另找工作，即便可以入籍，最终还得退伍。即使说服不了穆塞韦尼，也要坚持。反复强调你实在需要喘口气。”

第二天，弗雷德面见穆塞韦尼恳求，穆塞韦尼果然当场拒绝，并且，用卡加梅的话说就是，“极为生气”。最后，弗雷德请总统再考虑一晚。次日早上穆塞韦尼打电话说，他打算让步，同意弗雷德留在乌干达。不过，当天他又派陆军司令去见卡加梅。

陆军司令对卡加梅说:“总统让我传话,要你替弗雷德去学习。”

乌干达领导人怀疑卢旺达人正筹划起事,而且国内也面临巨大压力,决定不能让这两个人都保留现役。卡加梅意识到,他们之中必有一个要走。既然弗雷德不能离开,他就得走。他告诉陆军司令,自己服从安排,随后直接驱车去弗雷德住处。

他对弗雷德说:“你可能觉得我应该说不,也对。但我没有回绝,因为那样会给我们和我们的事业带来大麻烦。”

弗雷德赞同:“如果你托辞不去,肯定会加深他们的怀疑,这对我们的组织和我们的人都不利。”当晚,卡加梅告诉他的新娘,他们下一阶段去一个完全陌生的地方生活——美国堪萨斯州莱文沃思堡的美国陆军指挥与参谋学院。

参谋学院的军事指挥课程在全球首屈一指,学员都是世界各国军队精英。他们在莱文沃思堡学习从战场战术到人权法律等各种知识,以便回国后发挥更大作用。卡加梅的同班学员来自拉丁美洲国家、亚洲国家、非洲国家以及美国。他发现自己领到手的所有材料仍旧用弗雷德的名字,只好解释说穆塞韦尼总统“临阵换将”,派他来参训。

卡加梅在非洲难民营长大,长期作战于丛林,后来成为乌干达军事情报官。对他来说,莱文沃思堡及其周边地形全是陌生的新环境。然而,按卡加梅自己的说法,这种转变并不难。颠沛流离的历练教会他适应新环境的丰富经验。

赴美参训丝毫没有减弱卡加梅重返卢旺达的夙愿。事实上,让他在关键时刻离开也是学习的大好机会,所学技艺在即将来临的战争中必有用处。抵达堪萨斯州几周后,他就租到一处公寓,开始学业,并把夫人接来。他几乎每天都同弗雷德通电话。两人在地球两端精心安排大计。

他们最终作出无数卢旺达难民期待数十载的决断。确定进攻日期,孤注一掷拼个死活,一劳永逸地解决他们率人民重归故里的问题。他们选定在几天后即 1990 年 10 月 1 日打响战争。

> 我们约定,一旦战争开始,我就回去。10 月的第一天并无特别之处。不过,流言四起,有些也并非空穴来风。乌干达政府对战争准备惴惴不安。疑心更重,侦察我们,压力骤大,我们觉得事不宜迟……
>
> 哈比亚利马纳发出一些信号,可能允许图西人回国。但不确切。

我们根本不相信他说话算话。他总说卢旺达是弹丸之地，要求难民收留国允许难民待下去。我们可以回国探访，但不能居留。那些领导人有点愚蠢。他们完全可以说，"所有难民可以自由回国。"你越说不行，难民的回国愿望越强。他们实在愚蠢，他们如果精明就应该说："好吧，回来吧。"难民归国的愿望反而不会那么强烈。可你说不准回去，人们就会说："轮不到你来决定人民的选择和未来。"

保罗·卡加梅

进攻日期既定，卡加梅去找美国教官告诉他自己要辍学回国。莱文沃思堡教官和其他军官都大吃一惊。参谋学院入校竞争激烈，鲜有学员未结束一年学业便告退的情况。军官们反复询问卡加梅，是否确信要舍弃这一难得的机会。

卡加梅很快便意识到，美国东道主并不了解他的背景。他们不知道他是卢旺达人，曾经是流落他国的难民，也不知道卢旺达难民渴望重返祖国。他耐心地解释，美国人最终才明白无法劝阻他。有人问他可以帮什么忙，他说很想带自己那套囊括军事科学各方面的知识教材走，没人拒绝。卡加梅后来说，这些书"在我们的战争中十分有用"。

他并未立刻启程回国协助领导战斗，而是花了几天时间处理好在堪萨斯州的私事，按习惯有条不紊地付清房租等债务、电话销号、归还军校物品。与此同时，5000 英里外的卢旺达革命部队揭竿而起发动战争。

卢爱阵选择 10 月 1 日进攻卢旺达绝非心血来潮。那一周，联合国在纽约召开世界儿童峰会。乌干达、卢旺达两国总统均出席会议。战斗打响后，两国很可能陷入混乱，无法做出协调一致的快速反应。此外，10 月 9 日是乌干达独立日，为乌干达军中参与密谋的卢旺达军官在国境上大量调动部队提供了最佳借口。最重要的指挥官就是当时统帅乌干达北部所有部队的弗雷德·卢威杰马将军。他直接对穆塞韦尼总统负责。既然穆塞韦尼远在纽约，无人会质疑弗雷德调动 2000 名卢旺达籍官兵全副武装南下。

这些官兵等待数月甚至经年才迎来这一天。少数高级军官知道确切计划，其他人知道栖身乌干达军只是权宜之计，单等领导下令撤出。大多数人猜到，突然进发卢旺达边境意味着盼望已久的时刻终于到来。

9月30日起,满载士兵的卡车挺进乌干达西南的安科莱区。他们抵达卢旺达边境几处前哨阵地,卸下从乌干达军械库拿来的一箱箱无托步枪、机关枪、迫击炮、火箭筒甚至几门苏制轻型自动加农炮,转装到自己的卡车和吉普,这些车也是挪用乌干达军队的。他们极度兴奋地登车,有人发狂地扯下军装上的乌干达军队徽章,亮出真实身份。他们不再是国家军队士兵,而是游击队员,为的是去自己赤忱热爱却知之甚少的祖国夺取政权。

10月1日上午10点,卢爱阵先头部队2000人冲过简陋的界桥,攻占卢旺达边镇卡基图姆巴。另有800名百姓随行,他们自告奋勇地担当卫生员、侦察员和通信员。他们很快制服了戒备松懈的海关所,在边境几处布阵,接着向卢旺达境内纵深推进。占领地方首府噶比若后,他们用战利品玫瑰香槟举行露天庆功酒会。随着起义消息传遍四方,志愿者从卢旺达各地赶来加入,包括一些胡图人,有的甚至不是卢旺达人,只是想帮忙推翻这个非洲专制政权的革命者。

战争头几天,前线战况传回乌干达、报告给卢爱阵领导人,然后传到在美国的卡加梅耳中。他跟其他人一样,完全清楚这头几天战事的重要性。然而,他并未想到,一场大灾难即将落到起义军头上。

> 我从情报中发现有些不对头,没有弗雷德的消息。我感到事情并不那么顺利,有种不祥的预感。大概是5号或7号那天,我问在坎帕拉的一个人,“你直接同弗雷德通过话或是亲耳听到他讲话吗?”我有点怀疑。直觉告诉我事情不妙,我心里很乱。我告诉他,“我要你赶到前线,进入卢旺达,告诉弗雷德我要直接跟他通话。如果他不方便,我要你回来告诉我你见到他了。”
>
> 他听出指示中的紧迫感,一时不知所措,问道:“还有别的口信吗?”我说:“没有,快去找他。”他走了。24小时后,我不断往他家里打电话,他妻子一个劲儿地告诉我,他还没有回来。最后,我打电话追到一个边境小镇找到他。我问:“找到弗雷德了吗?”我确实预感不妙。他说:“长官,没有。我……没有,长官,我没找到他。”
>
> “为什么?”电话那头的他不作声,一直沉默。他在强忍泪水?“为什么?”

"没有找到,长官。我是说……他不在了。"

"什么意思?你是说他死了?"

"是的,长官。"

"死了?"

"是的,长官。"

"谁杀的他?"他说了很久,一言难尽。"你确定?"

"我确定。"

我这才明白——为什么我无法跟他通话。正在我追问的当口,我妻子走进来。她看到我脸色大变,就问:"发生了什么事?"我说:"没什么。"

直到我们分手,我也没有告诉妻子这件事。我从未告诉她,有种种原因。如果当时大家都知道弗雷德之死,恐怕负面影响更大。秘而不宣反而能解一时之困。况且,对我妻子来说,不知道反而更好,否则她会胡思乱想。她会觉得我会立刻步其后尘,去接替那个刚刚死于非命的人。我没有落泪,但心都碎了,顿时感到前所未有的紧迫。

保罗·卡加梅

部队在战争次日就失去统帅,无疑是场灾难。很多战士感到震惊,以致认定战争必败。多年来,弗雷德是卢旺达流亡各界的指路明星,是很多难民唯一知悉、仰慕和誓死追随的人。卢爱阵其他领导人尝试隐瞒其死讯。消息泄露后,几百名卢爱阵战士信心顿失,逃回乌干达,许多留下来的人也心灰意冷,从儿时开始的梦想突然破碎,重回卢旺达的希望落空。很少有人知道,在遥远的堪萨斯州,保罗·卡加梅决意寻路直奔前线,重拾朋友掉落的火炬。

此行不易,利害关系甚大,涉及一个国家、一个民族的命运。卡加梅知道会有强权势力阻止他回归群龙无首的部队,但他并不知道他们会怎么做,甚至不知道他们是哪些人。

卡加梅一离开堪萨斯州就成为这场穿越三大洲"猫抓老鼠"的中心人物。尽管卡加梅是一个士气高涨、训练有素、经验丰富、天赋精明的老练特工,但这毕竟是一个人与卢旺达(很可能还有其他几个国家)情报机构的较量。卡加梅登上从圣路易斯去纽约的飞机,开始冒险之旅,心头十分沉重。

我看到一片混乱，脱口而出："上帝，难道这就是我要接手的烂摊子？怎么回事？"一切杂乱无章，无一例外。不过几天部队便伤亡惨重，死伤人员横七竖八倒在路上，包括一些指挥官。有一位高级老指挥官见到我，眼泪夺眶而出。我询问他的状况，他哭得像个孩子，庆幸我赶回来了。我问他："这里情况如何？"他说："一切都没了！官兵都牺牲了！"

保罗·卡加梅

第五章　挽狂澜于既倒

1990 年 10 月 8 日，卡加梅乘机去纽约，有的旅客一心想着下面的生意谈判，有的想着很快就能观赏百老汇的演出，唯有卡加梅心事重重。他一路沉思，揣测敌人会设下什么圈套阻止他回卢旺达，他该如何躲避陷阱。坐在一旁的妻子知道他又要奔赴沙场，但并不了解他的任务有多紧迫、多危险。

他们在堪萨斯时，珍妮特身怀六甲。卡加梅要在上战场前先将她安顿好，决定送她到比利时他妹妹那里待产。他们需要两个比利时签证。

卡加梅有个朋友时任乌干达常驻联合国代表，他请其利用外交人脉搞到两个比利时签证。这位大使知道卡加梅是卢爱阵高层领导，也听说卢爱阵刚发起战争，很难相信卡加梅在此关头只想照顾好怀孕的妻子。

他疑惑地问道："你们怎么打算？"

卡加梅漫不经心地答道："不知道。我来求你只是想陪妻子去比利时。"他引来大使一声笑。

"你肯定还回来？"

"当然，他们打仗不缺人手。我完成学业再回去。"

卡加梅实在想不出更好的托辞。他朋友深谙外交之道，没有追问。他打电话给比利时同事，卡加梅夫妇很快拿到签证。

流亡世界各地的卢旺达侨民一直在为卢爱阵募捐，在英格兰的一个组织效率最高，筹集到可观的 8 万美元。前线部队急需这笔资金，卡加梅决定经停伦敦取款，亲自带往前线。

卡加梅在纽约一家旅行社为妻子买了经伦敦去布鲁塞尔的机票，自己同机去伦敦，再转乌干达恩德培国际机场。第二天下午他们飞离纽约，次日清晨抵达希思罗机场，当天休息并盘算下一步。第四天，卡加梅找个借口外出见卢旺达联络人，拿到装有 8 万美元现金的手提包。他用一部分钱买了药等物品，余下的钱都带回宾馆。妻子正焦急地等着他。

那天夜里，我们决定，她前往比利时的同时我经乌干达直奔卢旺达。我们一起去机场，在那里分手。我用手头的机票从伦敦飞往恩德培。办理登机手续时我突然想到，按通常路线走的做法太傻……

我打听到另有一个航班——乘客正在登机，准备飞往埃塞俄比亚首都亚的斯亚贝巴。我赶紧帮妻子登机去比利时，我安慰她："你不会有事的，去比利时。我们肯定会团聚，保持联系，不过现在要说再见了。"

此时此刻，我们都恋恋不舍。我跟她告别后回到候机楼，突然发现她上飞机时忘了拿手袋、外套和护照，所有东西。我飞奔回去，所幸东西都还在，原封未动。我们谁都不知道后面会发生什么事情，什么时候能再见面。她怀有身孕，只能自己照顾自己，所以她才忘了所有的东西。平时她很细心，总把东西带在身边。

保罗·卡加梅

那时去亚的斯亚贝巴并不安全。几年来，埃塞俄比亚的独裁者海尔·马里亚姆·门格斯图不断搞"红色恐怖"[①]，大肆屠杀反对派。当时，反对派武装逼近首都，政权濒临垮台。惊恐不安的政府军肆虐街头算老账，精锐部队进驻机场，防范各类敌手逃跑。

卡加梅顺利进城，寄宿在非洲统一组织工作的朋友家。10 月 14 日星期天早上，他又去机场。朋友事先安排一个有同情心的外交官护送他通过安检口，但卡加梅到机场后却找不到人。卡加梅不能错过航班，决定独自闯关。

卫士在检查口前逐件检查行李，对可疑旅客搜身。卡加梅一边排队一边动脑筋蒙混过关，既不能损失那笔钱，也不能因被人识别身份而被捕。他塞进口袋 1000 美元，以备不测之时行贿，心里十分紧张。快到关卡时他感到还没准备好，便走回队尾。再次轮到队首时，他又离队，走进洗手间思量对策。

我重新排队。人们正往前走，突然出现一个机会，就是一瞬间，我

① 原文用"白色"，显然是个错误。当时门格斯图自己命名"红色恐怖"。译者注。

决定冒险一搏。我前面一个人刚进去，有人跑来找那个检查员，他走到一边同来人说话。我提着公文包穿过两端X光机之间的两米宽空档，穿过扫描仪和搜身房之间的通道。我担心有人喊住我："你往哪儿走？回来！"一旦有人追过来，我会用备好的钱跟他商量："通融一下吧。"幸好那两人谈得起劲，我走过关卡进到候机的地方。

这时候我看见一位牧师一边戴衣领圈一边用乌干达语同旁边的女士聊天。他说等候时间太长，"他们还没有找到那个人吗？"我很好奇，忙问牧师为什么要等这么长时间，发生了什么事。他告诉我，埃塞俄比亚航空工作人员四处找人，航班推迟起飞。我问他们为何延误，有一名工作人员说正在搜寻一个危险人物。

我想自己可能就是他们要找的人，但我没说什么。我坐在那里等了大约20分钟，看见埃航工作人员走下飞机，赶旅客登机。牧师上前询问，他们回答"一切正常"。于是，我们起身走向停机坪。

登机前，旅客必须指认自己的行李，他们才把行李放上拖车，开到飞机前装进货舱。奇怪的是，我看了一圈也没发现我的行李。我耐心地四处寻找。其他人都找到了行李，就我还没找到。

猛然间，我意识到我的行李箱里有从军校带来的书、军装、指南针和小刀，都是战场上要用的东西。我看见一名监管人员把我的行李箱夹在两腿中间。他左手拿文件、右手持对讲机，正在通话。我脑子一转，不敢确定该不该问他我的行李有什么问题。

他站在行李和飞机之间忙着通话。我果断地走到他身后，轻轻从他的两腿之间拿出行李箱，放上拖车。他大概没察觉到，两腿仍然叉开，以为箱子还在。我登上飞机、坐下，一直盯着那个人看。又过来一个人，两人一起走了。他好像忘了自己看管的东西。我想，是亚的斯亚贝巴的混乱帮了我的忙。

保罗·卡加梅

凭着大胆和机智，卡加梅逃脱了警方的追捕。一旦被捕，他不是掉脑袋就是落入他在卢旺达的敌人手中。他后来得知，其他特务机关至少在另外两个城市等着抓他。

在布鲁塞尔，移民官员在他妻子下飞机时把她带到审讯室。

移民官问她："你独自旅行？"①

"是的。"

"但你本来是和另一个人同行的。"

"是的，但我现在是一个人。"

移民官反复盘查珍妮特·卡加梅近两个小时，总是追问她丈夫的行踪。她答不出自己并不知道的问题，最后他们只好放她走。不过，除了埃塞俄比亚和比利时的安全官之外，当天还有其他人处于高度戒备。

离开伦敦前，卡加梅原本打算降落内罗毕，便打电话给卢爱阵在肯尼亚的支持者，请她到机场接站。他改乘航班后，来不及通知对方。她如约去内罗毕机场，找到一个熟悉的移民官协助卡加梅出关。所有旅客下机后，那位移民官回来才道出真相："你让我接的那个人不在这班飞机上，这也好。因为我们奉命警惕此人，如果他到这里就会被捕受审。"

显然，有人通报了卡加梅的行踪，不想让他回到卢旺达。何许人也？乌干达常驻联合国代表还是比利时签证官？或是在伦敦的某个卢旺达特务认出了他？他有理由怀疑所有人。唯一确凿的是：在莱文沃思堡军校的美国人是罪魁祸首。

> 至少我们离开伦敦之后就有人跟踪。我不敢肯定自离开军校是否就一直有人追踪。可能是美国情报系统干的，他们很可能向某些人报警……
>
> 可能我在莱文沃思堡军校说过一些话招人怀疑，可能有些夸张。我找不到其他原因。我始终不知道当时出了什么事及其缘由。
>
> 保罗·卡加梅

躲过伦敦、布鲁塞尔、亚的斯亚贝巴和内罗毕的机场警察之后，卡加梅还要在最终目的地乌干达闯关。他事先打电话给乌干达情报部门的几位朋友，请他

① 作者采访卡加梅夫人珍妮特·卡加梅(Jeannette Kagame)。

们帮助自己混出恩德培机场。飞机落地后，他看到一位朋友在停机坪等他，才长舒一口气。

卡加梅走下飞机，那个特工低声说："给我公文包，跟我来。"

公文包里装满美元现金，卡加梅随手交给来人，似乎里面不过是些脏衣服。他跟随朋友避开候机楼，走向海关仓库。他们刚走了一半路，机场警察大声喝止："你们想干什么？我看见这人刚从飞机上下来。"

"是有些奇怪。但我们就是这样办案。"卡加梅的朋友亮出证件表明自己是情报人员，平心静气地回答，"如果你还想追问，你知道我是谁，你想同谁谈都行。"这才避免了一场对峙。几分钟后，卡加梅出了机场，前往安全住所。

事后我从另一位情报人员那里得知，我的飞机降落前一名资深安全官在旅客名单上看到我的名字，请示上司怎么办，安全主管说要请示穆塞韦尼总统。但总统不在国内，在纽约。我们赶在机场安全主管得到指令之前安排妥当出关。

接站人带我到他家，情报部门另一位朋友来看我。大约是下午3点。我首先需要一张床。我不管其他，倒头便睡，午饭也不想吃。我问他们当夜怎么去边境。他们安排了两辆车，我一辆，护送的人一辆。晚上8点左右我才醒，吃了饭，11点前出发，一直开到天亮，用了近六个小时。机场接站那人开车送我去的那段边境相对安全，由乌干达人掌控，他们帮助我们越过国境。我们在早上5点或5点半到达，我随即入境卢旺达。

一片混乱。那可能是我一生中见过最糟糕的景象。这一幕和后来的大屠杀给我一生留下深远影响，可能永远改变我的一生，我一生都与这两桩事为伴，挥之不去……

6点半左右我吃过早饭——茶和饼干。我看到一些伤兵，忙上前打招呼。他们见到我都很高兴。当时形势很不妙，他们需要有人帮助。我问其中一人："你需要什么？"他说："长官，我知道你不吸烟，可你能否帮我弄根香烟？"偏巧，我在坎帕拉买了三条烟，马上分给他们。

当时，我不知道自己多少小时没有睡觉，一切转个不停，我绞尽脑计想办法，确定必须要办的事和怎么办。我召集前线指挥官开会，叫他们让下级暂时带兵待命，高级指挥官都回来开会。他们情绪极为低落——这样说都是轻的，他们甚至不再思考想办法。确实大难当头。

保罗·卡加梅

导致卢爱阵惨败、瘫痪的原因不只是弗雷德·卢威杰马之死。实际上，他们头几天稳步推进，但突然遭到猛烈的炮火和"瞪羚"武装直升机的空中打击。他们大吃一惊，谁也没想到一向笨拙的卢旺达军队还能如此凶猛反击。很快有人猜到，这是法国出手救援其喽罗。

哈比亚利马纳总统意识到反政府武装正在打回卢旺达，他从纽约一回国就求助于法国主子。他为渲染局势竟然命令卢旺达军夜袭基加利，嫁祸于卢爱阵。[①] 次日即10月5日早晨，法国《世界报》将假戏说成实战，连法国大使都上当，硬说"首都发生激烈战事"。当哈比亚利马纳找到密特朗总统之子和非洲事务主要顾问让—克里斯托夫时，法国早已决定出面救助。

密特朗对其同事说："我们会给哈比亚利马纳那个老家伙派些小伙子去，我们要给他解围。不过两三个月就能解决问题。"[②]

10月6日，法国总理米歇尔·罗卡尔宣布实施"北风行动"，600名精锐伞兵赶往卢旺达。他说这是"保护法国公民，别无他意"。其实并非如此。法国侨民在一周内即全部撤完，伞兵却没有走。相反，他们紧随卢旺达政府军战线后面布防。臭名昭著的法国雇佣军首领保罗·巴里尔随伞兵到达卢旺达，不久便为哈比亚利马纳总统夫人工作。据他说，卢旺达军队"绝对未经训练，没有动力，没有突击队员，没有特种兵，都是些好吹牛的蠢货"。[③] 法国接手统辖，指挥炮击、保养和驾驶直升机、指导卢旺达军官实战技术、提供现代无线电通讯网络、负责在

---

① Gérard Prunier, *The Rwanda Crisis: History of a Genocide*. New York: C. Hurst & Co. Ltd., 1995, p. 120. Andrew Wallis, *Silent Accomplice: The Untold Story of France's Role in the Rwandan Genocide*. London: I. B. Tauris, 2006, p. 25.

② Gérard Prunier, *The Rwanda Crisis: History of a Genocide*. New York: C. Hurst & Co. Ltd., 1995, pp. 100-101.

③ Andrew Wallis, *Silent Accomplice: The Untold Story of France's Role in the Rwandan Genocide*. London: I. B. Tauris, 2006, p. 28.

基加利四周设置路障，甚至协助审讯被控勾结卢爱阵的囚犯。[1] 卢旺达政府军实力增强，击退了卢爱阵进攻，迫使他们溃退。

多年后，巴里尔接受采访说："法军特种部队在1990年阻止了卢爱阵恐怖分子和乌干达军队的进攻。法方有很多无名英雄，有许多非凡的故事。他们勇于主动出击，仅靠几架直升机、几门炮，四处轰炸。卢旺达这场秘密行动的英雄事迹足以写本书。"[2]

比利时为增援法军，也为维护在前殖民地的自身利益，派遣400名士兵。扎伊尔总统蒙博托也送去几百名士兵，但他们恶习不改，阵前抢劫。卢爱阵战士后来回忆道："他们抢掠财物，强奸民女，不落下一座房，不放过一个人。"[3]扎伊尔军队去了不到一周，哈比亚利马纳就赶他们走。他们回程缓慢，随身携带大量抢来的电视机、家具等赃物。

卢爱阵军队发动战争不足两周即几近溃败。司令及数名高层军官和好几十名战士阵亡，很多人临阵脱逃，更多人腹泻病倒。欧洲几国派精锐部队布防参战。卡加梅一步踏进这个危局。

卢爱阵每一位高级军官和很多基层战士都认得他，其中许多人曾同他并肩参加乌干达丛林战。他们知道卡加梅战略思路清晰，作战勇敢，纪律严明，苛求服从，不容越权。他有多年游击战经验，深谙军事情报工作，在非洲及大陆以外广集人脉。一些战友怀疑，即使尽其所能也难挽救人心涣散的部队，但除他以外别无选择。

他的朋友和同志理查德·瑟兹贝拉在开战时是名军医。他后来回忆道："卡加梅有人格魅力，大家自然会选他。有些人天生能领导。问题不是'我们需要谁'，而是'他何时出现'。"[4]

没人愿意公开说，但弗雷德·卢威杰马筹划这次作战时似乎违背了游击战的一条基本原则。他没有坚持打持久战，而是选择在开阔的热带稀树草原正面挑战卢旺达政府军，然后直插基加利。他可能好胜自信，过高估计有望速战速

---

① Andrew Wallis, *Silent Accomplice: The Untold Story of France's Role in the Rwandan Genocide*. London: I. B. Tauris, 2006, pp. 32-39.

② Ibid., pp. 28-29.

③ 作者采访卢爱阵上校乔治·卢威甘姆巴(George Rwigamba)。

④ 作者采访部长理查德·瑟兹贝拉(Richard Sezibera)。

胜。他显然没有料到法国军队出手的力量。不管出于什么原因，他的战略抉择令人遗憾。

卡加梅的当务之急是重整元气大伤的部队，其决策关系到起义运动的未来，甚至生存。经过几天会议讨论和独自思考，他做出一个惊人的选择：除少数分队留在后方诱敌外，整个部队全转移到卢旺达最寒冷的偏远地区，集中在同乌干达和扎伊尔交界的西北边陲维龙加山脉。那里林木森森，近 3000 米高的火山耸入非洲蓝天。

理查德·瑟兹贝拉记得："当时没人会想到把部队带到维龙加，海拔高，路途远。我们丧失了控制区域，走到哪里都很难。部队分散，人心不齐。按常理应该就近重组队伍，多数人都这样想。但他认为不妥，大部队要到维龙加重组。他心中有数，事先派人前往了解情况。我们分头行动，一些人断后掩护，偶尔发动进攻迷惑敌人。我们这种战术将哈比亚利马纳的军队调到与我们去维龙加相反的地方。这种非常规思路一直贯穿整个战争时期，十分有效。"①

> 去维龙加是想给大家找个藏身之地休整，我们才有时间再做谋划。这还能另辟一个战场，分散卢旺达政府军的兵力，不让他们集中一地，迫使他们无法合力重围……
>
> 我把部队一分为二，近 400 人转到维龙加，其余留守靠近乌干达的边境地区。我告诉他们："我们带五个分队走，留下一个分队。"让他们诱惑敌人，掩护其余人转移。这样可以分散敌人的注意力。我们常用这种办法保护部队，让敌人按我们的而非他们的计划走。敌人一旦发现我们肯定会进攻，这正是我们留下一队人的原因，好为其他部队创造机会抵达目的地，实施作战计划。
>
> 保罗·卡加梅

大概经过一周的长途跋涉，部队抵达维龙加。部分原因归功于乌干达军队，他们显然在穆塞韦尼总统知情的前提下允许卢爱阵自由出入乌干达领土。铁

① 作者采访部长理查德·瑟兹贝拉(Richard Sezibera)。

托·卢塔雷马拉回忆说:“我们最大的优势就是与每一名乌干达军士的关系。我们多年来同甘共苦,并肩作战。每当我们需要溜出卢旺达的时候,总会有乌干达军官指点:‘从这里跨过去。’即便穆塞韦尼有时说他不会帮助我们,他们的人仍然让我们过境。”①

1990年年底进入维龙加山脉的起义勇士并非首批安营扎寨的外来者。这一带是地球上仅存的山地大猩猩群落栖息地,名扬全球的灵长类动物学家黛安·弗赛就是在这里数年如一日地观察和研究大猩猩。1985年弗赛被人神秘暗杀,其他科学家接手她未竟之业。他们很不高兴反政府武装突然出现在这一地区,希望维护当地的原始生态环境。

其中两名科学家多年后写道:“我们认为入侵者甚至不是‘真正的’卢旺达人,他们是在乌干达长大的年轻人,都说英语。他们领导的名字都叫什么弗雷德和彼得;就连他们的组织都用英文名称。在我们看来,这是乌干达人入侵卢旺达。当然,我们不会从图西人的角度来看。”②

卢爱阵部队刚落脚维龙加时,面临可怕的新困难。乱石群山难见人烟。换言之,没有农田、牛群,没有其他食物来源,无法找到药物治疗或转移伤病员。给养极为困难,最苦的是寒冷气候。游击队员衣着单薄,在卢旺达其他地方还能适应,在冷峭的山区则难抵风寒,许多人手脚长满冻疮。有时,夜间警卫营地的哨兵早上不见回来,同志们找到他们冻僵在哨位上,死不瞑目,手握钢枪。

“看到战友死在营地而非战场,心情很不好受。”当年的卢爱阵外科医生约瑟夫·卡雷梅拉回忆说,“这对保罗·卡加梅来说是最大的打击。论打仗什么问题也没有,头疼的是基本生活条件极差。没有吃的,身体消瘦。但战士们个个都知道自己的使命。我们早就告诉他们:‘要过一段缺衣少食的日子。’我们让他们做好思想准备,效果很好。”③

卢爱阵队伍在严峻环境中休整养伤,恢复元气。世界各地的支持者募捐筹资,给战士们买衣服和其他物资,雇人送到山间基地。大学刚毕业的社区工作者阿劳伊西·伊云姆巴指挥这次远途运输。她在乌干达长大,她考入铁托·卢塔

① 作者采访铁托·卢塔雷马拉(Tito Rutaremara)。

② Bill Weber, William Weber and Amy Vedder, *In the Kinddom of Gorrilas: Fragile Species in a Dangerous Land*. New Youk: Simon & Schuster, 2001, p. 312.

③ 作者采访参议员约瑟夫·卡雷梅拉(Joseph Karamera)。

雷马拉等卢爱阵领导人开办的秘密党校，结业后留校授课，1988年负责管理卢爱阵财务。她在从未上前线作战的党员中贡献最大。

伊云姆巴上任后首先组织流亡各国的卢旺达难民成立筹款小组，起先按通常的举办音乐会募捐和动员富有者出钱等方式筹款，后来又创新方法鼓励穷人出力，如集体搜罗和变卖废弃瓶子、修鞋子、补衣服，许多人自制饼干、高粱炒面等送给维龙加前线饥寒交迫的战士。这些小组以妇女为主，秘密工作的性质决定了都是现金交易，但凭借代号详细记录从未发生贪污问题。

伊云姆巴无论走到哪里筹款，身上都带着卢爱阵艰苦生活的照片和视频。她总是称战士们为“我们的孩子”，而不说是战士、游击队员或士兵。无论是在内罗毕、伦敦还是在华盛顿，她恳求前来参会的卢旺达听众：“这不是为军队捐款，而是救我们的孩子。我们的孩子身在战场，急需食品。我们是他们的父母，都有义务照顾自己孩子。”①

卢旺达难民慢慢认可了伊云姆巴不辞辛苦地筹措资金，卢爱阵战士却只看到她的另一面——近似可笑的吝啬鬼，千方百计收集便宜货。柏林墙倒塌后，她得知东德有家工厂积压了几千套没用的军装，竟然直飞柏林讨价还价数天，以最低价格买下这批服装。

一名战士后来回忆道：“如果你有弗雷德和卡加梅的命令，才有可能问她要到一些钱，否则甭想。”②

伊云姆巴最有效的筹款技巧是安排富有的流亡者参观卢爱阵在维龙加寒冷的兵营。卢旺达侨民组团，从美国和加拿大千里迢迢一路颠簸劳顿到兵营。几天之后，妇女摘下珠宝首饰、掏空钱包，男士则留下现金和多余的鞋子等。

约瑟夫·卡雷梅拉回忆说：“看到年轻人忍受如此艰苦的条件，人们情不自禁倾其所有。”③

尽管条件艰苦，每天仍有新兵入伍。打回祖国的消息激励着流亡世界各地的卢旺达人，上千人辞退工作、告别家人、直奔维龙加、立誓献身。绝大多数人不需要说服动员，主动帮忙做工作的则很多。妻子、亲戚、朋友都会让一些年轻人

---

① 作者采访部长约阿劳伊西·伊云姆巴(Aloisea Inyumba)。

② 作者私下采访。

③ 作者采访参议员约瑟夫·卡雷梅拉(Joseph Karamera)。

因感到无地自容而报名参军，男人留在家里都会面临羞辱和嘲笑。

邻居会问他："你在这里干啥？要不要给你买套衣服？"

卢爱阵不是社会弃儿组成的游击队。据统计，几乎人人读完小学，半数人中学毕业，两成人大学毕业。外科医生就有好几十个。1991 年年初，卢爱阵武装不仅人数翻番，近 5000 人，而且是历史上文化程度最高的游击队。[①]

这支队伍挺进维龙加崎岖山脉本身就说明，战士们具有强烈的使命感。他们在那里重组为若干分队，严格训练，以纪律严明闻名遐迩。[②] 军规严正 11 项死罪，如谋杀、强奸、暴力抢劫、开小差以及"有意干扰、破坏、误导或其他危害阵线的行为"，另外规定 24 种适用体罚的罪行，包括饮酒、吸毒、"纪律懒散和风纪不正"、拿村民东西不给钱、遗弃伤员、散布"有害宣传"、谋取私利、与合法配偶以外者通奸等行为。总的来说，行为准则得到严格执行，有助于卢爱阵至少在初期成为世界上纪律最严明的反政府武装。

有人录制了一段视频，卡加梅在"政治教育"[③]研讨会上告诫官兵："我们必须始终通过自己的作战方式、自己的行为举止，证明我们不同于那些作战对象。"[④]

部队在维龙加整顿数月，不仅训练有素，政治思想亦有提高。其中的关键部门是政治部，这个部门训练优秀战士成为"政治委员"，配备到每个作战单位。他们担负三项基本任务：第一是确保同志们认清卢旺达国内政局，牢记自己为何而战；第二是指导卢爱阵与民众的交往，确保部队不致引起丝毫民怨；第三是成为基层士兵的知心朋友，倾听他们的意见，确保军官不虐待士兵。

从政治上武装战士是头等大事，这种理念只是卡加梅和卢爱阵军官从多年乌干达丛林战中学到的关键经验之一。在残酷的考验面前，他们通过磨练还懂得了一个道理，拥有像穆塞韦尼那样执着、献身的领袖同样至关重要。穆塞韦尼沉着领导各方面的斗争，身先士卒，事事处处倾听下级军官乃至普通战士的心

① Gérard Prunier, *The Rwanda Crisis: History of a Genocide*. New York: C. Hurst & Co. Ltd., 1995, p. 117. Catharine Watson, "War and Waiting", *Africa Report*, 1992, Vol. 11-12.

② Paul Kagame, *The Rwandese Patriotic Army Operation Code of Conduct*. Rwanda: Photocopy, 1991.

③ 此处的引号表明，美国作者鄙视社会主义、共产党的政治宣传。这类表述在本书中时常出现。

④ Rwanda Bureau of Information and Broadcasting, *Major General Paul Kagame: What Is He Like?* Video, 2000.

声。卢爱阵领导者懂得游击队必须保持耐心，准备长年作战；缺少武器并非取胜的障碍，游击队初期总是赤手空拳，可以在战斗中缴获敌人的武器；面对大规模起义，政府都会本能地采用镇压手段，因而疏远人民，最终增强起义方的力量。所有这些都是他们谋划和作战的指导原则。

卢爱阵攻入国境后初战不利，在偏僻的新藏身地保护下，加上卢旺达政府军轻敌而低估其力量和斗志，他们在几个月间慢慢重整旗鼓，士气高涨，军官和政委不失时机地告诫同志们牢记十年前在乌干达的历练。全国抵抗运动起初仅几十个人发起武装斗争，历经几年艰苦斗争，成功推翻了貌似不可战胜的强大政权。卡加梅告诉战士们，既然乌干达能够取得旁人难以想像的胜利，我们在卢旺达也一定能够夺取完胜。

有人制造一种印象，即卢爱阵几乎全被消灭、彻底失败，或者干脆认输撤回乌干达。因此，我们必须为自身的生存解决这个问题，这既关系到维护卢爱阵形象，也关系到坚持斗争本身。我们要在一个完全不同的地区打开新局面，告诉大家战争实际上仍在扩展。

我们有些人不太同意和平谈判。有人说："不！那是浪费时间，我们要一打到底。那些人说谎，他们想拖延时间以积蓄力量，因为我们现在日益强大。"在一定程度上，政府确实想利用机会争取时间。但是，如果对方同意和谈而你不谈，就会在外交上出问题。我们也有些人认为，如果敌人利用谈判拖时间备战，我们同样可以这样做。尽管你认为政府是在耍花招，你也得采取必要措施，挫败其阴谋。

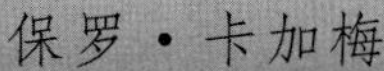

第六章 另类世界怪物

卢爱阵司令被杀，队伍在火箭和大炮轰击下七零八落，结局如何？有两点答案。哈比亚利马纳总统及其法国顾问认为，已经击溃卢爱阵，他们大多落荒而逃，余者晕头转向，群龙无首。因此，就像25年前的“蟑螂袭击”一样，1990年10月1日的“武装返国”似乎彻底失败。

统治集团内无人意识到，卢爱阵其实并未消失，而是长途跋涉转移到维龙加山脉新的藏身处。那里，有雨云和三层植被雨林的掩护，新领袖保罗·卡加梅重组并训练部队。三个月后，他决定派他们重返战场。卢旺达北方主要省府和胡图激进派大本营鲁亨盖里是他的首选目标，如果进攻得胜将震撼卢旺达全国。

> 我们有三个目的。第一是让世界和政府当局知道我们依旧存在，不仅存在，而且有能力进攻卢旺达政府军。第二是获得武器，我们主要依靠缴获敌人的武器。第三是在鲁亨盖里关押有政治犯。我们如果掌握这些政治犯，也会在政治上打击哈比亚利马纳政府，形成某种新的活力。当然，这也能使我们在那个区域有重大发展，有助于我们赢得战争。
>
> 保罗·卡加梅

1991年1月22日傍晚，700名卢爱阵战士从藏匿的山头悄然而下，在当地支持者的引领下趁夜潜入鲁亨盖里四周的阵地。拂晓时分，他们从隐蔽处冲出，卢旺达政府军争相拿起武器还击，但为时已晚，最终一败涂地。

首先陷落的是粮仓，里面装满玉米面和其他粮食，都是饥饿的卢爱阵战士渴望之物。游击队还轻取一个政府农场，牵走好几百头牛，卡加梅需要牛奶和牛肉以滋养瘦弱的战友。不料，他们在警察局和军队哨所遭遇顽强抵抗，伤亡惨重。大家后来才知道，那是法国人带的部队。有15名法国伞兵因在鲁亨盖里的战斗中表现英勇荣获勋章。[①]

这次突袭的一个主要目标是监狱，侥幸及时阻止了一场可怕的屠杀。[②] 监狱里关押的几百名囚犯中大多数是政治犯。战斗打响时，惊慌失措的监狱长给基加利打电话汇报。基加利找到总统私人秘书、总统夫人的表兄埃利·萨噶特瓦上校。埃利上校是"阿卡祖"小集团主要成员，他冷酷下令处决所有囚犯。狱长拒绝执行命令，几分钟后，上校又打电话重申命令，并称是总统本人亲自下令杀人。

狱长仍无法强迫自己奉命杀人。

他在办公室里掂量生死抉择之际，卢爱阵已经打进监狱，捣毁院子大门，冲入牢房救出兴高采烈的囚犯。卡加梅此前开了一份名单，特别保护极有价值的二十几位，其中有泰奥内斯特·利金德上校，他曾任哈比亚利马纳总统的秘密警察局长，以拷打犯人著称，11 年前因发动政变未遂而坐牢。

鲁亨盖里一仗在午间结束，全镇落入卢爱阵控制之下。纪律严明的卢爱阵士兵整个下午有条不紊地洗劫监狱、银行、警察局、军队哨所和食品仓库，把战利品搬上卢旺达政府军遗弃的吉普车，黄昏时分撤回山里营地。

第二天，政府援军赶到，在城里实行从傍晚到黎明的宵禁，逐步控制周围乡村。但此后几个月里，卢爱阵士兵几乎每晚都发动袭击。

离鲁亨盖里几英里远的姆贡沟住着美国农庄主罗莎蒙德·卡尔(1912—2006)，她写道："留下来的叛军隐藏在火山群的暗处，以便发动夜袭。2 月的一天，天气多云，一架卢旺达军用直升机从低空飞到姆贡沟，朝着田地森林密集开火……我从花园的墙上往外观望，害怕叛军士兵随时会窜出森林。许多夜晚，我和保安及羊倌经常站在芦笋菜圃旁，他们手持木棍长矛，勇敢守卫农庄。月下寒夜，我们听见六英里外军营那边传来的激烈枪声和火山方向传来的隆隆炮声。"[③]

---

① Andrew Wallis, *Silent Accomplice: The Untold Story of France's Role in the Rwandan Genocide*. London: I. B. Tauris, 2006, p. 49.

② Gérard Prunier, *The Rwanda Crisis: History of a Genocide*. New York: C. Hurst & Co. Ltd., 1995, p. 120. Linda Melvern, *Conspiracy to Murder: The Rwandan Genocide*. London: Verso, 2004, pp. 16-17. Learthen Dorsey, *Historical Dictionary of Rwanda*. Lanham, Md.: Scarecrow, 1994, p. 130.

③ Rosamond Halsey Carr, Ann Howard Halsey, *Land of a Thousand Hills: My Life in Rwanda*. New York: Viking, 1999, p. 203. 安·霍华德·哈尔西是罗莎蒙德·哈尔西·卡尔的侄女。译者注。

政府当局一直否认起义军的存在。卢爱阵大举突袭鲁亨盖里之前，哈比亚利马纳总统甚至欣喜对方出山，希望一举围歼，以此重新联合濒临瓦解的政府。鲁亨盖里惨败令他及其“阿卡祖”小集团蒙羞和震惊。他们不再妄想打垮卢爱阵，丧失决一死战之心。相反，卢爱阵宣布已从10月溃败中完全恢复，这次攻城更展显出他们对游击战术得心应手。这在政治、军事和心理上都给卢旺达政权以沉重打击。卢旺达政府军的反应在某种程度上全在预料之中：命令鲁亨盖里的卢旺达政府军和民兵猎杀当地的图西人并“碎尸万段”。[①] 数百名图西人被杀，许多尸体头颅破碎、四肢不全。[②]

战争在这几个星期才真正开始。政府当局被迫承认他们长期拒绝流亡图西人回国的政策没能达到预期目的，图西人非但没有消散，反而组建起强大的游击武装，足以争夺政权。

哈比亚利马纳政府驻美国大使博纳旺蒂尔·乌巴里乔罗是胡图政治家，他回忆说：“哈比亚利马纳总统总爱说，1990年10月爆发的战争令他震惊。其实并非如此。很多人曾再三提醒他，除非他在难民问题上有所作为，否则战争难以避免。他总是回答，这个国家太小，容不下太多人。但是，强调国家的大小也避不开难民问题。”[③]

此后数月，卢旺达政府军不断轰炸卢爱阵在维龙加的据点，甚至夺取几个山头，但由于那里地形崎岖不平，不易正面进攻。卢爱阵也发动攻势，赢得重大胜利，夺取边境重镇噶图纳，切断去乌干达的通道。随即又在卢旺达北部山区许多地方屡发进攻，与法国支持的卢旺达政府军争夺战略高地。争夺战一打好几个月，步兵反复冲锋，大炮密集轰击，双方都为抢占卢旺达东北部的最高峰付出了高昂代价。由于卢旺达政府军长期狂轰烂炸和双方在山坡都有不少士兵伤亡，卢爱阵士兵给卡邦高亚山峰另起了一个名字。他们几乎每天都在卢爱阵的短波电台里听到有关残酷轰炸“萨拉热窝”的报道，“萨拉热窝”就是这个别名，令人痛苦却又恰如其分。

---

① Linda Melvern, *Conspiracy to Murder: The Rwandan Genocide*. London: Verso, 2004, p. 17.

② Andrew Wallis, *Silent Accomplice: The Untold Story of France's Role in the Rwandan Genocide*. London: I. B. Tauris, 2006, p. 59.

③ Rakiya Omaar, *Rwanda: Death, Despair and Defiance*. African Rights, 1995, p. 28. 博纳旺蒂尔·乌巴里乔罗2007年去世。译者注。

卢旺达政府领导人开始意识到战争是当真的，不是他们所希望的那样可以避免，可以对付，可以彻底消灭我们。战争爆发后，我们没有在卢旺达东部出现，当时他们曾有过那样的预期。现在他们开始认真对待，动员民众，争取更多的资源和部队。他们的整个战略是要有充足的军队，部署到几乎每处边境，尽可能控制更多地区，不给我们在卢旺达有任何立足之地，目的是让世界相信我们实际上不是什么问题……

他们几乎遍布每个山头、每个村庄、每个利于作战之处……随着这种压力的增大，我们需要更多主动出击，夺取更多胜利，不仅是军事上的，而且是政治上和外交上的胜利。假如我们被说成并不存在或是构不成什么大不了的问题，仅仅是一些靠乌干达等外部援助才能生存的人，我们的意义何在？这就更需要我们积极作战。因此，每场战斗之间几乎没有停顿，双方差不多每天都有交火。

很多情况下，我们在不同阵地同时进攻，以便削弱他们的力量，在他们不让我们活动的地方我们也不让他们巩固阵地。有时，一天之内我们会在维龙加周围和东北一带发动十次进攻，我们组织有序，如果他们在某个地方对付我们，其他地方就会打响，逼得政府难以维持稳定或选择行动时机。如果他们出动，我们总是埋伏在他们两个据点之间，如果基加利送给养，我们就伏击，多次击毙或俘虏他们的士兵。战斗不断，有时是政府军进攻我们，有时是我们攻击他们，不是单方面的，但是连续不断。

保罗·卡加梅

战争遍及卢旺达北部，哈比亚利马纳总统面临新的压力。法国主子等外国势力要他通过宣布民主改革和与卢爱阵谈判来解决危机。然而，总统的小集团却推着他走向另一边。他们反对与卢爱阵和解，相反，要求当局动员所有力量粉碎“图西封建主义的威胁”。①

① Gérard Prunier, *The Rwanda Crisis: History of a Genocide*. New York: C. Hurst & Co. Ltd., 1995, p. 108.

"阿卡祖"小集团深感备受威胁。胡图政治家们自独立以来一直统治卢旺达,并自信有权永远统治下去,因为他们是"社会的大多数"(卢语"rubanda nyamwinshi")。然而,随着卢爱阵在20世纪90年代早期日渐强大,胡图领导人不得不正视可怕的现实——图西人可能重掌大权。胡图极端派发表了一系列煽动性言论,警告说卢爱阵取胜意味着每个胡图人要丧命或受奴役。当时的卢旺达外交部长告诉驻基加利外交使团,卢爱阵就是企图"倒转历史",其领导人一心想再次让胡图人重返"强制劳动和封建奴役"。[①]

这些公开演讲的背后有着隐秘的恐惧。"阿卡祖"小集团成员知道,新政权会追究他们的罪责。一位胡图政治家说,他们"贩毒卖淫,敲诈勒索,受贿和谋杀"。[②]因此,他们认定唯一的选择就是杀人,否则就要被杀。

鲁亨盖里之战后不久,"阿卡祖"小集团掀起新一轮宣传攻势,旨在煽动宗派仇恨。其主题很简单:图西人和胡图人毫无共性,两个群体天生为敌,结束双方冲突的唯一方式就是一方灭绝对方。全国上下严辞攻击图西人是"政治刺客"、"蛇蝎种族"、"吸血魔鬼","滥用权力、女人和腐化等手段"压迫胡图人。

说法之一是:"我们永远不让他们梦想成真。"[③]

没有其他公开文件能比《胡图十诫》更形象地体现这一主旨。此文首次发表于《坎古拉报》(卢语"Kangura"的意思是唤醒他人),这是一名"阿卡祖"成员发行的极端派报纸。此后,文章不断在宣扬仇恨的广播节目里反复播放。也许是巧合,这份小报刊发《胡图十诫》的同期有一整版是法国总统密特朗的照片,通栏标题为《卢旺达的真朋友:患难见知交》。[④]

> 每个胡图人须知,无论在何处,图西女人都为其图西族利益服务。因此,任何胡图人如与图西女人结婚、交友或是雇其为秘书或姘妇,我们都视其为叛徒。

---

① Mahmood Mamdani, *When Victims Become Killers: Colonialism, Nativism, and the Gencoide in Rwanda*. Princeton: Princeton University Press, 2001, p. 189.

② Hugh McCullum, *The Angels Have Left Us: The Rwanda Tragedy and the Churches*. Geneva: World Council of Churches Publications, 2004, p. 10.

③ *Financial Times*, June 27, 1994.

④ Andrew Wallis, *Silent Accomplice: The Untold Story of France's Role in the Rwandan Genocide*. London: I. B. Tauris, 2006, p. 43.

每个胡图人须知，我们胡图女子最适合家中女人、妻子和母亲的角色，也更加尽责。难道她们不是美丽的好秘书，而且更可靠？胡图女人必须保持警惕，努力使丈夫、兄弟和儿子恢复理智。

每个胡图人须知，每个图西人做生意都不诚实，其唯一目的是保持本族主宰地位。因此，任何胡图人若与图西人合伙做生意，用自己或政府的钱投资图西企业，借钱给图西人或向图西人借钱，在生意上照顾图西人（获取进口执照、银行贷款、建设用地、公共市场等），我们都视其为叛徒。

政治、行政、经济、军队和治安等领域的所有关键职位只能授予胡图人。

教育部门（学生和教师）必须以胡图人为主。

卢旺达军队必须全由胡图人组成。1990 年 10 月的战斗是个教训。不许军人与图西人结婚。

胡图人应停止怜悯图西人。

无论在何处，胡图人都必须团结互助，关心胡图兄弟的命运……

胡图人必须警惕和坚决反对共同之敌图西人。

必须教育各阶层的所有胡图人牢记 1959 年的社会革命、1961 年的全民公投废除君主制以及胡图人的观念意识。每个胡图人必须广泛传播这种观念意识。任何胡图人如迫害阅读、传播和教授这种观念意识的胡图兄弟，我们都视其为叛徒。①

保罗·卡加梅

加强反对图西人的宣传，只是卢旺达政府领导人应对卢爱阵进逼的手段之一。哈比亚利马纳总统还下令迅速扩充军队。卢爱阵打进卢旺达时，政府军不及 6000 人。半年内，新增两倍兵员，而且继续扩军。新兵草草受训，并不像卢爱阵战士那样抱有强烈的政治信仰。许多人不是卢旺达北方人，因此，感情上并不效忠于政府当局。政府军内部的地方意识强烈，北方兵经常拒绝抢救其他地方

① Rakiya Omaar, *Rwanda: Death, Despair and Defiance*. African Rights, 1995, pp. 42-43.

的伤员。

尽管这支军队软弱无能，但它仍有非洲历次战争中反复证实的决定性优势——法国的军事支援。

20世纪90年代初，法国售给卢旺达当局价值逾2000万美元的武器，并帮助其从埃及和南非的军火商手里购进五倍于此的武器。[①] 埃及银行家犹豫是否贷款给卢旺达，法国政府的里昂信贷银行当即出面担保。[②] 卢旺达不仅得以购买小型武器，还能购进直升机、坦克、火箭和重型火炮。[③] 世界最小最穷国之一的卢旺达竟成为非洲第三大武器进口国。

法国外长路易·德居兰戈多年前曾断言："非洲是唯一还在法国影响范围内的大陆。这里是法国唯一仍旧仅需300人就可改变历史进程的地方。"[④]

法国在非洲的利益广泛而深远，法国政府自然以为可用一切必要手段确保愿意合作的法语非洲国家当局掌权。他们为维护自身战略利益而采取行动。法国在卢旺达的利益尤为独特。卢旺达既没有石油和矿产，也没有海港或其他确有价值之物。尽管如此，密特朗总统还是视之为关键战场。他认为，如果卢爱阵取胜，将动摇法国在非洲势力的基础，因此，他决心不惜一切代价避免此事发生。

法国议会某委员会事后总结："据密特朗总统分析，从全球角度看问题最为重要。同其三位前任一样，他相信法国负有一种保障安全的责任，如果法国无法帮助一个国家抵御武装入侵，保障安全岂不成了空话。"[⑤]

百余年来，法国视法语非洲国家为其禁脔。卢旺达文化阶层都讲法语，占主

---

① Linda Melvern, *A People Betrayed: The Role of the West in Rwanda's Genocide*. London: Zed Books Ltd., 2000, p. 66. Linda Melvern, *Conspiracy to Murder: The Rwandan Genocide*. London: Verso, 2004, p. 58. Gérard Prunier, *The Rwanda Crisis: History of a Genocide*. New York: C. Hurst & Co. Ltd., 1995, p. 113. Andrew Wallis, *Silent Accomplice: The Untold Story of France's Role in the Rwandan Genocide*. London: I. B. Tauris, 2006, p. 32.

② Linda Melvern, *A People Betrayed: The Role of the West in Rwanda's Genocide*. London: Zed Books Ltd., 2000, p. 66.

③ Andrew Wallis, *Silent Accomplice: The Untold Story of France's Role in the Rwandan Genocide*. London: I. B. Tauris, 2006, p. 30.

④ Howard Adelman and Astri Suhrke, eds., *The Path of a Genocide: The Rwanda Crisis from Uganda to Zaire*. New Brunswick: Transaction, 1999, p. 166. 路易·德居兰戈1976—1978年在任。译者注。

⑤ See ③, p. 27.

导地位的外部文化影响也来自法国，哈比亚利马纳总统更是对法国唯命是从。然而，大多数卢爱阵领导人在乌干达长大，讲英语，对法国没有感情。密特朗总统凭直觉知道这意味着什么。如果卢爱阵掌权，可能做一些在非洲从没有过的事：把一个讲法语的国家拉出法语区，带进可恶的盎格鲁—撒克逊阵营。这个前景引起法国精英中一些强势利益集团的警觉，他们还没从在印度支那和阿尔及利亚战败的震惊中缓过劲来，惧怕美国的流行文化进军全世界。法国学者热拉尔·普鲁尼写道，这些人认为“整个世界就是法兰西和‘盎格鲁—撒克逊’之间一个文化、政治和经济的战场。”①

普鲁尼接着说：“基于这一观点，1990 年 10 月 1 日一群来自乌干达的叛军入侵卢旺达就是个典型案例——显然是‘盎格鲁—撒克逊’密谋破坏我族类一员的稳定。如果我们不想看到这种危害蔓延，就必须立即制止它……于是，巴黎便出手支持一个病入膏肓的独裁政权，这个遥远小国只产香蕉和日渐减少的咖啡，巴黎甚至没有要求其进行政治改革作为支持它的代价。法国这种盲目的承诺必然带来灾难性后果：因为当局势剧变，卢旺达领导人却依旧深信，不管他们做什么法国都会支持。因此，卢方没有理由不信赖法国。”

法国的对非洲政策传统上并非由外交部制定，而是交由总统府一个称为“非洲小组”的那些人决定。密特朗总统选择其野心勃勃却无经验的儿子让—克里斯托弗领导这个小组。让·克里斯托弗·密特朗很快找到了意气相投的人——卢旺达独裁者之子让—皮埃尔·哈比亚利马纳。他们一起做各种生意，据说包括卖淫、偷猎大猩猩、走私毒品和武器等。② 据《纽约时报》记者报道，有人看到他们晚上经常“在巴黎左岸的迪斯科舞厅和卢旺达的基加利夜总会一起狂饮作乐”。③

两位年轻朋友享乐和赚钱，两位父亲竭力保全法属非洲的完整。此时，卢爱阵正逐步扩大其控制的地盘。到 1991 年年底，他们掌握了沿北部边界的宽阔地

---

① Gérard Prunier, *The Rwanda Crisis: History of a Genocide*. New York: C. Hurst & Co. Ltd., 1995, p. 107. 原文“盎格鲁—撒克逊”有引号，表明普鲁尼认为这是英美人凭空造出来的，他不屑认同。译者注。

② John A. Berry and Carol Pott Berry eds., *Genocide in Rwanda: A Collective Memory*. Washington, D.C.: Howard Unirersity Press, 1999, p. 45.

③ Andrew Wallis, *Silent Accomplice: The Untold Story of France's Role in the Rwandan Genocide*. London: I. B. Tauris, 2006, p. 21.

带，占国土总面积近5%。这里有卢旺达主要产茶区，一连串小山丘宁静如画，每天阳光明媚，微风徐徐，空气中散发着桉树的香气。茶园工人像各战区内的大多数卢旺达人一样，在卢爱阵进军前便逃之夭夭。卡加梅来到俯瞰北部城镇碧云巴的最大茶园姆林地，发现遗弃在青翠田野中的二十多栋房子，决定在此建立理想的新司令部。荒凉的维龙加山脉曾是个藏身宝地，适于伤亡惨重的部队重整旗鼓。姆林地则更像袖珍小国之都，卡加梅此后几年就是在此指挥战争。

卡加梅领导卢爱阵的第一年极为成功。他使遭受重创的游击队起死回生，取得了一连串胜利，甚至夺取了大片卢旺达领土。他手下一些军官想一鼓作气，不断作战，直至推翻当局夺取政权。卡加梅不同意，决定暂缓作战，要部队进入专注"训练和生产"的阶段。许多人被派去耕田产粮。他们随时准备作战，但经常几个月都没有仗打。

卢爱阵原本可以在早期便赢得战争，但是领导人会在治国时遇到很大麻烦，因为政府给大多数卢旺达人洗脑，民众憎恨卢爱阵。卡加梅担心以强力取胜可能导致动乱。他告诫那些焦躁不安的军官们，卢爱阵必须与政府当局谈判并接受妥协，以便在政府中掌握话语权，确保实现中心目标——难民自由回国并在祖国平安生活。

> 卢爱阵内部有时候争论：我们怎么能与那些我们强烈反对的杀人凶手一道治国？他们的思想观念与我们完全不同，对国家的看法与我们完全不同。我的观点一直是，我们不得不这么做。即使我们同意和谈，也不会影响或削弱我们的战斗意志。但如果我们不同意和谈，我们就会吃亏。交战对方想要谈判时你却说不谈，这怎么向世人解释？这在外交上将使我们处于弱势，这方面的斗争也非常重要。要让人家看到你在做正确的事，这与战斗同样重要。
>
> 保罗·卡加梅

显然，这场战争可能达成政治解决，哈比亚利马纳总统开始摆姿态：主张和平，愿意妥协。1991年，他接受法国的建议，同意反对党合法化。很快就冒出几个党。有些党真心想帮助国家走向民主，有些党则反其道而行之。

新党派中最激进的是公开主张种族主义的保卫共和联盟(CDR),其组织者是"阿卡祖"小集团主要成员,包括第一夫人。因此,它和哈比亚利马纳总统政权关系密切,却声称是反对党,其领导人坚决反对哈比亚利马纳与卢爱阵和解的政策——至少是他公开宣布的这个政策。有人说他们纯粹是"激进的胡图极端狂热分子"。[①] 他们在自己报纸和广播电台里把卢爱阵战士描述成嗜血异类,"来自另类世界的怪物,长尾巴、头带角、有蹄子、尖耳朵、红眼睛"。[②] 更有甚者,他们说每个图西人都是卢爱阵的同伙,因而是他们不共戴天的死敌。[③]

"这小撮人目无国法,把极端种族论、镇压和暴力变成行使政治权力的合法手段。"这一时期有极少数旅居卢旺达的美国人,其中的约翰和卡罗尔·拜瑞夫妇写道:"煽动种族仇恨是蓄意操纵政治的把戏,用以争取支持者,转移对国内真正问题的注意力……他们为操控和动员公众舆论反对图西人采取了两种非常有效的机制:仇恨和恐惧。在卢旺达一些知识精英的帮助下,胡图极端派宣传修正胡图和图西关系史,否认双方共处一地和相互交往,妄称相互隔绝与暴力相向。"[④]

胡图极端派假定所有图西人都暗中支持卢爱阵。这倒也符合逻辑推想。几乎每个身在卢旺达的图西人都有亲戚在国外,自然有人与卢爱阵有联系。所有图西人都可能受益于卢爱阵的胜利,因为这将恢复他们长期丧失的权利。尽管如此,卢旺达境内仍有许多图西人实际上反对卢爱阵。他们非但没有跑到卢爱阵控制区欢迎解放他们的卢爱阵,相反,同他们的胡图邻居一起逃到本国其他地方。

生活在卢旺达的图西人和身为难民长大的图西人之间有着巨大的心理鸿沟。留在国内的图西人想方设法适应并不如意的环境。他们低头做人,意见闷在心里、极尽能事逢迎胡图主子,大多数人这样得以生存。然而,1990年的入侵打破了他们努力达成的脆弱平衡。他们害怕这将招来新一波针对他们的国家恐

---

① Gérard Prunier, *The Rwanda Crisis: History of a Genocide*. New York: C. Hurst & Co. Ltd., 1995, p. 129.

② Ibid., p. 142.

③ Linda Melvern, *Conspiracy to Murder: The Rwandan Genocide*. London: Verso, 2004, p. 51.

④ John A. Berry and Carol Pott Berry eds., *Genocide in Rwanda: A Collective Memory*. Washington, D. C.: Howard Unirersity Press, 1999, p. 3.

怖行动。

“你们想要权力吗?”1991 年鲁亨盖里的一名图西人问突袭此城的一名卢爱阵战士,“你们会夺到权力,但是这里的图西人都会死。你们这么做值得吗?”[1]

由于许多平民在卢爱阵逼近时便逃跑,卢爱阵发现,占领新地方后管理的几乎都是鬼城。卡加梅大为震惊,意识到他赶来解放的许多图西人竟视他为敌。

> 我们认为他们这样看问题十分狭隘。民众受到压迫是不争的事实。从某些方面看,似乎存在一条界限,好像我们这些从外面回来的人不同于一直在此的人。可是,他们中间反对我们的人也是我们中间的一部分,他们是我们的亲人。海外卢旺达人个个都有亲戚在国内。我们是一家人。确实有这样的情况,这里有些人宁愿维持原状。但是,原来那种生活实在令人不能接受。
>
> 保罗·卡加梅

不管这种观点是否公正,国内的图西平民都自然而然地成了政府当局发泄怒火的对象。卢爱阵打仗近四年间,政府先后发动四波屠杀。头两次是针对卢爱阵 1990 年 10 月入侵和 1991 年 1 月突袭鲁亨盖里所做出的反应;另两次仅仅为播撒恐怖。四次“屠杀演习”共夺走 3000 条性命,是十多年来规模最大的屠杀。[2]

“人权观察”组织后来总结说,“在 1990—1994 年几个施暴阶段,哈比亚利马纳的支持者不断提高技巧,后来这些技巧都用于大屠杀期间。比如,选择最佳场所发动攻击,如何从小到大扩展暴力行动的力度和广度,如何利用民众的恐惧心理,特别是通过‘制造’事端传播恐惧情绪,如何设置关卡和行政规定集中某个目标群体于一处,如何在平民、军队和民兵领导之间建立合作机制争取攻击取得最

---

① Gérard Prunier, *The Rwanda Crisis: History of a Genocide*. New York: C. Hurst & Co. Ltd., 1995, p. 156.

② Mahmood Mamdani, *When Victims Become Killers: Colonialism, Nativism, and the Gencoide in Rwanda*. Princeton: Princeton University Press, 2001, p. 192.

大成效。”[①]

政府当局日趋走向极端和暴力，胡图精英的内部团结开始破裂。一些高层人士逃往国外，有些甚至加入卢爱阵并个个受到欢迎和重视。他们增加了卢爱阵的可信度，说明卢爱阵如其所称是为全体卢旺达人而战，并非仅为图西人。

卢爱阵急于向世界展示自己的这一面，授予胡图倒戈者以显要高职。这些人中有：亚历克斯·坎亚伦圭上校，他曾帮助哈比亚利马纳总统夺权并任内务部长的军官；商人塞斯·森达松噶，他的人脉丰富；巴斯德·比齐蒙古，他曾任国有电力公司总经理，后因其当军官的堂兄弟涉嫌反水并被处决后逃跑。[②]他们的加入为卢爱阵拓宽了政治基础，改善了形象，消除了人们的疑虑。卢爱阵也增添了一些长期在国内的人，这有助于了解国家政权的运作。卢爱阵领导原先都做不到这些。

这些胡图名人加入“敌方”阵营之时，“阿卡祖”小集团强硬派也有条不紊地将其致命设想变为大屠杀的现实。他们有些人组织大量青年团伙，后来演变为民兵分队。一些城镇地方官员派民兵搞大屠杀，警察袖手旁观。他们告诉这些刽子手，杀人不过是“社区服务”（“umuganda”在卢旺达语中意为“贡献”）的一种形式，这种全民参与的社区劳动在卢旺达已经传承数代之久。

从此，卢旺达末日之劫的相关词汇逐渐形成，杀成年男子被称为“清除灌木”，杀妇女儿童则是“拔毒草根”。[③]

这批新民兵帮派组织中最庞大、最暴虐的当属联攻队（卢旺达语中“interahamwe”指“一起工作的人”或“一起战斗的人”），其前身为哈比亚利马纳总统所建政党的青年团，很快成为吸血鬼保卫共和联盟的杀人工具。其分队遍布全国各地，许多人接受卢旺达和法国军官的训练，不仅学习纵火和投手榴弹等

---

① Alison Liebhafsky Des Forges, et al., *“Leave None to Tell the Story”: Genocide in Rwanda*. New York: Human Rights Watch, 1999, p. 95.

② 亚历克斯·坎亚伦圭(Alex Kanyarengwe, 1938—2006)：卢爱阵前主席。塞斯·森达松噶(Seth Sendashonga, 1951—1998)：1994年任民族团结政府内政部长，不到一年被迫辞职，流亡肯尼亚内罗毕，组建反对党民主抵抗力量联盟(FRD)，1998年5月16日遇刺身亡。巴斯德·比齐蒙古(Pasteur Bizimungu, 1950—)：1994年7月至2000年3月任卢旺达第五任总统，后被捕入狱，2010年大赦获释软禁在家。译者注。

③ Mahmood Mamdani, *When Victims Become Killers: Colonialism, Nativism, and the Gencoide in Rwanda*. Princeton: Princeton University Press, 2001, p. 194.

作战技能，而且学习用非洲大砍刀斩剁人体模型。[①]

卢旺达政府军和民兵人数不断增长，卢爱阵亦如此。从非洲的东部到中部，甚至从欧洲到北美，图西青年奔赴卢爱阵控制区入伍。卢爱阵发起入侵时仅有4000人，两年后增至12000人。

这支迅速发展的军队迫切需要武器。他们过去偷卢旺达政府军的武器，“敌人是我们的运输大队”成了卢爱阵的格言。同其他义军一样，他们也尽量到半合法的武器市场购买武器。司机、脚夫和信使途经乌干达捎送这些补给到前线。

允许这个供给网络顺畅运转，只是乌干达政府在战争年代暗中支持卢爱阵的众多方式之一。他们是天然同盟。穆塞韦尼总统发起反政府武装斗争，卢爱阵高层指挥官与其并肩作战，他掌权后又在其军队服役。他们都是英语非洲国家传统的产物，具有革命激情和“非洲社会主义”的乌托邦理想。他们合作默契，卢旺达官员及其法国主子甚至怀疑穆塞韦尼帮助策划了1990年的入侵。其实，这完全出乎穆塞韦尼的意料。

穆塞韦尼的一位助手后来回忆说：“我们半夜被电话叫醒，说那些家伙过了边境。总统很不安。我们早知道他们打算这么干，但没料到他们这么快就干。当时我们正出席一个国际会议，处境尴尬。”[②]

穆塞韦尼总统以及乌干达高官对卢旺达战争犹豫难决。入侵前几个月，他们已经怀疑卢旺达同人们在筹划行动。然而事后他们才意识到，卢旺达人全面渗透了乌干达军队并利用其实现自己的目标。穆塞韦尼十分生气，而当得知许多出走士兵偷走大量武器时，他简直怒不可遏。

不过，乌干达领导人冷静下来后意识到，卢爱阵如果取胜对乌干达不无裨益。乌干达不仅能摆脱长期惹起民怨的难民危机，而且能在卢旺达树起一个友好政权。穆塞韦尼总统从未公开支持卢爱阵，但其军警官员中有很多人和卢爱阵指挥官私交甚密，放任卢爱阵在乌干达境内作战，他们的第一个贡献就是允许卡加梅在1990年溃败后率部队穿越乌干达境内撤到维龙加新基地。战争期间，卢爱阵通过乌干达得到大量武器，并把许多伤员送到乌干达半秘密诊所医治。

---

① Colin M. Waugh, *Paul Kagame and Rwanda: Power, Genocide and the Rwandan Patriotic Front*. Jefferson NC: McFarland, 2004, p. 59.

② Gérard Prunier, *The Rwanda Crisis: History of a Genocide*. New York: C. Hurst & Co. Ltd., 1995, p. 100.

这种与乌干达的非正式纽带是卢爱阵的一大优势，此外还有游击队员的高昂斗志和政治觉悟。不过，卢爱阵打胜仗的另一个重要因素是保罗·卡加梅的领导。他亲自参与卢爱阵各个方面的行动，从组织伏击战到争取海外支持者。这段经历在很大程度上塑就他的性格品质，决定他此后的生涯。战争中与他共事的军官都说，他是严守纪律、令行禁止、独立思考的司令；充满自信、意志坚定，有时固执己见、蛮不讲理；洞察犀利，善于谋划，强制和说服两手并用，以贯彻其个人意志。

“卡加梅是个守口如瓶、头脑清醒、足智多谋和坚决果断的人……的确是位令人肃然起敬的领袖，”英国记者琳达·梅尔佛恩写道，“他和士兵同吃同住，同甘共苦，而且深知反对卢旺达当局的战争会持续很久。”[①]他力主纪律严明，这在非洲起义军中几乎绝无仅有。据研究这些队伍的一位学者说，卢爱阵“像一艘管理极其严格的军舰，士兵立正，见长官必敬礼，严格服从命令”。[②]

基加利则不讲纪律，当局在要求政治改革的呼声中摇摇欲坠。1992 年 1 月，哈比亚利马纳总统提名新的一党内阁，5 万多人走上街头抗议。这是其政权从未遭遇过的公众强烈挑战。事态持续恶化，他看出自己要想过关就不得不接受抗议者的主要诉求。3 月，他宣布将任命反对党人士入阁，并与卢爱阵举行谈判。[③]

新内阁很快就职，但哈比亚利马纳却迟迟不愿开始和谈。6 月，几名胡图议员决定主动前往布鲁塞尔会见卢爱阵领导。政府谈判代表随后加入。和谈先是移师巴黎，后又转到尘土弥漫的坦桑尼亚阿鲁沙城。和谈进展出人预料地顺利。7 月 14 日，卢爱阵同意永久停火，宣布将从武装组织转型为政治党派。哈比亚利马纳总统在其法国和比利时朋友施压下勉强同意讨论革新政治制度，他将继续执政，但需和卢爱阵分享权力。

双方开始谈判，两边的乐观派都以为战争即将结束。

然而，走向和平的谈判进一步搅乱了卢旺达的政治。提名入阁的反对党人士要求更多权力，但总统不愿让步。反对派开始抵制内阁会议，随后号召人民接连上街抗议，响应者上万人。士兵数月领不到军饷，担心一旦达成新的和平协议

---

① Linda Melvern, *Conspiracy to Murder : The Rwandan Genocide*. London: Verso, 2004, p. 16.

② Christopher S. Clapham ed., *African Guerrillas*. Oxford: James Currey, 1998, p. 131.

③ Learthen Dorsey, *Historical Dictionary of Rwanda*. Lanham, Md.: Scarecrow, 1994, p. 193. Gérard Prunier, *The Rwanda Crisis : History of a Genocide*. New York: C. Hurst & Co. Ltd., 1995, p. 145.

将被迫复员回家，几名城镇籍退伍兵冲出兵营，暴力作恶。[①]

政府当局鼓动抗议群众将矛头指向图西邻居而非政府。他们率先行动，派民兵连续恐怖袭击，砍杀数百图西平民。他们公开演讲，恐吓警告，渲染卢爱阵统治之恐怖，气势汹汹地威胁图西人。

"我们必须消灭这些土匪。"执政党领导人莱昂·穆盖塞拉怒气冲冲对党员说："1959年我们的致命错误就是允许他们逃出国。他们属于埃塞俄比亚，我们要找条捷径送他们回去，把他们都扔进尼亚巴龙皋河。"[②]

诸如此类的演讲无疑是"阿卡祖"小集团和其他胡图激进派的阴谋。他们当真明确提出，要通过"最终方案"解决卢旺达的冲突，即杀死或逼走国内所有百余万图西人。1993年头几周，他们演习战术，派杀手帮在卢旺达北部图西牧场主聚居的巴高圭滋事杀戮，千余人惨死。[③] 幸存者逃到卢爱阵控制区，他们的遭遇激怒了卡加梅。他认为这是极端恶劣地破坏停火协议，立即做出回应。首先他宣布卢爱阵将退出阿鲁沙和谈，本来和谈就如冰川移动般缓慢。随后他决定发动新一轮攻势，以提醒政府他在战场颇有威力。

这是卢旺达史上最大规模的军事行动。8000多名卢爱阵士兵参战，他们大多数人苦等数月渴望战斗。1993年2月8日午夜刚过，他们从卢旺达北部各山腰据点悄然下山，偷越卢旺达政府军防线，奔袭首都。

> 我内心的想法并非夺取基加利。我要摧毁卢旺达政府军，夺取武器，而后扩大地盘，成功之后再决定下一步。我还在反复掂量最好或最坏的结果，整个行动却十分有效，令我大吃一惊。卢旺达政府军一败涂地，我军一路所向无敌……假如我们想干的话，我们可以拿下首都。绝无问题。
>
> 保罗·卡加梅

---

① Colin M. Waugh, *Paul Kagame and Rwanda: Power, Genocide and the Rwandan Patriotic Front*. Jefferson NC: McFarland, 2004, p. 60.

② Linda Melvern, *Conspiracy to Murder: The Rwandan Genocide*. London: Verso, 2004, p. 37. 莱昂·穆盖塞拉时任吉塞尼县党副主席，至今流亡加拿大魁北克。译者注。

③ Alain Destexhe, *Rwanda and Genocide in the Twentieth Century*. London: Pluto, 1995, p. 46. 阿兰·德泰克斯是"无国界医生"组织前总干事。译者注。Learthen Dorsey, *Historical Dictionary of Rwanda*. Lanham, Md.: Scarecrow, 1994, p. 179.

但有些外国人不这么看。卢爱阵军队打到距基加利约15英里外，突然遭遇密集炮火轰击。密特朗总统惊悉卢爱阵进攻的消息，速派400多名法军士兵和一架运输机满载炮弹支援卢旺达盟友。[①] 炮弹雨点般落向逼近基加利的卢爱阵士兵。

卢爱阵官兵沉闷沮丧数月，他们不怕同法国兵作战，深信能够攻下基加利，冲破炮火屏障，一举成功。然而，进攻的命令一直没有下达。相反，卡加梅命令停止战斗撤回安全地带，这令将士大吃一惊。

"我们已经打到基加利边上。"卢爱阵某部指挥官事后回忆道："一路上我们损失很多人，却要奉命撤退，人人震惊。我们问：'为什么不让前进？其实我们已经打到基加利了！为什么要撤退？'卡加梅告诉我们：'夺取基加利不是最终目的。''可是我们的战士已经打到那里！我们胜利在望，那就拿下它！'但他考虑的是明天。他说：'我们可以拿下基加利，但是明天怎么办？卢爱阵为什么打仗？是为我们自己还是为卢旺达？如果像法国人说的那样，我们是为图西人而战，我们可以打，打得赢，说我们夺回了自己的权利。但是我们的宗旨是，我们被国家所抛弃，我们要每个卢旺达人都能在这里平安生活。'那才是他的理想，并非一味追求胜利。"[②]

除了再次证明卢爱阵士兵战斗本领高超之外，这一轮战事还引发了卢旺达史上最大规模的难民潮。截至战役结束，100万卢旺达人——超过该国人口10%——背井离乡，挤进中部和南方省份臭气熏天的难民营，联合国称"难民营养不良现象严重，疾病流行"。[③] 卢旺达当局对付难民潮不堪重负，全国一片混乱。邻国和其他一些国家加大施压，要求和平解决内乱。

作为最亲近卢爱阵的非洲领导人，穆塞韦尼总统承受的压力最大。他说服卡加梅到坎帕拉会晤欧洲国家和联合国的外交官。大家都要求他从基加利附近地区撤军，返回北部飞地。卡加梅回答说，他可以后撤，但卢旺达政府军不得重新占领他这次放弃的地方。与会要人愤而拒绝，坚称卢爱阵必须无条件撤退。

---

① Andrew Wallis, *Silent Accomplice: The Untold Story of France's Role in the Rwandan Genocide*. London: I. B. Tauris, 2006, p. 63.

② 作者采访准将让—博斯科·卡祖拉(Jean-Bosco Kazura)。

③ Mahmood Mamdani, *When Victims Become Killers: Colonialism, Nativism, and the Gencoide in Rwanda*. Princeton: Princeton University Press, 2001, p. 204.

卡加梅不肯让步。他告诉他们，“我说到做到。我做出让步，我们会离开那个地区，但是卢旺达政府军绝不能回来。如果你不同意我说的，我就再打回来并占领更多地方。”

卢爱阵的军事优势地位使他们有力量强行实现其意志。2月22日，他们签署正式协议，同意结束攻势，返回飞地，但条件是在北方飞地和国内其他区域之间建立非军事区。这就意味着首次承认卢爱阵统治卢旺达一大块地区。双方同意均不得穿越非军事区，其实也是卢爱阵向政府保证不再进攻基加利或卢旺达腹地。这激怒了一些卢爱阵领导人，包括卡加梅一个月前下令退出阿鲁沙和谈的谈判者。

> 我和他们谈，说我们同意……整个团队的反应是“怎么能这样”。好像是我出卖了卢爱阵……我记得很清楚，首席谈判代表巴斯德·比齐蒙古对我说，“假如这样，你最好另找人率团谈判。我决不回去。”……他坚称这不符合原则。我和他们都不痛快，他们都反对我。我告诉他们……“你们有些人根本不了解详情。你们在那里谈判，别人在战场上打仗、牺牲、负伤。只有我和他们在这里。你们不知道他们甚至没有足够的弹药。你们认为他们应该一口气打到基加利，但那不是打仗的办法。其次，你们应该知道，政治或外交并不总是黑就是黑白就是白，有时存在灰色地带。并非只有‘是’或‘否’，还有‘但是’。因此，你们没有权利告诉我你们不想重返谈判。”
>
> 保罗·卡加梅

卡加梅拯救卢爱阵脱离危难，指挥这支部队三年，带领他们走到胜利的边缘，积累了足够的权威对那些不情愿的谈判者发号施令。他们重回阿鲁沙谈判，设计死敌之间分享权力的政府。13个月后，1993年8月4日，交战双方司令在卢旺达周边四个邻国的领导人的见证下正式签署和平协议，许多人希望借此可以最终结束三年内战。[①]

① Howard Adelman and Astri Suhrke eds., *The Path of a Genocide: The Rwanda Crisis from Uganda to Zaire*. New Brunswick: Transaction, 1999, pp. 131-156.

阿鲁沙和平协议规定，新建"基础广泛的过渡政府"，哈比亚利马纳继续留任，但通过联合内阁施治。卢爱阵将掌管内政部等五个部；卢爱阵战士并入新的国家军队，占作战部队的40%和军官的50%。允许所有难民回国。国民身份证去除民族标识。卢爱阵留驻北部地区。22个月过渡期之后，举行各级自由选举。同时，要求"中立的国际部队"前来维和。

这个方案对卢爱阵极为有利。不但让卢爱阵战士在政府和军队出任要职，而且规定要终结宗族统治，从而结束统治集团对权力的垄断。一位记者当时写道，哈比亚利马纳总统签署这个协议时"心情沉重，显然像个怒不可遏的妻子。"但如果不签，叛军就会大举进攻，他将失去一切。

英国记者安德鲁·沃里斯写道："如果不是卢爱阵部队形同拿枪对着总统的脑袋，他不会被迫走进其意识到阿鲁沙协议势必造成的政治困境之中。当时的现实是，法国在卢旺达的军事存在本身足以保障哈比亚利马纳不致战败流亡，而阿鲁沙协议又是总统及其胡图强硬派继续掌权的唯一希望——即使这意味着要作出某些妥协。"①

其实阿鲁沙协议签署之时，显然已有迹象表明协议绝不会付诸实施。有学者写道，大家都明白，哈比亚利马纳总统接受该协议，"并非以真诚姿态翻开新的一页，或开启卢旺达民主进程，只不过是争取时间的权宜之计，激化反对党各派之间的矛盾，同时给外国援助方留个好印象。"②签署仪式几周之后，哈比亚利马纳便露出了真面目，他去乌干达会晤穆塞韦尼总统，却拒绝会见专程前往见他的卢爱阵领导人。卢爱阵领导因此决定，他们将履行阿鲁沙达成的所有协议，同时保持高度警惕，随时准备重新开战。

哈比亚利马纳总统的疑虑并非兑现阿鲁沙协议承诺的唯一阻碍。还有更棘手的难题——鼓吹暴力的种族偏见组织"保卫共和联盟"，它由总统夫人及其他激进的"阿卡祖"小集团成员操控。在阿鲁沙和谈期间，保卫共和联盟曾要求得到过渡政府中的若干职位。卢爱阵明确表示反对，始终坚持最终协议不给保卫共和联盟任何席位。这个冷酷无情的小集团控制卢旺达多年并行使大权，突然

---

① Andrew Wallis, *Silent Accomplice: The Untold Story of France's Role in the Rwandan Genocide*. London: I. B. Tauris, 2006, pp. 45-46.

② Gérard Prunier, *The Rwanda Crisis: History of a Genocide*. New York: C. Hurst & Co. Ltd., 1995, pp. 194-195.

面临被人打发的威胁。

政治斗争有个不言而喻的道理，意大利政治学家马基雅弗利写过，对待敌人“必须不是彻底消灭，就是施惠安抚”。[①] 保卫共和联盟是卢旺达实现民主的大敌，但是阿鲁沙协议既没有消灭也没有安抚之。不可能指望图西起义军与决意杀光图西人的政党分享权力，也不能指望保卫共和联盟接受一个容纳图西军官和内阁部长的新政权，因为一旦这个政权上台，保卫共和联盟领导就可能被捕，并因犯有重罪被送上法庭。让保卫共和联盟进入新政府将导致政府难逃败运，但拒之门外的结果也是一样。

一位外交官事后写道：“冲突的根源和解决的前景两者之间，政治精英宁愿摧毁整个社会，不愿放弃自身权力。”[②]

阿鲁沙协议墨迹未干，保卫共和联盟就发表挑衅宣言，声称凡是支持同图西叛军妥协的人都是“叛国贼”，号召军队和其他“民主力量”上街抗议。激进分子涌上基加利街道，引发六天骚乱。他们高喊口号谴责“卖国”，并杀戮 300 名图西人。[③] 骚乱高潮迭起，保卫共和联盟发表另一份宣言，翻新花样，不但把国内危机归咎于卢爱阵、图西人和胡图“叛徒”，而且还怪罪国家领导人。

他们宣称，“共和国的总统朱韦纳尔·哈比亚利马纳先生批准的这份协议显然有损卢旺达人民的利益。这无疑说明共和国总统朱韦纳尔·哈比亚利马纳先生已经不再关心国家利益，而是保障他人利益。”

对抗愈演愈烈，“阿卡祖”小集团加紧准备“最终解决问题”。最有效的工具之一就是千丘自由广播电台，它不断广播散布种族怨恨和恐怖威胁。哈比亚利马纳总统以及几乎所有臭名昭著的“阿卡祖”成员都是电台股东。收音机在卢旺达无处不有。千丘自由广播电台 1993 年夏天首播后即成为全国生活的中心内容，节目五花八门：欢快音乐、趣味快板和反图西人的恐怖威吓，还有自制武器杀

① Machiavelli, *The Discourses*, Vol. 2, chapter 13, http://www.oll.libertyfund.org/index.

② Bruce D. Jones, “Civil War, the Peace Process, and Genocide in Rwanda”, Taisier M. Ali and Robert O. Mathews eds., *Civil Wars in Africa: Roots and Resolution*. Montreal: McGill-Queen's Unversity, 1999, p. 54.

③ Andrew Wallis, *Silent Accomplice: The Untold Story of France's Role in the Rwandan Genocide*. London: I. B. Tauris, 2006, p. 46.

人的方法指南，混成一体。[①]

“这种不断愚昧叫嚣种族清洗的宣传，不仅在非洲闻所未闻，即使在全球也极为罕见，”一位加拿大援助工作者写道。“不用多久，文盲和穷人都想把自身的不幸归咎他人，又找不到理由，自然对这种翻来覆去的谎言信以为真，以致心生杀戮之欲，一发不可控制。”[②]

“阿卡祖”一些成员组织这个仇恨的电台，另一些成员负责必要的配套工程。他们指示进口几十万把非洲大砍刀和锄头、斧子、长柄大镰刀和刀子等农具。[③]仅非洲大砍刀就足够装备全国1/3的成年男子。这些工具大多通过卢旺达驻巴黎使馆牵线购自中国，那些公司此前从未订购过这类物品。

外国人大多选择视若无睹。1993年年中，美国宣称两国关系“很好”，坚称“没有证据显示存在军队或政府其他部门有组织地侵害人权的现象”。[④] 几个月后，哈比亚利马纳总统甚至友好访问华盛顿。[⑤] 他访美期间，比利时学者菲利普·莱特金斯在布鲁塞尔记者招待会上强调，卢旺达当权者已经秘密组建以受训民兵和杀手为主的“归零网络”。[⑥] 他甚至指名道姓地说出相关人士，都是“阿卡祖”成员，包括哈比亚利马纳夫人及其三个兄弟，还有权力极大的军官——泰奥内斯特·巴戈索拉上校。

巴戈索拉人称“死亡上校”，是1959—1963年直接指挥首轮屠杀图西人的年轻军官之一。[⑦] 他执掌生杀大权的部分原因在于其与法国关系密切，系法国最

---

① Howard Adelman and Astri Suhrke eds., *The Path of a Genocide: The Rwanda Crisis from Uganda to Zaire*. New Brunswick: Transaction, 1999, pp. 93-107. Hugh McCullum, *The Angels Have Left Us: The Rwanda Tragedy and the Churches*. Geneva: World Council of Churches Publications, 2004, p. 17. Linda Melvern, *Conspiracy to Murder: The Rwandan Genocide*. London: Verso, 2004, pp. 52-56.

② Hugh McCullum, *The Angels Have Left Us: The Rwanda Tragedy and the Churches*. Geneva: World Council of Churches Publications, 2004, p. 18.

③ Linda Melvern, *Conspiracy to Murder: The Rwandan Genocide*. London: Verso, 2004, p. 56.

④ United States Department of Defense and Deparement of State, *Congressional Presentation for Security Assistance Programs, Fiscal Year 1993*. Washington, D. C.: Government Printing Office, 1993, p. 291.

⑤ See ③.

⑥ See ③, p. 28. 菲利普·莱特金斯(Filip Reyntjens, 1952—)：比利时安特卫普大学发展研究所研究员；1975—1994年任卢旺达国立大学讲师、哈比亚利马纳顾问。“归零网络”(Zero Network)的意思是将图西人消灭干净。译者注。

⑦ Howard Adelman and Astri Suhrke eds., *The Path of a Genocide: The Rwanda Crisis from Uganda to Zaire*. New Brunswick: Transaction, 1999, p. 148.

有名望的法国军事学院(Ecole de Guerre)的第一名卢旺达毕业生,[1]曾任基加利机场附近的卡农贝要塞卫戍司令,此处也是法国驻军兵营。与他打过交道的人都说他粗野、凶残。

有人回忆说:"他性情暴躁、神经过敏,一旦以为自己遇到不顺就会气得脸皮发抖。"[2]

巴戈索拉一度是阿鲁沙谈判中的卢旺达政府代表之一。当他明白和平协议将迫使其政府与令他憎恨的图西人分享权力而他和其他激进分子无缘入阁时,便起身甩手而去。卢爱阵的一位谈判代表问他去哪里。

他回答说,回基加利去准备"二度大决战"。[3]

---

① Andrew Wallis, *Silent Accomplice: The Untold Story of France's Role in the Rwandan Genocide*. London: I. B. Tauris, 2006, p. 52.

② Linda Melvern, *Conspiracy to Murder: The Rwandan Genocide*. London: Verso, 2004, p. 83.

③ Linda Melvern, *A People Betrayed: The Role of the West in Rwanda's Genocide*. London: Zed Books Ltd., 2000, p. 54.

我说，“不，我们不能把我们的安全、我们人民的安全托付给联合国和基加利的卢旺达政府军。形势不妙。这是经过谈判作出的安排，相关各方都对形势担忧，我们的首要关切就是安全。”所以，我提出建议，我说我们必需派支部队进城，保障我们进入基加利人员的安全……我认为这是成败的关键。这个要求不能凭主观愿望而忽略。

保罗·卡加梅

第七章　我们其实没懂

1993年6月的一天，晴空万里无云。在远离卢旺达的加拿大，军官罗密欧·达莱尔自豪地看着阅兵场上步伐整齐的麾下部队。他情绪高涨。他在欧洲北约工作出色，奉调回国晋升少将，指挥精锐部队。他训练的士兵参与联合国维和行动，先后前往科威特、柬埔寨等国，最近则在波斯尼亚。此时，他正在魁北克对士兵训话，其声誉达到新高峰。

达莱尔刚讲完，一名副官走来对他耳语，说座驾那边有紧急电话。他随即道歉并疾步而去，上司打电话问他本人是否愿意去维和。

达莱尔回答："没有任何理由不去。"

上司说，联合国正考虑派维和部队去卢旺达。这一消息让达莱尔心跳加速，他几年来一直梦想有机会亲自出征。

"卢……旺……达……"他打着磕巴，"是在非洲某个地方，对吗？"①

当时联合国只计划派观察团监督卢旺达和乌干达边境。任命达莱尔为司令，只有81名不带武器的维和士兵。他急于早日出发，纽约的联合国官员却慢悠悠地作必要安排。8月初，他听到惊人消息，卢旺达交战双方领导人签署和平协议，要求在卢旺达国内尽快速部署"中立的国际部队"。

达莱尔甚至还没踏上非洲大陆，维和团的规模和任务范围就像吹气球般地激增。

尽管达莱尔不曾指挥维和部队，甚至没有亲历，但他似乎有充分准备。他出生于军人世家，童年时喜欢玩打仗游戏，梦想穿上军装。他时年46岁，职业生涯令人钦佩，曾在美国海军陆战队指挥和参谋学院接受高级培训。他面相冷峻，眼窝深陷、尖下巴颏、留着灰白短髭，惯于发号施令。

---

① Roméo Dallaire, *Shake Hands with the Devil: The Failure of Humanity in Rwanda*. New York: Carroll & Graf, 2003, p. 42.

有个熟人说,他“嘴里叼着支铅笔,活像魁北克的北欧硬汉。”① 联合国一位外交官则说他“文雅正直,勤奋敬业、精力充沛、坚定不移”。② 他爱动脑筋,秉承了加拿大的人道主义气质。

达莱尔得到驻卢旺达维和部队司令的正式任命,随即到纽约联合国总部会晤新上司。他很快发现,加纳外交官科菲·安南领导的维和行动部很小,配备不足,运转不灵。他后来写道,朋友曾提醒他,安南及其同事是“迟到早退的无能之辈,紧要关头就溜之大吉”。③ 他在纽约眼见其实。没人向他介绍卢旺达形势,甚至没有一页书面分析材料。④ 他搜集到的有关资料只是一份百科全书条目复印件和一张米奇林轮胎公司的地图。

他甚至从未见到一份公开的报告,而当年夏天乐施会(Oxfam)发表报告警告,卢旺达“处于混乱和暴力的无底深渊边缘,那里的历史、种族、经济和政治压力不堪重负,很可能把卢旺达推下潭府。”⑤

安南和其他衣领笔挺的联合国刻板官员以为,卢旺达援助团不过是执行传统的维和行动,用外来部队隔开敌对双方并引导他们妥协。他们甚至推测此次任务相对容易,有望成功,有利于联合国在索马里和波斯尼亚维和不力后重建威信。他们反复告诫达莱尔,联合国希望“速胜”。⑥

维和办公室军事主官莫里斯·巴瑞尔将军提醒赴卢旺达首次视察的达莱尔:“这项行动规模不能大、花钱不能多,否则安理会绝不会批准。”⑦

达莱尔的第一个感觉就是,自己可能得不到完成任务所需的资源,因此,任务绝不简单。然而,他对所介入的战乱的激烈程度毫无概念。

---

① Louise Mushikiwabo and Jack Kramer, *Rwanda Means the Universe: A Native's Memoir of Blood and Bloodlines*. New York: St. Martin's, 2006, p. 39. 露易丝·穆希基瓦博现任卢旺达外长。译者注。

② Michael Barnett, *Eyewitness to a Genocide: The United Nations and Rwanda*. New York: Cornell University Press, 2002, p. 64.

③ Romeo Dallaire, *Shake Hands with the Devil: The Failure of Humanity in Rwanda*. New York: Carroll & Graf, 2003, p. 49.

④ See ②, p. 65. Linda Melvern, *Conspiracy to Murder: The Rwandan Genocide*. London: Verso, 2004, p. 65.

⑤ David Waller, *Rwanda: Which Way Now?* Oxford: Oxfam, 1993.

⑥ See ③, p. 50.

⑦ See ③, p. 56.

此时，卢爱阵在战场拼杀已近三年，充分显示了相当强的作战实力，只是由于许多卢旺达人视之为入侵敌军，始终未能形成人民运动。其领导人敏锐地意识到这一点，于是争取通过谈判与当局达成妥协，而非军事胜利。他们刚在坦桑尼亚的阿鲁沙签署和平协议，看来就是体现这种妥协。

达莱尔没有认识到，阿鲁沙协议签约双方都不相信协定会实际生效。双方都一面做出和解姿态一面准备继续战争。更危险的是，卢旺达一些权势人物纠集凶残的第三种势力，人数庞大，组织有序，全副武装，决心阻止任何政治妥协，以至不惜全国血流成河。

1993 年 8 月 19 日，达莱尔率 18 人巡视组抵达基加利，当时第三种势力已不知不觉浮上权力舞台。

达莱尔首访卢旺达颇受鼓舞。精悍的新总理阿加特·乌维林吉伊马纳热情支持和约，希望尽快部署维和部队。她当过中学教师和教育部长，别人问她的民族背景时她都自称“卢旺达人”。[①] 阿加特夫人告诉达莱尔，卢旺达的未来风雨飘摇，但决不能“因为有一些强硬分子”而放弃民主的机遇。[②]

达莱尔最想了解的人物是保罗·卡加梅这位无畏、成功的义军司令。他要求会晤保罗，约见的那天早晨他和几名助手前往姆林地，“充满好奇地去会见这位将一帮乌合之众组成的游击队变成能在战场上抗击法国部队的人物。”他们路上经过一处酷似地狱的难民营，目睹了几千无家可归者的悲惨生活。[③] 达莱尔从未见过这种困境，深为震惊。他泪水盈眶，难民营孩子们围上他，瞪圆眼睛大笑，拽着他的裤子，拉他一起踢足球。

“此时此刻，我暗下决心带领维和部队来卢旺达，我这么说绝不夸张。”达莱尔后来写道，“那一刻之前，参加维和不过是个锻炼机会，一个有意思的挑战，一个体验战地指挥的可能途径。”

达莱尔一行向北盘山行至省府碧云巴，拐上土路爬到老茶园。欢迎访客的 30 人仪仗队打扮成卢旺达传统勇士演出，上身裸露，下面裹裙，白色头翎象征狮子鬣

① Hugh McCullum, *The Angels Have Left Us: The Rwanda Tragedy and the Churches*. Geneva: World Council of Churches Publications, 2004, p. 23.

② Romeo Dallaire, *Shake Hands with the Devil: The Failure of Humanity in Rwanda*. New York: Carroll & Graf, 2003, p. 60.

③ Ibid., p. 64.

鬃,脚踝铃铛叮当作响。他们跳跃、旋转、击鼓、高唱,直到浑身冒汗、亮光闪闪。

随后,客人被引到原先监工的住所,卢爱阵三位最高领导在此等候。卢爱阵希望自己能代表所有卢旺达人,三人中有两名胡图人:卢爱阵主席亚历克斯·坎亚伦圭和主要政治官员巴斯德·比齐蒙古,第三位就是卡加梅。达莱尔的印象是,他看上去"更像大学教授,不像义军司令",而且,"尽管他在三人中最沉稳持重,但无疑最引人注目。"

达莱尔写道:"卡加梅堪称典型的图西人,身材瘦长,高六英尺多,超过在场所有人。他刻意营造周到热情的气氛,但也无法完全掩饰自己明察秋毫的神情。他的炭灰色双目在眼镜后锐利透彻,说明他对局势了如指掌。"①

达莱尔考察姆林地周边时,卡加梅的部队也给他留下深刻印象。

"这是一支经过战火洗礼和随时准备战斗的军队。他们几乎没有什么车辆,但看上去十分胜任,吃得饱,装备不错。这支轻装步兵部队不得不徒步或骑车作战和运输给养,但由于领导有方、纪律严明和士气高涨,近来每仗必胜。如果说是卡加梅培养出这支军队,那他确实是位令人钦佩的领导,无愧于媒体给他的绰号——非洲的拿破仑。"②

后来,达莱尔有幸检阅过卢旺达政府军,他看到士兵都是"训练极差的新兵,缺少武器、食物、药品,更糟的是领导无能,士气低落。"③尽管达莱尔的军事素养足以评估军队,但他过于单纯,不能理解卢旺达冷酷的政治现实。激进派已在筹划种族灭绝战役,但达莱尔见到他们时他们却保证力求和平。他们面带微笑,却是一面微笑一面杀人。

他后来写道,"我不明白,我刚在卢旺达见过的人会搞大屠杀,难道他们断定西方白人国家手头事情太多,不会再涉足黑非洲?难道这些强硬派把我们、把我当傻瓜耍?我想是如此。我相信,他们确信西方不愿……他们比我们自己更了解我们。"④

达莱尔在卢旺达逗留 12 天后得出结论,联合国给他的任务需要 8000 人的

---

① Romeo Dallaire, *Shake Hands with the Devil: The Failure of Humanity in Rwanda*. New York: Carroll & Graf, 2003, p. 66.

② Ibid., p. 67.

③ Ibid., p. 68.

④ Ibid., p. 79.

维和部队。他如实向纽约的上司报告,他们大为恐慌。他勉强减至4500人,坚称此乃完成任务的底线。[①] 这仍然远远超出联合国愿意提供的规模。布特罗斯·布特罗斯—加利秘书长最后同意请求安理会派遣2548名维和士兵。

安理会两大常任理事国一起竭力缩小卢旺达援助团的人数和授权。一个是法国,多年来法国一直是在卢旺达的主宰力量,不容他人分享。一个是美国,国会强压比尔·克林顿总统减少美国对维和行动的拨款,因此,他对卢旺达维和坚持强硬立场。虽然秘书长只要求安理会大减数目、只派2548人,美国常驻代表马德琳·奥尔布赖特大使却建议压到500名。卢旺达危机不断加剧,她却极力游说联合国维和部队必须保持人少势弱。

达莱尔事后抱怨:"美国人从未认真对待卢旺达和我的意见。"[②]

法国和美国的外交官限制卢旺达维和行动的努力,得到他们的可靠朋友布特罗斯—加利秘书长鼎力相助。他曾在巴黎上学,笃信法国在非洲肩负文明使命,以致有人说他"缺了法语世界的棱镜就什么都看不见"。[③] 20世纪90年代初期他任埃及副外长,曾为法国牵线向卢旺达政府出售价值600万美元的武器,包括70门迫击炮、2000枚地雷和300万发弹药。[④] 他与密特朗总统关系极为密切,靠后者的坚决支持才坐上秘书长的宝座。

10月3日,安理会就布特罗斯—加利缩减后的卢旺达维和计划投票表决前两天,索马里传来令人震惊的消息。参加联合国救援行动的美军巡逻队遭遇敌军攻击,两架黑鹰直升机中弹坠落,随后又有18名美国士兵阵亡,当地人拽着两名士兵尸体在摩加迪沙街头示众,围观人群欢呼雀跃。美国蒙羞受辱,克林顿政府对干预卢旺达之事更加犹豫不决。

有人担心在索马里祸乱后安理会很可能干脆拒绝向卢旺达派遣维和部队。安理会倒并未否决此案,但在批准加利的建议之前,法、英、美三国的外交官们大幅削减了维和部队的授权。阿鲁沙协议规定,派驻卢旺达的"国际中立部队"有

① Romeo Dallaire, *Shake Hands with the Devil: The Failure of Humanity in Rwanda*. New York: Carroll & Graf, 2003, p. 75.

② Ibid., p. 84.

③ Linda Melvern, *Conspiracy to Murder: The Rwandan Genocide*. London: Verso, 2004, p. 87.

④ Andrew Wallis, *Silent Accomplice: The Untold Story of France's Role in the Rwandan Genocide*. London: I. B. Tauris, 2006, pp. 32-33.

权没收武器和镇压“武装团伙”。然而,安理会只授权联合国驻卢旺达援助团(UNAMIR,简称“联卢援助团”)执行极为有限的任务:达莱尔及其部队只能“监督双方遵守停火协议”、“监督安全形势”和“报告双方冲突”。[①]

美国一名外交官事后写道:“联卢援助团的部署天真幼稚,先天不足,是个致命的组合。这是有关国家奢望速胜的授权,宁愿抄近道以达目的。”[②]

达莱尔当时毫无感觉,一心准备完成任务。他在纽约的最后一天辞行拜会上司科菲·安南,随后出发履新。他对即将面临的恐怖一无所知,只感到“自己精力充沛,积极乐观,目标明确”。[③]

达莱尔自然很快面临许多问题,但他不曾料到第一次震惊来得如此快。10月21日,他抵达卢旺达就职前一天,卢旺达邻国布隆迪总统梅尔希奥·恩达达耶倒台身亡。恩达达耶总统是主张民族和解的胡图人,图西士兵谋杀他之后随即大肆残酷镇压胡图人,自然触发卢旺达人的激烈反应。达莱尔抵达基加利时,全市成千上万胡图人聚集示威,场面恐怖,许多人挥舞着崭新的非洲大砍刀。领头的叫嚷布隆迪政变再次证实图西人是“敌人”,人群随之激情高呼口号。

“所有胡图人同掌权力!胡图权力!胡图权力!胡图权力!”[④]

达莱尔及其助手入住比利时人拥有的千丘宾馆,离市中心不远。他们很快发现自己“越来越不受欢迎”,因为“度假游客与维和士兵不好相处”。[⑤] 几周后,他们选择该市主要体育场和毗邻运动员常用的旅馆作为永久总部。总部条件一般,但地方宽敞,离机场也近。体育场的房间很多,足够士兵居住和安排设备与车辆。特别是体育场的名称鼓舞人心,“阿马霍罗”[⑥]在卢旺达语中意为“和平”。

11月17日,尽管只有100名维和人员到位,达莱尔还是在新总部举行了仪

---

① Henry Kwami Anyidoho, *Guns over Kigali: The Rwandese Civil War—1994*. Woeli Publishing Service, Fountain, 1997, p. 4.

② Michael Barnett, *Eyewitness to a Genocide: The United Nations and Rwanda*. New York: Cornell University Press, 2002, p. 72.

③ Romeo Dallaire, *Shake Hands with the Devil: The Failure of Humanity in Rwanda*. New York: Carroll & Graf, 2003, p. 93.

④ Linda Melvern, *Conspiracy to Murder: The Rwandan Genocide*. London: Verso, 2004, p. 72.

⑤ See ③, p. 106.

⑥ 阿马霍罗体育场(Amahoro)于20世纪80年代由中国援建完成。译者注。

式。据他自己说，他很喜欢“塞西尔·布朗特·德米尔关于军旅生活的影片，这些影像通过表现重要场合来影响和打动人”，总是想方设法“取悦、激励和支配一群人”。[①] 他希望通过这次活动表明，联卢援助团已经到位，并且是一支可以依靠的力量。

达莱尔还另有一个目的，他到卢旺达后还未见过哈比亚利马纳总统。他希望借此引来总统。结果，他如愿以偿。

两人在联卢援助团新总部大门口首次握手时衣着讲究。达莱尔身着加拿大军服，佩戴联合国徽章，头顶维和部队蓝色贝雷帽。哈比亚利马纳总统照常穿着时尚，深色西服配锃亮的黑皮鞋。他欢迎“联合国军、和平之师、希望之师”，闪光灯嚓嚓作响。他没有接受采访，很快乘防弹奔驰车离开，但他到场出席仪式似乎也是个好兆头。达莱尔报告称，气氛“喜庆”，整个仪式不时被“掌声、笑声和欢呼声”打断。[②]

次日清晨，卢旺达现实闯入达莱尔的世界。拂晓，线人打电话报告联卢援助团，鲁亨盖里山区前夜发生屠杀。达莱尔正式履行联卢援助团使命数小时后，杀手队即同时攻打五个地方，杀害了 20 多名图西人。

这是杀人狂的欢迎方式，胡图激进分子寻衅挑战。

达莱尔向纽约报告：“主要用砍刀和刺刀杀戮男女老幼，行动迅速高效，冷酷无情，下手残忍，显然都是精心策划的行动。”[③]两周后，他汇报了另一起屠杀，发现 18 具尸体，“双手被剁掉，眼珠被挖出，头颅被砸碎，孕妇被剖肚。”此后数月间，他多次向联合国总部发送类似令人悲痛的电报。结果却是纽约方面认为他极易冲动、精力过剩、缺乏经验、不懂得非洲人的暴力倾向源自他们的“部落”背景。[④]

达莱尔的部队无力行动，不仅因为其授权极为有限，而且缺乏基本的武器装

---

① Romeo Dallaire, *Shake Hands with the Devil: The Failure of Humanity in Rwanda*. New York: Carroll & Graf, 2003, p. 103. 塞西尔·布朗特·德米尔(Cecil Blount DeMille, 1881—1959)：美国人，《埃及艳后》等电影的导演、制片人。译者注。

② Romeo Dallaire, *Shake Hands with the Devil: The Failure of Humanity in Rwanda*. New York: Carroll & Graf, 2003, p. 110.

③ Linda Melvern, *Conspiracy to Murder: The Rwandan Genocide*. London: Verso, 2004, p. 75.

④ See ①, p. 147. Alan J. Kuperman, *The Limits of Humanitarian Intervention: Genocide in Rwanda*. Washington, D.C.: Brookings, 2001, p. 88.

备。维和士兵陆续抵达卢旺达，他们大多来自贫穷国家，只有450名比利时士兵。[①] 然而，他们买不到食物，找不到住处，也没有木材和带刺铁丝网搭建简易营地。他们一直缺少吉普车、帐篷、防弹服、夜视装备和弹药。他们有商店出售的电台，却没有加密功能。达莱尔请求从联合国驻莫桑比克办事处调20辆装甲运兵车；5个月后，只到位8辆，“没有称职的机械师维修操作，没有零配件，没有工具，而且操作手册还是俄文的。”[②]联卢团军官多数没有桌椅和公文柜，传真纸“像金子般”配发。[③] 后来达莱尔估算，他及其高级参谋在卢旺达花70%的时间同纽约总部就供给问题打“小型内战”。[④]

达莱尔抱怨，“我们几乎一无所有。我一度很羡慕卢爱阵的组织、活力与协调。”[⑤]

与给养匮乏相比，还有两大缺陷导致达莱尔团队虚弱无力。首先，联合国的授权禁止他搜集情报。他很快发现自己“在战场上既聋又瞎”。[⑥] 没有人帮他分析卢旺达费解的政治动态或战场状况。他被迫依靠陌生人随心所欲提供的情报。[⑦]

达莱尔另一大劣势是联合国不许他在基加利开设广播电台，他坚称这是对抗千丘自由广播电台狂喷毒汁的“关键”步骤。[⑧] 达莱尔上任半年后意识到，“广大民众仍旧不知道那些头戴蓝色贝雷帽的士兵坐着白色吉普车在卢旺达干什么。我在心里咒骂[联合国的官僚们]，他们不理解我的团队急需一个广播电台或是一个称职的公共新闻办公室，唯此才能调动绝大多数卢旺达人愿意伸出双手拥抱和平。”[⑨]

---

① Henry Kwami Anyidoho, *Guns over Kigali: The Rwandese Civil War—1994*. Woeli Publishing Service, Fountain, 1997, p. 41. Romeo Dallaire, *Shake Hands with the Devil: The Failure of Humanity in Rwanda*. New York: Carroll & Graf, 2003, p. 203.

② Romeo Dallaire, *Shake Hands with the Devil: The Failure of Humanity in Rwanda*. New York: Carroll & Graf, 2003, p. 181.

③ Ibid., p. 135.

④ Ibid., p. 107. Linda Melvern, *Conspiracy to Murder: The Rwandan Genocide*. London: Verso, 2004, p. 86.

⑤ See ②, p. 136.

⑥ Linda Melvern, *Conspiracy to Murder: The Rwandan Genocide*. London: Verso, 2004, p. 84.

⑦ See ②, p. 90.

⑧ See ⑥, p. 103.

⑨ See ②, p. 172.

1993 年年底的两次军事行动，明显改变了卢旺达冲突的面貌。首先是 1000 多名法国官兵撤离。三年前首批法军到卢旺达实施“北风行动”，一直给予当局决定性支持。阿鲁沙协议中有一条款要求法国撤军。12 月 10 日，哈比亚利马纳总统在基加利机场为他们隆重送行。其中一部分人，估计有几十到一百多人悄悄留下。但主力的撤离毕竟大大削弱了执政当局的力量。

阿鲁沙和平协议还规定，卢爱阵将派 16 名领导人到基加利出任过渡政府要职，其中 5 人入阁做部长、11 人当议员。达莱尔首先遇到的挑战之一就是安排这些人前来首都。他建议他们可以直接从姆林地乘车过来。但卡加梅坚决不同意，认为卢爱阵领导人根本不可能安全乘车到基加利并在那里工作。他说，激进分子见图西人就杀，肯定更想杀卢爱阵领导。达莱尔承诺联卢援助团将保护这批人，但也没能打动卡加梅。安理会授权有限，联卢援助团无能为力，且“阿卡祖”的残酷暴行众所周知，指望联合国维和部队保护卢爱阵成员的安全简直太幼稚、太危险。

卡加梅坚持要求派一支卢爱阵部署在基加利，保卫卢爱阵部长和议员。这个大胆建议实际上是逼迫政府当局允许卢爱阵在首都市内驻军。美国国务院主管中东非事务的副助理国务卿普汝邓丝·布什讷尔等一些外国外交官都认为这个建议过于挑衅，专程赶到姆林地劝阻卡加梅。卡加梅告诉他们，可以讨论派驻基加利卢爱阵的人数、武器、驻地等问题，但他不想谈保护部队的必要性。他对联合国谈判组讲，如果不让他派自己的部队保护卢爱阵代表团，“就别指望我们去基加利”。

达莱尔最终同意卢爱阵派 600 官兵进驻基加利，他们及其保护的文职人员住进城里最大建筑之一议会大厦。达莱尔花了几天时间安排护送车队，建起从姆林地到基加利的“无障碍通道”。12 月 28 日，吉普车、卡车和大轿车组成三英里长的车队穿越当局的层层防线，直达首都。

谁也没想到，卢旺达人会热烈欢迎卢爱阵。去基加利的一路上，人们走出家门向车队挥手欢呼。有些可能是卢爱阵的支持者，但大多数人高兴的是，看来战争即将结束，他们不是欢迎卢爱阵而是欢呼和平。车队抵近基加利时，人越聚越多，政府当局不得不在最后一刻将车队转到后街小巷，避开人群。然而，人们随之改变方向，追着车队前行。

达莱尔报告说："当我们驶过街道，两边人群兴奋不已，以欢呼和鲜花迎接卢爱阵官兵。"[①]

车队抵达空闲的议会大厦，卢爱阵战士马上开始紧张地修筑防御工事。卡加梅明确指示他们，甚至配备折叠式铁锹，挖建迷宫般的散兵坑和掩体，再用加盖战壕连通，架设轻机枪和迫击炮。几天内，他们把这座尚未启用的综合办公楼群[②]变成矩形全面防御的兵营。卢爱阵可能希望和平，但其部队随时准备再战。

"我不得不佩服保罗·卡加梅的魄力，他肯定看到了此地的战术优势，果断地抓住了机会。"达莱尔写道。[③]

不仅是达莱尔，忙于筹划大屠杀的极端分子也意识到，基加利的力量对比发生了转变。大批敌方部队在首都心脏地带出现就是一个信号，证明和平协议开始生效，他们当然无法接受。几天后，那些兴高采烈的卢爱阵士兵乘坐几辆小车开出议会大厦，穿过城市街道。这更加激怒了极端分子。

当天下午，千丘自由广播电台播音员大叫："蟑螂已经入侵首都。"[④]

一周后，极端分子发动反击，破坏新过渡政府的宣誓就职仪式。高官要员陆续到场，好几百名联攻队民兵突然闯入会场，挥舞大砍刀，大声叫嚷，恐吓威胁。总统卫队军官换上便装现场指挥，恫吓温和派政客和无能为力的联合国维和人员。仪式被迫取消。

达莱尔对"总统卫队迅速巧妙煽动暴徒闹事"感到震惊。[⑤] 他第一次发现，联攻队组织严密且与警察和军队配合默契。他意识到，卢旺达社会外表之下隐藏着一股极其危险的黑暗势力。正当他考虑如何深入了解详情时，喜人机会从天而降。

1994 年 1 月 10 日傍晚，达莱尔的一名助手紧张到发抖地闯入他的办公室，要求与他单独谈话。他们走到阳台上，助手告诉他一个惊人消息。助手找到联

---

① Romeo Dallaire, *Shake Hands with the Devil: The Failure of Humanity in Rwanda*. New York: Carroll & Graf, 2003, p. 130.

② 这些办公楼由中国援建。译者注。

③ See ①, p. 127.

④ Colonel Luc Marchal, *Rwanda, La Descente aux Enfoers: Témoinage d' un Peacekeeper December 1993—Avril 1994*. Brussels: Labor, 2001, p. 105. 吕克·马沙尔是比利时退役上校。译者注。

⑤ See ①, p. 139.

攻队的一名高级线人，他有意透露详情。[①] 达莱尔日思夜想找突破口，当即着手行动。

这名线人代号叫"让—皮埃尔"，几个月前还是总统卫队军官，担任联攻队培训主官，经常在军事基地临时兵营教民兵暴徒团伙"杀人技巧"。他说自己参与草拟计划，要基加利的杀手队在20分钟内屠杀1000人。他也参与讨论了杀害比利时维和士兵，以期逼迫比利时政府撤军。他知道军队有四个藏有步枪和手榴弹的秘密仓库，武器即将分发给联攻队。

"我沉默无言，对这一情报的深奥感到震惊。"达莱尔写道，"让—皮埃尔这名线人仿佛打开了隐秘世界的闸门，第三种势力极端分子浮出水面。此前我们可以感到其存在，但并不掌握其踪迹。"[②]

线人直接提出条件。他可以说出一切，从武器仓库的地点到政府当局与杀手队的关系，以此换取他全家自由离开卢旺达并获得外国的居留许可。对于如此重要的信息而言，这个要价并不高。达莱尔当晚给纽约发去两页纸的电报，提出清剿武器仓库的计划，因为这违反和平协议有关禁止在基加利囤积武器的条款。他写报时感觉不仅看到重大转折即将来临，而且"欢喜若狂"。[③]

几个小时后，达莱尔接到纽约的回电，大吃一惊。来电指示他暂缓清剿前线武器库计划，因为这"显然超出联卢援助团的授权"。更令人惊愕的是，他们指示他向哈比亚利马纳总统通报线人的情报和要求，以此证明自己"保持中立"。[④] 他一下子从兴高采烈变为怒火万丈。

他写道，"我为自己的无能为力恼怒不已。我本想推动一次有潜在高风险的出击，与联合国的主流态度截然相反。难怪他们迅速回复，明确反对。尽管联合国的决定可以理解，但我在战场上却不能接受。假如我们面对秘密武器库的现实不

---

① Romeo Dallaire, *Shake Hands with the Devil: The Failure of Humanity in Rwanda*. New York: Carroll & Graf, 2003, p. 142. Linda Melvern, *Conspiracy to Murder: The Rwandan Genocide*. London: Verso, 2004, pp. 95-100. *The New Yorker*, May 11, 1998.

② Romeo Dallaire, *Shake Hands with the Devil: The Failure of Humanity in Rwanda*. New York: Carroll & Graf, 2003, pp. 142-143.

③ Ibid., p. 146.

④ Michael Barnett, *Eyewitness to a Genocide: The United Nations and Rwanda*. New York: Cornell University Press, 2002, p. 79.

采取措施，这些武器最终将被用来对付我们以及众多无辜的卢旺达平民。”[①]

此后几周，其他线人主动前来提供情报。虽然他们不及让—皮埃尔讲得详细，但都警告，卢旺达权贵正有条不紊地准备灭绝全国所有图西人。达莱尔向纽约连发数份电报，请求允许“搜查收缴武器”，他保证“集中全部力量”，避免出现“危险局面”。[②] 安南驳回所有请求，坚称联合国部队“不得积极行动”，必须只限于“监督活动”。达莱尔一再警告浩劫当头，但其上司置若罔闻。他准确地体会到，“我与纽约完全无法沟通”。[③]

如果各大国当时相互交流各自了解的卢旺达情况，达莱尔的请求可能会得到重视。1月，联合国官员故意漠视他的电报，而美国中央情报局正在华盛顿传阅一份报告，警告如果阿鲁沙和平进程崩溃，50万卢旺达人很可能丧命。英国政府也收到其驻乌干达高级专员同样令人震惊的评估报告。法国官员同卢旺达当局关系密切，完全知道有些卢旺达朋友正在筹划屠杀战役。然而，这些大国政府都没有在联合国交流各自掌握的情报。安南也绝对不让各国常驻代表看到达莱尔报回有关让—皮埃尔的那份“大屠杀传真”。

一名美国外交官事后写道，那份电报“其实是份书面警报，是向平民、和平进程及维和人员告急的红色警报……逐一列举了暴力和煽动计划的详情”。[④] 那些看过报告的少数联合国官员认为它不合时宜。电报建议采取的行动将使卢旺达维和行动更加复杂，进而争议更大。因此，他们决定将其打入冷宫，从而造成联合国的永世奇耻。让—皮埃尔随后销声匿迹，其最终命运至今无人知晓。

时任联合国维和办公室主任、安南副手的伊克巴·里扎事后解释说：“我们在解读授权时十分谨慎，因为我们不愿蹈索马里之覆辙。”[⑤]

这正合各大国特别是美国之意。克林顿政府在索马里惨败的创伤未愈，不想让百姓看到他还要支持其他维和行动。一位美国外交官后来披露，为确保卢

---

① Romeo Dallaire, *Shake Hands with the Devil: The Failure of Humanity in Rwanda*. New York: Carroll & Graf, 2003, pp. 146-147.

② Ibid., p. 167.

③ Ibid., p. 147.

④ Michael Barnett, *Eyewitness to a Genocide: The United Nations and Rwanda*. New York: Cornell University Press, 2002, p. 80.

⑤ Ibid., p. 86. 伊克巴尔·里扎(Iqbal Riza)：巴基斯坦外交官，在联合国一直是安南的心腹，在安南任联合国秘书长后担任办公厅主任。2004年年底联合国“石油换食品”计划丑闻暴露后突然辞职。译者注。

旺达维和行动不致扩大规模或范围，华府外交官"千方百计说'不'"。[1] 他们追随克林顿总统，一厢情愿地无视危机迫在眉睫。甚至驻基加利美国大使馆的外交官也难以相信不断听到的可怕警告。

其中一人事后反省，"人们想告诉我们，向我们解释，帮我们理解，但我们没能——可能我们其实没懂。当时确实很难想像竟然会有人周密计划并实施如此恐怖的事情。"[2]

联合国一份报告称，1994 年头几个月，"暴力示威、路障关卡、暗杀政治领袖、袭击和屠杀平民的事件不断发生。"[3]一些挑衅性杀戮就在联合国军眼前上演，以试探维和部队的反应。民兵首领发动大屠杀之前，想看联卢团是否真的袖手旁观他们杀人。

当年驻守议会大厦的一名卢爱阵士兵回忆说，"我看见一群联攻队在议会大厦前抓住两名年轻妇女，用大砍刀凌迟。我和几名联合国兵站在一起，我冲他们喊：'看他们在干什么！你们为什么不制止他们？'他们却说，'这是卢旺达人的事，是卢旺达人杀卢旺达人，与我们无关'。"[4]

那几个月，千丘自由广播电台比以往更加明目张胆地恐吓，甚至号召刺杀主张和解的总理阿加特夫人。不少外省图西人家害怕夜间在家里遇害，纷纷躲到学校或教堂过夜。[5] 紧张局势在过渡期本应逐步缓和，实际却是日益加剧。

"阿鲁沙和平协议已然无效。"联合国军加纳籍副司令亨利・安伊道霍将军在回忆录写道："不难嗅到基加利到处都有危险……忽然之间闹翻了天……卢旺达坐在火药桶上，唯恐有人点燃引信。"[6]

卢爱阵领导在北部边界沿线根据地目睹这一切，焦躁不安。1993 年以来，部队稳步扩大，并非所有新兵都能像老战士那样严守纪律。一些新兵溜出指定

① Michael Barnett, *Eyewitness to a Genocide: The United Nations and Rwanda*. New York: Cornell University Press, 2002, p. 95.

② PBS, "Ghosts of Rwanda", *Frontline*, 2004. 乔伊斯・艾伦・里德尔在 1991—1994 年是美国驻卢旺达使馆首席馆员，现为华盛顿特区乔治敦大学访问学者。译者注。

③ See ①, 2002, p. 94.

④ 作者采访乔治・维甘穆巴(George Rwigamba)上校。

⑤ Henry Kwami Anyidoho, *Guns over Kigali: The Rwandese Civil War — 1994*. Woeli Publishing Service, Fountain, 1997, p. 19.

⑥ Ibid., pp. 17, 19.

区域，袭击附近村庄劫掠粮食和补给。卡加梅感到自己的部队正在失去优势。1月底，他失去了耐性，要求会见达莱尔。联合国军司令乘直升机飞往姆林地，卡加梅坐在平房走廊等他。

“他慢慢从椅子上站起来迎接我，身材修长削瘦。”达莱尔写道，“他双眼炯炯有神，目光犀利地盯着你——探究、深透、观察，寒暄不多。我们一坐下他就直奔主题……他谈到难民苦境，稍失惯常的矜持，详述亲身经历以强调或印证其要点。他有时站起来不停踱步，叙说他在乌干达难民营长大，总是个外人、少数民族，当局容忍但从未真正平等接纳他们。他眼里闪着怒光，重温自己与难民营中深受凌辱的失败情绪抗争，维护自尊和尊严……会晤将尽，他向前探身，深信不疑地对我说，‘如果事态这样发展下去，我们将会看到有人不得不脱颖胜出。’言外之意，如果不能很快打破僵局，阿鲁沙协议就会被抛在一边，卢爱阵将重新投入战斗，直到打胜……我最后站起来，略带歉意地解释说，我的直升机没有夜视设备，不得不上路了。同卡加梅无拘无束相处几个小时，领略这位非凡人物的激情，简直是匪夷所思。”①

虽然达莱尔同情卡加梅的立场，但他的授权极为有限，无法制止这个国家每况愈下。他的部队总是处于守势，能够应对日常暴行，但无力改变事态发展方向。和平进程逐渐崩溃。杀手队逍遥法外，惊恐的平民潮涌般到联卢援助团请求保护，双方士兵重整旗鼓开战。②

在基加利和其他城镇的街上，联攻队的野蛮青年经常酗酒大醉，肆无忌惮，伙同其他民兵帮派团伙横施淫威。他们发现联合国维和士兵温和胆小，一经恐吓即退，因此颇为放心。一位外交官写道：“由于极端分子现在相信联卢援助团不愿或不能对他们的进攻作出反应，于是决定采取更加强硬的手段。他们一度曾因担心联卢援助团会以武力制暴而有所节制，如今则推断联合国只会退不会打。从而鼓励他们想法更大胆，就是说，更暴虐。”③

600名卢爱阵固守基加利中心的议会大厦。许多人看来接受他们为卢旺达

---

① Romeo Dallaire, *Shake Hands with the Devil: The Failure of Humanity in Rwanda*. New York: Carroll & Graf, 2003, pp. 154-156.

② Ibid., p. 161.

③ Michael Barnett, *Eyewitness to a Genocide: The United Nations and Rwanda*. New York: Cornell University Press, 2002, p. 90.

兄弟，可以像别人一样有权上街。这是极端分子最震怒的事。著名运动员、国家排球联合会主席约瑟夫·哈比内扎在首都一座主要体育馆组织基加利队和卢爱阵队赛排球，极端分子很不高兴。1994年1月28日比赛当天，上万名球迷到场观赛。大家都知道，这绝不仅是一场普通体育赛事。体育馆里气氛非常轻松，他们赛后还在议会大厦聚会，哈比内扎建议第二天再赛一场。两队均表示同意。卢爱阵官员将此决定报告卡加梅，没想到卡加梅当即否决，并下令球队返回姆林地。他得到情报，联攻队暴徒预谋用手榴弹攻击赛场。他不愧是头牌特工，甚至在民兵杀手队里也有线人。

> 我们有很多情报来源。有人为我们工作。有些人我们只是付点钱就能搞定。这里很多人需要钱。有些人能得到好情报，有些人甚至为联合国工作，还有一些人为政府工作。这些都是低调的普通人，但偏巧能够得到情报。我们的情报工作很有效，这一点确定无疑。
>
> 保罗·卡加梅

过渡政府宣誓就职典礼原定于2月10日举行，但哈比亚利马纳总统在最后一刻却说他尚无准备。比利时副首相威利·克拉斯[①]赶忙飞到卢旺达，警告他若不继续履行阿鲁沙协议，其缺钱政府将得不到援款。他们会谈时，基加利陷入暴乱。杀手出没大街小巷，帮伙争斗激战，民兵首领加速分发武器。千丘自由广播电台播音员掀起新一轮疯狂。

其中一个狂叫着：“坟墓只填了一半，谁帮我们把它填满？”[②]

2月20日，意志坚定的总理阿加特夫人试图率领和平游行队伍穿行基加利。暴徒沿路向她扔石块，保护她的比利时维和士兵连连朝天开枪才赶走暴民。次日，另一帮恶棍冲进她的办公室，将她的助手扣为人质长达数小时。当晚，敢于直言的胡图温和派人士费利西安·噶塔巴齐[③]，因曾公开谴责总统卫队训练

① 威利·克拉斯(Willem Werner Hubert Claes)：1992—1994年任副首相兼外交大臣；1994—1995年接任北约第八任秘书长。译者注。

② Mahmood Mamdani, *When Victims Become Killers: Colonialism, Nativism, and the Gencoide in Rwanda*. Princeton: Princeton University Press, 2001, p.212.

③ 费利西安·噶塔巴齐(Félicien Gatabazi)：社会民主党执行书记、公共工程部长。译者注。

暗杀队而中枪身亡。[1] 人们上街示威抗议,却遭遇效忠当局的势力拦截。35人在随后几场骚乱中丧生,其中有极端组织“保卫共和联盟”主席马丁·布基亚纳(Martin Bucyana),但他显然是遭人报复而遭私刑。[2] 达莱尔赶去看望阿加特夫人,见她在办公室里紧张地踱来踱去,“像头关在狭小笼子里疲惫不堪的狮子。”她泪流满面,请求派维和士兵保护她和家人。达莱尔答应提供保护。[3]

当时卢旺达空气中充满记者称为“世界末日临近的味道”。哈比亚利马纳总统苦思冥想考虑方针。几周来他前后摇摆,既担心遵守阿鲁沙协议后果不妙,也害怕拒绝带来恶果。他最后决定3月25日成立新的过渡政府,但他的小集团却不让他成事。

“总统乘车进来,在休息室等候。”后来联合国监督就职典礼的官员报告说,“然而却发生了一个小小的原则问题,总统在某些权力的操纵下,要求给保卫共和联盟一个议会席位。卢爱阵不能接受,因为保卫共和联盟是个激进党派,会加强‘杀手’的势力。就职典礼再次推迟,同时在议会谈判以解决僵局。直到下午很晚,显然外交努力失败。我不得不撤下部队,这令我十分失望。”[4]

过渡政府改在三天后就职,但再度推迟。4月2日的第三次改期也未成。同时,政府命令地方官员提高应急行动级别,备好吉普车、卡车等设备,以便“保卫国家”。军方则忙着向全国各地武器库运送一箱箱大砍刀和其他“农具”。

“阿鲁沙和平进程十分反常,解决冲突的进程复杂,走入歧途甚远。”一位外交官后来写道,“阿鲁沙和平协议没能充分解决强硬派的问题,从而实际上成为大屠杀爆发的一个近因。”[5]

为什么许多卢旺达人在1994年恐怖之春成为杀人凶手?学者们众说纷纭。有人归咎于卢旺达人在生活中长期形成忠顺当局的文化;有人强调人口过多、世界咖啡价格下跌或是卢旺达长期孤处一隅,容易导致文盲群体轻信广播的邪恶

---

① Romeo Dallaire, *Shake Hands with the Devil: The Failure of Humanity in Rwanda*. New York: Carroll & Graf, 2003, p. 187.

② Linda Melvern, *Conspiracy to Murder: The Rwandan Genocide*. London: Verso, 2004, p. 111.

③ See ①, p. 190.

④ Henry Kwami Anyidoho, *Guns over Kigali: The Rwandese Civil War—1994*. Woeli Publishing Service, Fountain, 1997, p. 16.

⑤ Bruce D. Jones, *Peacemaking in Rwanda: The Dynamics of Failure*. Boulder, Colo.: Lynne Rienner, 2004, pp. 54, 66.

宣传；有人认为屠杀根源是“殖民进程中引进种族优越论神话”；[①]还有人说源于“卢旺达社会长期根深蒂固的种族观”，人们“认定图西人生来邪恶，剥削成性”。[②] 然而，就本质而言，这是一场政治危机。统治上层 30 年来固执己见，拒不正视难民危机。现在难民回国夺权，卢旺达权贵则不惜一切代价护权。

阿鲁沙进程接近终点的同时，暴力活动也不断加剧，反图西人宣传的敌意更甚。达莱尔向纽约发报说，他有种“要出事的可怕感觉”。[③]

4 月第一周，人们听到“杀手电台”千丘自由广播电台发布隐语警告。4 月 3 日是复活节，电台播音员两次预言，几天内将发生一点“小事”，“你会听到许多枪声，听到手榴弹爆炸。”然后对图西人说，卢旺达人“一致从心底恨你们”，建议他们想办法“如何逃避”。[④] 此后几天，各主播不断以各种方式警告人们，还反常地补充说，“即使哈比亚利马纳本人，如果国民不再需要他，他都到不了办公室。根本不可能。”[⑤]

在地球另一边，安理会 4 月 5 日开会，讨论延长联卢援助团的任期。在这一周，维和人员的运气不佳。索马里行动濒临崩溃，塞尔维亚军队在波斯尼亚冲破联合国军防线进攻戈拉日德“安全区”。谁也不想再听到更多坏消息。因此，布特罗斯—加利在关于卢旺达的报告中不提坏事。相反，他编造令人放心的幻像，把卢旺达的暴力事件大都归罪于土匪强盗，说该国领导人“致力于推进和平进程”。此前几周，达莱尔多次发来急电，警告卢旺达的局势一触即发，他不止七次使用“极度恶化”一词。但布特罗斯—加利却只字不提。[⑥] 事后加利称，如果说他误导安理会，也是因为他几周都不在纽约，没能仔细听取通报的卢旺达局势。

---

① Michael Barnett, *Eyewitness to a Genocide: The United Nations and Rwanda*. New York: Cornell University Press, 2002, p. 51.

② Mahmood Mamdani, *When Victims Become Killers: Colonialism, Nativism, and the Gencoide in Rwanda*. Princeton: Princeton University Press, 2001, pp. 199-200.

③ Linda Melvern, *Conspiracy to Murder: The Rwandan Genocide*. London: Verso, 2004, p. 109.

④ Philip Gourevitch, *We Wish to Inform You That Tomorrow We Will Be Killed with Our Families: Stories from Rwanda*. New York: Farrar Strais amd Gorpix, 1998, p. 110.

⑤ John A. Berry and Carol Pott Berry eds., *Genocide in Rwanda: A Collective Memory*. Washington, D. C.: Howard Unirersity Press, 1999, pp. 118-120. Linda Melvern, *Conspiracy to Murder: The Rwandan Genocide*. London: Verso, 2004, p. 125.

⑥ Linda Melvern, *A People Betrayed: The Role of the West in Rwanda's Genocide*. London: Zed Books Ltd., 2000, p. 107.

时任安理会主席的新西兰常驻代表科林·基廷大使事后坚称："我们对真实情况一无所知。"[①]

然而，安理会有一位大使对卢旺达的情况了如指掌，凭借外交运气在那一年春天卢旺达有幸进入安理会。[②] 这意味着，基加利的官员筹划大屠杀之时，他们有条直通线进入联合国内部密室。美国阻止达莱尔请求宪兵部队，基加利方面马上就知道了。他们还知道法国不满达莱尔指责法国军队训练卢旺达总统卫队杀手，还因违反阿鲁沙协议而扣留法国运到卢旺达的一飞机武器，从而一直想解除其司令职务。他们从纽约听到这一切，自然得出结论：无论他们在卢旺达做什么，联合国都不会出面阻止。

4 月 5 日卢旺达常驻代表让·达马森·比齐马纳大使在安理会的发言有悖常理，他告诉同行不必担心卢旺达，因为冲突各方发誓"坚定致力于和平进程"。[③] 尽管就在他发言时其政府正在实施骇人听闻的罪行，其同行仍以外交礼遇待他。联合国一位外交官后来极为诧异："没人说'闭嘴'，没人说'你出席会议都让我恶心'，没人说'你怎么还不退出？'没人真正训斥，如果你真的斥退他，你就会破坏这个俱乐部的规矩。"[④]

接受卢旺达常驻代表的谎言是最方便的选择，安理会也正期望如此。他发言完毕几分种后，安理会批准授权可怜的联卢援助团任期延长四个月。

"纽约联合国总部官员们似乎根本不知道嗜血的"阿卡祖"如何残酷无情地计划其灭绝种族的战役。"达莱尔后来写道，"而且他们已经占领了相互隔绝的天地。巴戈索拉及其同伙有条不紊地谋划群体屠杀，联合国则想方设法限制维和部队的规模，保持低调。"

在这几周里，卢旺达的暴力活动升级，恶毒宣传突发，引起一些外国人的恐

---

① Michael Barnett, *Eyewitness to a Genocide: The United Nations and Rwanda*. New York: Cornell University Press, 2002, p. 70.

② Romeo Dallaire, *Shake Hands with the Devil: The Failure of Humanity in Rwanda*. New York: Carroll & Graf, 2003, p. 209. Andrew Wallis, *Silent Accomplice: The Untold Story of France's Role in the Rwandan Genocide*. London: I. B. Tauris, 2006, pp. 105-106. 应为前一年。译者注。

③ Linda Melvern, *A People Betrayed: The Role of the West in Rwanda's Genocide*. London: Zed Books Ltd., 2000, p. 113.

④ Michael Barnett, quoted in Carol Off, *The Lion, the Fox & the Eagle: A Story of Generals and Justice in Rwanda and Yugoslavia*. Toronto: Random House, 2000, p. 71.

惧和担忧。卢旺达邻近诸国总统目睹局势恶化，颇为震惊，决定邀请哈比亚利马纳总统出席紧急峰会。4月6日，他飞抵达累斯萨拉姆。57岁的总统在乞力马扎罗饭店的会议厅与来自坦桑尼亚、肯尼亚、乌干达和布隆迪等国的领袖长时间会谈，大家都要求他必须遵守和平协议。

坦桑尼亚总统阿里·哈桑·姆维尼严肃告诫："现在是说'不'的时候了，不能在我们家门口出现一个波斯尼亚。现在要确保不把战争带给卢旺达的儿童。"[①]

这次会议令哈比亚利马纳总统深受震动。执政21年后，他已别无选择，唯有回去设法应对席卷全国的暴力飓风。

他却没能活着回去。

① Andrew Wallis, *Silent Accomplice: The Untold Story of France's Role in the Rwandan Genocide*. London: I. B. Tauris, 2006, p. 78.

我走过去拿起电话，他告诉我们：“我们发现城里有些不寻常的活动。我们刚得知哈比亚利马纳的飞机坠毁了。”我说：“你确定吗？”他说：“看来确有其事。这里很热闹，人们都动起来了。”我说：“继续跟踪，让部队待命，随时准备行动，因为此事很可能带来一堆问题。”

保罗·卡加梅

第八章 这是军事政变

夜幕降临达累斯萨拉姆，闷闷不乐的朱韦纳尔·哈比亚利马纳总统告别东道主。他们要求他接受和平协议，而他知道其政府中崇尚暴力的极端派（甚至他自己的家人）都反对这个协议。但他还是同意照办，尽管有报道说“他口气中毫无热情”。[①] 他知道，卢旺达那边有大难题正等着他。

停机坪上哈比亚利马纳总统的私人飞机是一架神秘猎鹰豪华公务机，这是法国政府的礼物，以表彰他多年的效忠。参加峰会的另一位客人布隆迪总统西普里安·恩塔里亚米拉没有慷慨的外国主子送他飞机，因而要求搭机回国。两位总统在机场同三位法国机组成员商定，飞机首先降落卢旺达，然后续航布隆迪。两位总统登机后疲倦地陷入软皮椅。

不到一个小时，飞机开始下降基加利的格鲁戈瓦·卡伊班达国际机场。哈比亚利马纳推翻并谋杀其前任后，竟然还以他的名字命名机场。飞行员在黑暗晴空盘旋一圈，约在20时20分进场着陆。飞机着地前几秒钟，地面有人发射一枚火箭弹，紧接着又是第二枚。两弹均命中飞机，一团火球腾空而起，飞机坠毁。[②]

最大的一块飞机残骸落在哈比亚利马纳总统官邸之一的花园里。

1994年4月6日那天晚上，成千上万卢旺达人围坐在收音机旁收听非洲国家杯足球锦标赛半决赛。飞机坠毁的消息迅速传开，许多人转到流行的“仇恨电台”千丘自由广播电台。播音员愤怒地报道：图西叛军谋杀了全国敬爱的领袖。其中一人敦促全民奋起“为我们总统之死报仇”。另一人则坚称所有图西人必须为此罪孽负责，马上“赶尽杀绝”。

这些信息涌入卢旺达千家万户，联攻队的青年杀手团伙很快就在基加利全城架设路障，有些人21时15分就已到位，此时离飞机坠毁还不到一个小时。各

---

① Linda Melvern, *Conspiracy to Murder: The Rwandan Genocide*. London: Verso, 2004, p. 131.

② Ibid., pp. 133-136.

队士兵——大多是总统卫队的人,都已散布市内各处,手持上级事先拟好的杀人名单。多份名单复印件当晚也张贴在千丘自由广播电台的播音室里,播音员不断广播这些圈定杀害对象的名字和住址,敦促听众群起捕杀。[①]

"除了一些街头混混也参与血腥骚乱外,整个过程看不到自发行动。"一位历史学者写道,"一切有条不紊,显示彩排之精确"。[②]

有人说,谋杀哈比亚利马纳总统是引发卢旺达大屠杀的事端。实际上,这是大屠杀的第一个行动,从而启动事先周密筹划的大规模战役,其状残虐不堪。

飞机坠毁仅几分钟,卢旺达国防部办公厅主任巴戈索拉上校就对联卢援助团团长(首席文官)喀麦隆籍外交官雅克—罗杰·布布—布布说:"别担心,这是一次军事政变,但一切均在掌控之中。我们会成功拯救国家。"[③]

没人调查坠机事件,连法国人也没管。照理说,他们不仅失去了最信赖的非洲盟友,而且损失了三名法国机组人员,据说都是秘密情报机关特工。然而,此后几年里,无论是法国人还是其他人都没有认真调查此事。许多证据不是遗失就是销毁。到底是谁发射那两枚致命的导弹,始终没有令人信服的答案。众口不一,有的暗指法国或比利时特工,有的指责保罗·卡加梅及卢爱阵,也有的认为是黑色利益集团雇佣白人职业杀手所为。大多数人认定,总统小圈子"阿卡祖"极端派应对此负责,他们不能接受危及自身权力和生命的和平协议。

据卡加梅本人讲,当时他正在姆林地指挥所和一群卢爱阵战士观看非洲杯赛。他的副官向他打手势,他走出屋门,副官指着一部野战移动电话叫他接听。驻基加利的卢爱阵营长来电报告说,他听到巨声爆炸,有谣传称哈比亚利马纳总统的专机被人击落。

> 我回到屋里,没有告诉我的战友。15分钟后,又来电话说似乎确有其事,有些人跑到他们那里避难。联卢援助团的人也告诉他们确有此事。我召集都在看球赛直播的高级军官开会通报情况。我说:"我看

① John A. Berry and Carol Pott Berry, eds., *Genocide in Rwanda: A Collective Memory*. Washington, D.C.: Howard Unirersity Press, 1999, p. 15.

② Gérard Prunier, *The Rwanda Crisis: History of a Genocide*. New York: C. Hurst & Co. Ltd., 1995, p. 224.

③ Ibid., p. 225. 雅克—罗杰·布布—布布在1988—1992年任喀麦隆外长。译者注。

此事会引起强烈反应或严重后果。我们必须有所准备。”

我想到部队，想到基加利的暴民。我们在那里的部队和参加政府的人处境如何？此前不少人到北方来同我们谈，有比利时的人，也有联合国的人，告诉我们当局根本无意成立过渡政府。他们不仅训练军队，而且训练各派民兵，都想集体屠杀图西人和不支持政府的人。可能意味着这些人会聚众闹事，动手屠杀。

我根本没有意识到动乱规模之大，会酿成大屠杀。我只是怀疑会有屠杀，会危及许多人，但实在没料到会如此残忍。

保罗·卡加梅

虽然到底是谁下令击落哈比亚利马纳总统专机仍有诸多疑问，但是谁指挥此后数天、数周骇人听闻的恐怖行动却是确证无疑。飞机坠毁两个小时后，巴戈索拉上校断然召集同僚紧急开会。为让外界了解实情，他还请来了达莱尔将军。

客人抵达国防部，看到巴戈索拉坐在巨大的马蹄型会议桌中间位置。大家落座后，他简短声明军方决定接管政权，“因为总统专机坠毁导致局势不稳定。”

达莱尔记下那次会议的经过：“巴戈索拉看着我，毫无表情地说，他不希望阿鲁沙和平进程就此毁灭。我根本不相信他……我强调卢旺达还有政府，以阿加特总理为首。现在应由她处理所有大事。巴戈索拉当即反驳说，阿加特夫人没有得到卢旺达人民的信任，无力治理国家。”①

巴戈索拉上校在当晚的会议上一跃成为卢旺达新的铁腕人物。他首先命令军队加固基加利周边的路障，接着便着手巩固自身权力。

坠机几分钟后，阿加特夫人打电话到卢旺达广播电台，宣布她将于次日凌晨到播音室向全国发表讲话。然后，她打电话给达莱尔。达莱尔同意派 15 名维和士兵整夜保护她并护送她去电台。

达莱尔还在同巴戈索拉上校冷漠地交谈，十名比利时籍和五名加纳籍维和士兵则设法通过路障和避开青年醉汉抢劫犯，花好几个小时从阿马霍罗体育场

① Romeo Dallaire, *Shake Hands with the Devil: The Failure of Humanity in Rwanda*. New York: Carroll & Graf, 2003, pp. 223-224. Linda Melvern, *Conspiracy to Murder: The Rwandan Genocide*. London: Verso, 2004, pp. 137-141.

穿城到阿加特夫人家，路程不长却到拂晓时分才抵达，随即开枪交火。总理在屋里正与外国广播电台记者通话，她听到了枪声。

她冲电话讲："我现在必须离开家，他们来杀我全家。请全世界帮我们抵抗这些杀人凶手。"[①]

阿加特夫人及其五个孩子还穿着睡衣，试图翻过院墙到隔壁邻居、美国外交官乔伊斯·里德尔[②]家避难。他们没能如愿，只好从另一侧墙翻进旁边联合国开发计划署总部的院落。孩子们藏了起来，直到一位勇敢的联合国维和士兵找到他们，偷偷带到千丘宾馆。阿加特夫人的运气不好。总统卫队士兵包围了前来保护阿加特夫人的维和士兵，命令他们缴枪。维和士兵与联卢援助团总部通话，根据联合国指示同意放下武器。他们被送上一辆中型客车。总统卫队士兵冲进联合国大院，找到阿加特夫人，命令她脱光衣服，用啤酒瓶凌辱她。

"我们听到她在尖叫，"乔伊斯·里德尔回忆说，"突然一阵枪响，尖叫声戛然而止，接着听到人声欢呼。"[③]

残杀阿加特夫人，除去了卢旺达合法政权的最后一丝残迹以及所有和平的机会。几个小时后，当局宣布年老体衰的政治家西奥多·辛迪库布瓦博为卢旺达新总统。[④] 新政府没按阿鲁沙协议规定"过渡政府"容纳温和派政治家。千丘自由广播电台播音员讥笑着推测，温和派肯定"不是辞职就是干脆离去"。[⑤]

其实，总统卫队各部 4 月 7 日当天大多在搜杀胡图"叛徒"。组织大屠杀的那些人知道，这些温和派是唯一可能反对他们并激起外界干预的群体。他们下令处死的人当中有曾任阿鲁沙谈判政府首席代表的前外交部长、均为反对党领袖并被免职的农业部长及其首席助理、曾因抗议千丘自由广播电台等"阿卡祖"

---

① Romeo Dallaire, *Shake Hands with the Devil: The Failure of Humanity in Rwanda*. New York: Carroll & Graf, 2003, pp. 245-246. Shaharyar M. Khan, *The Shallow Graves of Rwanda*. London: I. B. Tauris, 2006, p. 17. 沙哈里亚尔·穆罕默德·汗：1934 年 3 月 29 日出生，1990—1994 年任巴基斯坦外交秘书，1994 年 7 月至 1976 年为联合国秘书长特别代表、联卢援助团团长。译者注。Linda Melvern, *Conspiracy to Murder: The Rwandan Genocide*. London: Verso, 2004, pp. 151-153.

② 时任美国驻卢旺达使馆首席馆员。译者注。

③ Linda Melvern, *Conspiracy to Murder: The Rwandan Genocide*. London: Verso, 2004, p. 152.

④ Linda Melvern, *A People Betrayed: The Role of the West in Rwanda's Genocide*. London: Zed Books Ltd., 2000, p. 129. 西奥多·辛迪库布瓦博当时任议长。译者注。

⑤ Ibid., p. 130.

控制下媒体过分行为而被免职的新闻部长、曾不留情面谴责极端团体的报纸发行商。

杀死这些人和20几名胡图温和派人士之后，大屠杀组织者接着对付真正的目标——图西人。自4月7日中午起，歹徒开始随意屠杀任何身份证注有致命标识的"图西人"。

从那一天起，卢旺达急速坠入地狱。

"卢旺达大屠杀并非由于人民激愤敬爱的总统遭遇空难，继而爆发疯狂的杀戮欲。"1994年在全非基督教协进会工作的加拿大作家休·麦克勒姆事后写道："其实，这是长期精心策划消灭一个民族的惨案。直到1994年年底媒体的报告竟然还在说这个国家丧失理智，但是这种分析过于简单。在卢旺达发生的是预谋性杀戮，是有明确动机、手段及实施机会的大屠杀。坠机事件只不过是根导火索。"①

卢爱阵领袖原本预料和平协议会在某个时刻崩溃，但他们怎么也没有想到政府当局会通过屠杀国内所有图西人来解决这场冲突。随着形势日益明朗，卢爱阵必须应对一个新挑战。虽然他们准备好打一场战争，但现在还必须竭尽全力制止屠杀平民。

4月7日下午，坠机不到24个小时，卡加梅给联卢援助团发出一个令人沮丧的简单信息，达莱尔感觉就像"直接了当的最后通牒"。卡加梅说，如果不立即制止屠杀，他将视阿鲁沙和平协议已经失效，并将下令其部队攻打基加利。达莱尔还来不及答复，卡加梅又发来第二条信息。他建议卢爱阵携手联卢援助团，甚至携手卢旺达国防军的一些部队，共同打击总统卫队、联攻队和其他杀手队。

> 我告诉他，必须把联卢援助团的武器和车辆给我们，我们要用于保护人民。他对此一笑置之，说这不可能。后来，我甚至打算武力夺取、缴获他们的装甲运兵车和其他武器，因为我们缺少武器弹药。但我后来改变了想法，觉得那样会产生更多问题，不是战场上的问题，而是外交上的问题。
>
> 保罗·卡加梅

① Hugh McCullum, *The Angels Have Left Us: The Rwanda Tragedy and the Churches*. Geneva: World Council of Churches Publications, 2004, p. 14.

卡加梅提议其部队与联合国维和部队联手对付大屠杀刽子手，这使达莱尔面对典型的政治和道德两难困境。要是拒绝，他就为大规模屠杀开了绿灯。然而要是接受，则直接违反其授权，很可能导致自己即刻被免职。

一辈子生活在纪律严明队伍中的军事指挥官，通常都会遵守命令。达莱尔的使命禁止他与任何一方结手联盟，他遵循这一指令。他以调停人的身份向卡加梅保证"尽力稳定局势"，并警告卡加梅"如果卢爱阵首先采取行动……将被视为严重违反停火协议"。[①]

达莱尔完全明白，在如此紧迫关头这种威胁远不足以制止卢爱阵的行动。他急于寻找出路，遂造访巴戈索拉上校，问在什么条件下他可以与卢爱阵合作，共同制服搞大规模屠杀的"流氓部队"。显然，这是一次怪诞的交锋，因为他俩都心知肚明，巴戈索拉本人就是这些部队的主帅。

"他试图保持表面看上去通情达理，但脸都扭歪了。"达莱尔写道，"他要我向卢爱阵转达谢意，但他不能接受有关建议……他一点儿也不慌，并不急于表白。巴戈索拉如果不是非洲最冷酷的家伙，就是马基雅弗利[②]的幽魂，他加紧实施破坏计划……令我始料未及的是，巴戈索拉突然主动提出请我考虑：最好让比利时人离开联卢援助团，离开卢旺达，因为现在有传言说是他们击落了总统专机……这是我第一次听到高官讲哈比亚利马纳政府不想要比利时人。如果比利时人撤走，纽约方面自然也会命令联卢援助团撤离……我突然深感绝望。战争和屠杀之路看来畅通无阻。"[③]

当天早上在阿加特夫人家被劫持的五名加纳籍维和士兵回到阿马霍罗体育场基地，但是没有看到那十名比利时士兵。达莱尔听完巴戈索拉的话之后十分担心他们的安全，打电话给卢旺达军官要求了解情况。其中一人告诉他，这些士兵在基加利的一所医院。他急忙赶去，发现病房里无处下脚，许多人躺在血泊中，有的已经死亡，有的奄奄一息。一名护工带着他走到昏暗的院子一角。

达莱尔回忆说："我看到像是几袋土豆堆在停尸房门口右侧，慢慢才看清是

---

① Romeo Dallaire, *Shake Hands with the Devil: The Failure of Humanity in Rwanda*. New York: Carroll & Graf, 2003, p. 250.

② "马基雅弗利"在此是"不择手段者"的代名词。译者注。

③ See ①, pp. 251-252.

一堆面目全非的尸首，比利时伞兵突击队员的军服衣不遮体。"[①]

这十名比利时籍士兵被带到一个军营，被枪击、刀刺、棒打致死，然后被肢解。[②] 这种罪行在联合国维和史上也绝无仅有。达莱尔明白，下令残害维和士兵的那些人旨在"先让比利时士兵走，随后让联合国维和部队都撤走……他们知道，西方国家不想或无意在维和行动中承受伤亡。"[③]

比利时全国上下震怒。国民和政界纷纷要求本国维和官兵回家。达莱尔知道，这将摧毁整个联卢援助团。防止卢旺达发生浩劫的唯一办法恰恰相反：增派联合国部队，并赋予更多授权。白日梦魇将尽，恐怖夜晚降临，达莱尔在午夜前打电话到纽约联合国总部。

上司科菲·安南和两名高级助手接听了电话。

"我细数了一整天的败笔——我的士兵和温和派政治领袖之死；有计划有步骤的屠杀；政治会谈的失败；卡加梅的提议和威胁；巴戈索拉的行动；敌对冲突卷土重来——但他们没有建议如何把这个放出来的恶魔塞回瓶里，"他写道，"我提出，温和派有可能一夜之间团结起来，我们就有机会重新控制局势，至少是在军事方面。但这需要我出面表示支持，让他们感到国际社会将提供安全保障。可他们对我说不许…… 我不能选边站队支持一方，要靠卢旺达人自己解决问题。"[④]

达莱尔挂断电话，"感到愤怒，毫无用武之地，陷入道德和伦理冲突之中。"他脑海中飞快闪现着当天看到的大屠杀恐怖场面。他听到旁边屋子里传来千丘自由广播电台播放的一段歌曲，他往屋里张望，看见福斯坦·特瓦吉拉蒙古在里面。他是温和派胡图政治家，根据阿鲁沙和平协议他本应出任下届总理。达莱尔问他听到的歌名，特瓦吉拉蒙古说是一首新的流行歌曲，叫做《我憎恨那些不懂图西人是蛇蝎的胡图人》。[⑤]

---

① Romeo Dallaire, *Shake Hands with the Devil: The Failure of Humanity in Rwanda*. New York: Carroll & Graf, 2003, p. 240.

② John A. Berry and Carol Pott Berry, eds., *Genocide in Rwanda: A Collective Memory*. Washington, D.C.: Howard Unirersity Press, 1999, p. 14. Linda Melvern, *Conspiracy to Murder: The Rwandan Genocide*. London: Verso, 2004, p. 153.

③ See ①, p. 240.

④ See ①, p. 260.

⑤ See ①, p. 261.

像特瓦吉拉蒙古一样，受到惊吓的数百卢旺达人跑到联卢援助团大院寻求庇护。达莱尔看到他们的身影，听到他们的恐怖故事，不得不再次努力平息山雨欲来的恐惧情绪。次日，他花了大量时间试图说服卢爱阵领导约束自己的部队，维持停火时的状况，劝他们与新执政当局中的温和派达成妥协。他们并不相信，塞斯·桑达格噶反而明知故问。

"什么温和派?"他不动声色地问道。[1]

当晚，达莱尔路过千丘宾馆，那里聚集了一大群躲避动乱的卢旺达人和外国侨民。一伙联攻队穿着小丑似的松垮外衣，手舞棍棒手枪，在宾馆大门外架设路障。达莱尔要他们解释，他们说里面住满了"叛徒"。他们允许人进去，但不许出来，看来是想一网打尽。达莱尔当即用对讲机调来一队维和士兵保卫这家宾馆，随后叱责那些民兵。

达莱尔后来报告说："我告诉他们宾馆由联合国维和部队保护，他们却一笑置之。"[2]

---

① Romeo Dallaire, *Shake Hands with the Devil: The Failure of Humanity in Rwanda*. New York: Carroll & Graf, 2003, p. 266.

② Ibid., p. 268.

我们讨论了很长时间，几近争吵。我说："我不明白，人民惨遭屠杀，联合国却不能采取行动，也不让我们行动。你回去自己作出评估，再来告诉我，你能控制局势。首先请告诉我，议会大厦里我们的人没有危险，我们的同胞没有危险。如果你能告诉我确实如此，我们就不需要采取行动。但是，如果在很短的时间内你无法说服我，我们别无选择，只能采取行动。"

保罗·卡加梅

第九章　他们杀我同胞

1994 年 4 月 6 日，哈比亚利马纳总统坠机身亡。此后 24 小时内，卢旺达政府军和联攻队屠杀了 6000 名卢旺达人，包括国内几乎所有的反对派人士。三天后，死难人数已达 20000 人。大屠杀随之开始。

起初，很多卢旺达人死在路障前。杀人直截了当。每过一辆车，乘客都要出示身份证，图西人一律被带走，或枪毙或砍杀。常常是就地解决。把守关卡的民兵大都灌香蕉酒直到酩酊大醉，手中的棍棒和砍刀湿漉漉的，沾满鲜血。

图西人很快意识到冒险上街就会送命。有些人想躲在家里，但大都难逃一死。有些人弃家逃难，特别是农村人逃进湿地、灌丛或森林，但卢旺达国小人多，无处藏身，民兵团伙总能搜杀树丛中的大部分人。

"总统卫队开枪射击，联攻队则用大砍刀、带钉木棒、手榴弹、刀子、长矛等致命武器杀掉他们认定的敌人。"联卢援助团副司令安伊道霍将军记述大屠杀时写道，"到处一片混乱。他们丧失了理智，犹如恶灵附体，夺人性命，残暴而且狂喜，毫无人性。人们因战争而麻木不仁，死亡也不过如此。民兵横冲直撞，杀人成百上千。街上到处都是残腿断臂的尸体和烧成焦炭的家畜，路旁饿狗来回拖拽死尸，骨头上的肉脱落掉地。我们看着尸横遍野和恣意破坏的场面，茫然失措，无所适从。为了坚守岗位，我们不得不假装一切太平。"①

卢爱阵指挥官在北部边境"解放区"内并无危险，但是心情日益紧张，关注暴乱突起。他们必须遵守停火协议，但全国突然陷入政府支持的杀戮，这样做实在荒唐可笑。卡加梅接到各处下属打来的电话，更加焦躁不安。

> 我们在基加利的人从联合国及其卢旺达线人那里收集有效情报，还有许多人逃进议会大厦。他们带来各种消息，不少能说出姓名：某某

① Henry Kwami Anyidoho, *Guns over Kigali: The Rwandese Civil War — 1994*. Woeli Publishing Service, Fountain, 1997, pp. 29, 36-37.

被带走，某某被杀害，甚至包括政府高官。逃出村子的人说，“他们在杀人！”消息越积越多。

那两天我一直同达莱尔联系。我告诉他：“我不断得到令人不安的消息。”他总说很快就能控制局势。我和他谈了很久，我说：“你们打算怎么办？你们怎么干？我们知道阿加特总理死了……你们知道的，我们都知道。看来事态马上要失控。你们打算怎么办？”

他说要找巴戈索拉等人谈谈。他说：“你们和他们之间如能谈成什么，将有助于解决问题。”我说：“我们和他们能谈出什么来？他们在杀人！肆无忌惮！”他说：“给我点时间，先不要采取行动。”我说：“为什么不让我们行动？难道我们应该待在这里奢想谈判成功？哈比亚利马纳不在了，政府在屠杀人民。出现了全新的变化。对我们来说，自然不能袖手旁观，眼看着国家落入火坑。我们有人在那里，除非让我相信你能控制局势，否则我们只能选择重新开战。”……

情况相当严重，我们不得不靠自己尽力而为，但我知道他没有充分理解。他甚至很可笑地要我跟他去基加利同他的人谈。我问他：“我怎么去基加利？”他竟然建议我们乘两架直升机走，这样就没人知道我坐哪一架。我说他们很容易把两架都击落。我当场拒绝，我说：“你居然想要我去基加利，简直可笑。”

当晚，我告诉他，别无选择，第二天一早我们就调部队，主要增援驻守议会大厦的部队，然后扩大阵地，相机行事，决战基加利。

保罗·卡加梅

卡加梅发动这场战争最后一仗之前，他还得处理一个不寻常的难题。他三岁的儿子伊万来姆林地看他，适逢哈比亚利马纳总统专机被人击落。卢爱阵突然重新开战。孩子不能再逗留此地，卡加梅命令两名战士送儿子去坎帕拉见心急如焚的母亲。卡加梅随即赶往部队集结地，同高级军官进密室制定作战计划。几小时后，副官闯进来告诉他，伊万大发脾气，哭个不停，非要最后看爸爸一眼，否则不肯离开。卡加梅中断会议，凌晨两点叫上司机折回姆林地，拂晓前抵达，陪伊万吃完早餐，待了一个上午，送他上路，下午3点返回部队。

为巩固北方根据地并打通去首都之路，卡加梅决定派几百名战士袭击姆林地山脚下的北方城镇碧云巴。他又使出三年战争中屡试不爽的诱敌之计，只是变了个招数。卢爱阵从三面用火炮和轻武器攻打卢旺达政府军阵地。① 碧云巴守军装备好、火力强，在法国军事顾问的指挥下猛烈还击，但卢爱阵早已撤回四周的香蕉林。一俟反击炮火停歇，卢爱阵步兵重又全力冲锋，逼迫守军从有意留下的唯一路段钻进“口袋”。埋伏在那里的卢爱阵将溃军切成几块，分而歼之。

拿下碧云巴后，卢爱阵留下小股部队驻守，大队人马调头南下基加利。没有吉普车和直升机，几百名战士全凭两条腿。他们用近一周的时间翻山越岭，马不停蹄，扛枪负重，突破敌营，一路高歌抵达议会大厦，增援坚守阵地的 600 名兄弟。安伊道霍将军说，这次行军证明卢爱阵战士“百折不挠，耐力超群，在山里训练有素，枕戈待旦”。②

达莱尔更是赞誉有加。他早就欣赏卢爱阵的高昂斗志和严明纪律，最大优势在于他们“为理想而战，卢旺达政府军士兵只知道杀人，不知道也不关心为何而战”。③ 他听说“坚韧、年轻和奋不顾身的”卢爱阵抵达首都，叹服不已，其实力让他看到卢爱阵“无疑”能打赢这场战争。

他还认定卡加梅“恐怕是现代军事史上运动战最佳能手之一”。④

卢爱阵一支部队从碧云巴挺进基加利，另两支部队也同时进发。一队沿东面毗邻坦桑尼亚边境迂回，然后折向西进，一队则从西北经鲁亨盖里一路打来。4 月 12 日晚，三支部队会师基加利郊外。

卢爱阵逼近首都，民兵首领赶紧打开秘密武库，分发手枪、手榴弹和大砍刀。政府发布公告号召国民“与共同敌人作战”。电台主播带领街民高调恐吓：“我们只有一个敌人！我们知道就是图西人！”

影响深远的坠机事件引发卢旺达暴乱，世界各国首脑们随即行动。但他们并非劝说交战双方停火，也未制止大规模屠杀，而是急于撤侨。4 月 9 日，满载

---

① Bruce D. Jones, *Peacemaking in Rwanda: The Dynamics of Failure*. Boulder, Colo: Lynne Rienner, 2004, p. 42.

② Henry Kwami Anyidoho, *Guns over Kigali: The Rwandese Civil War—1994*. Woeli Publishing Service, Fountain, 1997, p. 32.

③ Romeo Dallaire, *Shake Hands with the Devil: The Failure of Humanity in Rwanda*. New York: Carroll & Graf, 2003, p. 272.

④ Ibid., p. 288.

突击队员的法国飞机着陆基加利，比利时和欧洲其他国家的军队接踵而至。外国士兵跑遍卢旺达搜罗惊恐万分的本国侨民。美国使馆也集中美国公民并送上大巴。几天之内，22 国 3900 名外侨撤离卢旺达。[①] 除中国使馆外，其他使馆全都无限期关闭。

在千丘宾馆等处，许多外国侨民想带卢旺达朋友或同事一起上救援卡车，但均遭拒绝。这些卢旺达人随后大多劫数难逃，有些就在离去白人的眼皮底下丧命。此景既令人心碎又颇具象征意义，无情地预示世界对于这场突发危机的反应同样令人心痛。

除了这些不愉快的插曲，撤侨行动顺利。民兵团伙奉命不予阻拦。这些匆忙逃遁的外国人本可能成为目击证人，大屠杀凶犯也知道他们走后才好大开杀戒。

“我眼看着法国人粗暴地一把推开寻求避难的卢旺达黑人。”达莱尔目睹撤侨行动后写道：“我羞愧难当。白人在卢旺达赚大钱，雇佣众多卢旺达仆人和劳工，此时却抛弃他们……外国侨民迅速撤离，说明大屠杀凶犯即将走向世界末日。我愧疚万分，彻夜不眠。”[②]

也有一小群卢旺达人脱身。法国人在撤侨飞机上专为播种仇恨的千丘自由广播电台台长以及遇害总统一家 12 人等“阿卡祖”要员留座。最显要的人物是口蜜腹剑的哈比亚利马纳夫人，国家沦落，她难逃其咎。但她抵达巴黎机场时，却有手捧花束的政府代表团欢迎。法国政府随后又奉上 4 万美元支票“紧急救助卢旺达难民”。[③]

联卢援助团给养匮乏，达莱尔却看到从欧洲来的飞机空空如也，满载白人才飞走，极为激愤。他给纽约的报告日益怨气冲天，一再强调削弱或解散联卢援助团将导致灾难，反复恳求增援。

达莱尔的部队小得可怜，从未达到规定的 2548 人，而唯一全副武装的比利

---

① Linda Melvern, *Conspiracy to Murder: The Rwandan Genocide*. London: Verso, 2004, pp. 186-187.

② Romeo Dallaire, *Shake Hands with the Devil: The Failure of Humanity in Rwanda*. New York: Carroll & Graf, 2003, pp. 188, 291.

③ Ibid., p. 262. Andrew Wallis, *Silent Accomplice: The Untold Story of France's Role in the Rwandan Genocide*. London: I. B. Tauris & Co Ltd, 2006, p. 101.

时分队450人又准备撤离。他手下只剩“优秀的”加纳团800人、40名“忠于职守，极为勇敢的”突尼斯宪兵和1100名“基本无用的”孟加拉士兵。[①] 这支兵力不多的部队如果获准放手一搏，也有可能制止大屠杀，但其授权严禁他们动手。民兵首领明知维和士兵奉命不得干预屠杀，甚至乐于在他们的注视之下“砍杀”。这些场景令联卢援助团无法摆脱“无能”的讥讽。

4月12日深夜，布特罗斯—加利的一名助手打电话给达莱尔，通报比利时维和部队决定撤出。他一直担心此事。这位助手还委婉暗示适时一并关闭联卢援助团。这期间，他几次中断通话同屋里另一人商议，达莱尔认为那人就是加利。最后，他要达莱尔“考虑日后其他选择”，随后挂断电话。[②]

达莱尔的郁闷心情无法平复。他缓缓爬上司令部楼顶，看着曳光弹划过天空。

达莱尔未能说服纽约上司相信卢旺达的暴乱背后有政府当局的支持。联合国官员坚持完全错误的判断，认为只是两支军队冲突的结果。按此逻辑，卢爱阵是过失方，不该攻占碧云巴、进军基加利，从而破坏停火协议。

国际社会不断指责卡加梅，但他拒绝下令停止攻势。图西人面临种族灭绝，唯有他的战士才能阻止，因此，他认为停火是荒谬之见。美国副助理国务卿普汝邓斯·布什讷尔从华盛顿打电话劝他停战，他简洁地回答：“夫人，他们正在屠杀我的同胞。”[③]随后，他致电安理会，首次明确定义当下的杀戮就是大屠杀。

“虽有联合国部队在场，针对卢旺达人民的大屠杀罪行依旧付诸实施，而国际社会只是袖手旁观。国际社会全力援救外国侨民逃出卢旺达的恐怖苦海，却不采取实际行动保护哭求帮助的卢旺达无辜儿童、妇女和男子。”[④]

达莱尔一连几天“心烦意乱”[⑤]。他手下的比利时士兵整装待撤，纽约的上级建议他准备关张。然而，就在他总部外面，推土机不断掘坑掩埋成堆的尸体。

---

① Romeo Dallaire, *Shake Hands with the Devil: The Failure of Humanity in Rwanda*. New York: Carroll & Graf, 2003, p. 320.

② Ibid., pp. 293-294.

③ PBS, "Ghosts of Rwanda", *Frontline*, 2004.

④ Linda Melvern, *Conspiracy to Murder: The Rwandan Genocide*. London: Verso, 2004, pp. 198-199.

⑤ See ①, p. 314.

现实矛盾令他“怒气攻心”[1]。

“第一次世界大战期间加拿大士兵出生入死与德军作战，比利时国王利奥波德三世及其残忍侍从则奴役卢旺达和中部非洲大湖地区数百万非洲黑人，掠夺这些国家的自然资源。”他大发雷霆，“如今就在比利时国王的前殖民地之一，我眼看着比利时部队仅因执行任务牺牲了几名职业军人，竟在本世纪最惨烈的杀戮之际甩手而去。”[2]

纽约的气氛大相径庭。安理会外交官认为卢旺达是个落后的地方，陷于模糊不清的“民族冲突”和“世代仇恨”。他们因袭旧套，坚持联合国维和部队首先无论如何必须保持中立，不敢想像携手“叛军”阻止大屠杀的做法。

“卢旺达爱国阵线（卢爱阵）是唯一有可能制止大屠杀的力量，”1994 年美国驻联合国代表团成员、威斯康星大学教授迈克尔·巴讷特写道，“安理会却拒绝承认这一事实，因为这将在外交上支持交战双方中的一方，从而背离保持中立的神圣立场。”[3]

4 月中旬，卢旺达局势使安理会面临艰难选择。达莱尔希望增派数千名维和士兵保护担惊受怕的平民，特别是躲入阿马霍罗体育场和其他联合国机构院落的人群。法、英、美三国驻联合国代表团的想法截然相反：维和部队应该立即撤出。布特罗斯—加利当时正在欧洲访问，在危机爆发之时拒绝返回纽约，这恰恰说明他对此漠不关心。

4 月 21 日，安理会开会决策。敷衍了事的辩论之后，安理会通过了不光彩的 912 号决议，通篇充斥着虚伪的外交辞藻。他们首先宣称，联合国对卢旺达流血事件表示“震惊”、“愕然”和“极度关注”，并决定“继续积极处理此案”。随后则是一记重创：所有维和部队撤出卢旺达，仅留 270 人负责监视屠杀。

决议获得一致通过，尽管尼日利亚、新西兰、捷克三个支持强力干预的国家同意削减人数而非完全撤出维和部队。[4] 如果安南或布特罗斯—加利当时向安

---

① Romeo Dallaire, *Shake Hands with the Devil: The Failure of Humanity in Rwanda*. New York: Carroll & Graf, 2003, p. 318.

② Ibid.

③ Michael Barnett, *Eyewitness to a Genocide: The United Nations and Rwanda*. New York: Cornell University Press, 2002, p. 15.

④ 原文如此。译者注。

理会成员国出示达莱尔发来的一系列电报，结果很可能会有所不同。电文准确无误地说明卢旺达的实际情况，正如迈克尔·巴讷特后来写的，是"有计划、有预谋并主要由总统卫队发起和实施的恐怖行动"。但是，布特罗斯—加利却在投票前告诉安理会，卢旺达的暴乱源于"任意而为"和"混乱"。

"布特罗斯—加利掌握的情报说明了罪行的本质，"巴讷特写道，"他本有义务告诉安理会，但他没有。"[①]

表决结果令身处基加利的联卢援助团军官大吃一惊。虎背熊腰的加纳籍副司令安伊道霍将军首先接到纽约电话得知此讯，他勃然大怒，斥责纽约官员，称该决议无耻至极，要求安理会改弦更张。他挂掉电话，跌坐在椅子上，"脑海里满是困惑和绝望"。[②] 达莱尔正巧外出，回来后听到这个消息同样万念俱灰。

他平息怒火后说："亨利，我们完了。"[③]

达莱尔后来说，如果让他带领魁北克的5000名加拿大士兵到卢旺达，"大屠杀不会发生"。但维和行动不允许。达莱尔当场意识到，安理会表决的后果无异于"在唯一理应公正的世界组织成员国帮助之下，苦难、残害、奸污和杀戮"将一路畅行。

他认为，"最终，美国、法国和英国带着这个世界机构，支持和怂恿在卢旺达搞大屠杀。无论今后联合国提供多少金钱和帮助，都无法洗净沾满双手的卢旺达人鲜血。"[④]

安伊道霍将军是非洲最受敬仰的军事指挥官之一。他起初拒绝接受安理会做出的决定，然后才慢慢强迫自己承认安理会的确表决削减联卢援助团至几近为零。最后，他决定不顾纽约的决议和加纳的法律，告诉达莱尔以及国内上级，不管谁说什么，现有的356名加纳维和士兵永远和联卢援助团共存亡。达莱尔十分感激。他手下的孟加拉部队已随比利时人一起撤走，只剩下几名加纳人、40

① Michael Barnett, *Eyewitness to a Genocide: The United Nations and Rwanda*. New York: Cornell University Press, 2002, p. 20.

② Henry Kwami Anyidoho, *Guns over Kigali: The Rwandese Civil War—1994*. Woeli Publishing Service, Fountain, 1997, p. 29.

③ Ibid., p. 50.

④ Romeo Dallaire, *Shake Hands with the Devil: The Failure of Humanity in Rwanda*. New York: Carroll & Graf, 2003, pp. 322-323.

名坚定的突尼斯人和几十名军事观察员和文职官员，总计456人。

“我们的任务尚未完成，不能一走了之。”安伊道霍将军后来解释，“我们456人整个战时留驻卢旺达并不合法，安理会决议找不到相关依据。我们只能坚持留守，因为别无他法。这是个指挥决策。”[①]

随后数周，在卢旺达展开了两场历史性战役。其中之一是两军争夺国家的控制权。其二是卢旺达政府军同时指挥民兵团伙大肆屠杀，每天夺走数千条生命。两场战役既相对独立，又紧密相关。

“卢爱阵越向纵深推进，我们越加紧杀掉他们在农村的图西兄弟，以威慑和阻止他们前进，”大屠杀期间的杀手队首领约瑟夫—德西雷·毕特罗后来解释。“我们当时就这样看待形势。”[②]

达莱尔以及其他人后来批评卡加梅的部队进军太慢。他们认为，如果卡加梅尽快全力攻打基加利，本可以更早打赢战争，拯救许多生命。卡加梅反驳道，当时实际条件并不允许，特别是缺少汽车和给养，他不可能更快进兵。

> 我们有弱点，但不是我们自己造成的，是形势造成的，是联合国或其他方面造成的。我们即使有部队，但没有足够的武器，这是他们对我们施加种种制裁造成的。联合国在我们与乌干达的边境上布防，我们很难过境获取武器。
>
> 其次，达莱尔知道自己竭力阻止我们从基地进发。我同他争论了很长时间。我们先前已决定进军……我们不得不步行增援在议会大厦的部队，并继续派部队占领基加利周边地区。但是部队每天不停地作战进攻，每支部队都得一路打到基加利。第三，卢旺达政府军在基加利重兵把守，有些部队一边打一边集结于基加利。我估计当时卢旺达政府军比我们多四五倍。我们手中的武器和部队都不够……
>
> 形势千变万化，我们不得不分头作战，同时应对不同目标。我们面对富有经验和死心塌地的敌军。他们力量比我们大得多。我们尽量快

---

① Henry Kwami Anyidoho, *Guns over Kigali: The Rwandese Civil War—1994*. Woeli Publishing Service, Fountain, 1997, p. 51.

② Jean Hatzfeld, *Machete Season: The Killers in Rwanda Speak*. New York: Farrar, Straus & Giroux, 2005, p. 177.

速进军，和别的部队一样快，我敢打赌没有其他部队做得到。我们肩扛武器，没有车，一路战斗不停。

保罗·卡加梅

几乎所有外国人都撤离了卢旺达，联合国部队也所剩无几。杀手无所顾忌地着手完成任务，效率惊人，决心不留一个活着的图西人。全国大片地区尸横遍野。在西部的基布耶区，252000 名图西人只剩 8000 人。[①] 邻近布希卢的 70000 名图西人剩下 2000 人。他们倒毙在路边、屋外，在日晒下腐烂，被野狗和老鼠狼吞虎咽。

"家家斩尽杀绝。"通常竭力严守中立的红十字国际委员会发表了有史以来措辞最严厉的声明，"婴儿、幼童、老人和妇女大多死于砍刀之下，被手榴弹炸成碎片，烧死、活埋，灭绝人性，惨不忍睹。"[②]

电台煽风点火不停，号召民众彻底完成大屠杀。千丘自由广播电台的一名播音员敦促听众"把图西人杀死在家里！连同他们的父母和孩子一起杀，别忘了腹中孽种。"另一名播音员警告说，如果图西叛军获胜，他们不仅杀光而且吃掉所有胡图人，特别爱吃"心、肝、胃等器官"。[③]

仇恨广播和屠杀行动沆瀣一气，达莱尔要求纽约的上级炸掉千丘自由广播电台的发射塔或是干扰信号源，联合国无能为力，转求华盛顿。美国人找各种理由拒绝，一是电波干扰每小时耗费 8500 美元，成本太高。第二个理由更令人恼火。五角大楼的律师认为，屏蔽千丘自由广播电台可能触犯卢旺达当局掌管其境内广播电台的主权。[④] 他们完全不顾现实。达莱尔 5 月中旬提出上述要求时，在叫嚣战争的电台广播的煽动和指使下，每天有 8000 多名卢旺达人成为刀下鬼。

---

① Linda Melvern, *Conspiracy to Murder: The Rwandan Genocide*. London: Verso, 2004, p. 224.

② International Committee of the Red Cross, *Cri d'alarme du CICR au Nom des Victims de la Tragédie Rwandaise*. Geneva: ICRC, 1994.

③ Howard Adelman and Astri Suhrke, eds., *The Path of a Genocide: The Rwanda Crisis from Uganda to Zaire*. New Brunswick: Transaction, 1999, pp. 93-107. See ①, p. 207.

④ Howard Adelman and Astri Suhrke, eds., *The Path of a Genocide: The Rwanda Crisis from Uganda to Zaire*. New Brunswick: Transaction, 1999, pp. 101-103. See ①, p. 375.

卢旺达各地的图西人在慌乱中四处避难，成千上万人涌人教堂，但很多神职人员并不保护他们。卢旺达大屠杀中最令人震惊的一点就是教会积极支持杀戮，许多血腥屠杀恰恰发生在教堂。

大屠杀之际，大约2/3的卢旺达人信仰天主教。许多主教都和当局关系密切。基加利大主教文森特·恩森吉庸瓦担任哈比亚利马纳总统所建政党的中央委员会主席长达十多年，他做弥撒时教袍上常别着总统像章。大屠杀开始数天后，他和几位天主教主教发表声明支持“新政府”，要求卢旺达人“积极响应”其计划。[①]

人权观察组织后来评价：“教会没有当即坚决谴责杀戮，导致官员、政客得以鼓吹和坚称屠杀行为合乎上帝旨意。”[②]

有些卢旺达神父、修女和俗家修士冒着生命危险救人，但相当多教士与杀手同流合污。有的拒绝图西人家避难，有的先收留但随后招来联攻队杀人。4月12日，在西部恩扬吉镇，阿桑斯·塞隆巴神父的教堂藏有2000名避难者，一伙联攻队杀手赶来，神父教杀手如何破门而入并用手榴弹炸人群，后来还敦促他们杀死伤者。[③] 在中南部的恩亚马塔镇教堂大院，10000人遇害。赶到现场的目击者称：“遍地都是鲜血和残缺尸体”，手榴弹把房顶炸成“筛子”。[④] 民兵在邻近的恩塔拉马镇凿穿藏有数千人的教堂外墙，扔进手榴弹。无人幸免。[⑤]

这些亵渎神明的教堂遍及整个卢旺达，令人发指的暴行激怒了卢爱阵战士。他们义愤填膺，以牙还牙，尤以攻打中部卡巴依镇全国最古老教堂一仗最为惨

---

① Alison Liebhafsky Des Forges, et al., “*Leave None to Tell the Story*”: *Genocide in Rwanda*. New York: Human Rights Watch, 1999, pp. 43-44, 245-246. Carol Rittner, John K. Roth, Wendy Whitworth, et al., eds., *Genocide in Rwanda: Complicity of the Churches?* St. Paul Minnesota: Paragon House, 2004, pp. 73-74.

② Alison Liebhafsky Des Forges, et al., “*Leave None to Tell the Story*”: *Genocide in Rwanda*. New York: Human Rights Watch, 1999, p. 246.

③ *New York Times*, Dec. 14, 2006. Carol Rittner, John K. Roth, Wendy Whitworth, et al., eds., *Genocide in Rwanda: Complicity of the Churches?* St. Paul Minnesota: Paragon House, 2004, p. 196.

④ Carol Rittner, John K. Roth, Wendy Whitworth, et al., eds., *Genocide in Rwanda: Complicity of the Churches?* St. Paul Minnesota: Paragon House, 2004, pp. 192-195. Hugh McCullum, *The Angels Have Left Us: The Rwanda Tragedy and the Churches*. Geneva: World Council of Churches Publications, 2004, pp. 44-45.

⑤ Carol Rittner, John K. Roth, Wendy Whitworth, et al., eds., *Genocide in Rwanda: Complicity of the Churches?* St. Paul Minnesota: Paragon House, 2004, p. 188.

烈。6 月初，卢爱阵一支小分队在这座教堂里看到尸体堆积成山，并得知大主教恩森吉庸瓦提供图西神父名单并让联攻队逐一捕杀，一怒之下枪毙了大主教和其他 13 名神父和主教。这是卢爱阵在战时犯下的最大暴行之一，印证了达莱尔所称"卢爱阵完全失去对部队的控制"。①

他写道："叛军跋涉数周，所到之处看到胡图人焦土政策搞得满目疮痍。他们完全清楚教会与哈比亚利马纳家族及前政府成员过从甚密。他们自然会出于报复杀掉教会首领，他们亲眼目睹残暴恶行，纪律再严明也有极限。"

还有成千上万绝望的图西人聚集校园，但大多数人的命运同葬身教堂一样。基加利附近有家天主教开办的公立技术学校，由于联卢援助团士兵的保卫，2000 多人在此躲避了几周。后来，比利时司令下令撤离，士兵整装待发，杀红眼的联攻队杀手马上挥舞武器迫近学校。难民们最后哀求开拔的维和士兵向他们开枪，以免刀劈之痛，维和士兵当然不答应。最后一卡车士兵刚离开，联攻队随即冲进校园大开杀戒。②

凶徒一边挥刀砍杀，一边嘲讽刀下人："你们的联卢援助团在哪儿？他们不是把你们抛弃了吗？"

基加利圣家教堂挤满了难民，民兵团伙隔几天来杀几个人。一天，卢旺达政府军炮击教堂院落，炸死 13 人，残缺尸体遍地。没人知道杀手何时结束消耗战，何时像在其他地方一样冲击教堂。6 月中旬的一个晚上，卢爱阵一个连在夜幕掩护下穿越敌人防线潜入教堂，带领所有 600 名难民逃遁。他们返回安全地带时不得不杀出卢旺达政府军防线。③

"这本是一次秘密行动，"达莱尔的报告不无钦佩，"后来变成计划周密和炮火掩护的运动战——无论按什么军事标准看都是一流的营救行动。"④

阿马霍罗体育场内的难民更多，超过 12000 人。他们得到联合国的保护，但

---

① Romeo Dallaire, *Shake Hands with the Devil: The Failure of Humanity in Rwanda*. New York: Carroll & Graf, 2003, p. 414.

② Andrew Wallis, *Silent Accomplice: The Untold Story of France's Role in the Rwandan Genocide*. London: I. B. Tauris, 2006, pp. 96-98. 此事还被拍成故事片《杀狗》(*Shooting Dogs*)，在美国上映时改名为《大门外》(*Beyond the Gates*)。

③ Linda Melvern, *Conspiracy to Murder: The Rwandan Genocide*. London: Verso, 2004, pp. 26-27. 作者采访银行行长博纳旺蒂尔·尼伊比兹(Bonaventure Niyibizi)。

④ See ①, p. 421.

其实大家都知道这只是一种象征性的保护，杀手随时可能冲进来杀人。圣家教堂营救行动之后不久，卢爱阵悄悄通知体育场避难者随时准备行动。当天夜里，卢爱阵几支分队神秘出现，告诫难民保持绝对肃静。他们大多疾病缠身，饥渴难当，但都默不做声。几小时后，一大批人幽灵般穿过基加利郊区，进入卢爱阵控制地区，连一声孩子的哭声都没有，全部安全抵达。①

百日大屠杀期间，千丘宾馆上演了一连串匪夷所思的传奇。② 和平时期，这里是放松休闲之处，吸引游客、外侨和卢旺达富人携亲聚友，全家围坐游泳池旁。大屠杀爆发时，包括不少达官显贵在内的约1200人涌进宾馆，房间个个爆满。醉醺醺的联攻队民兵成群结队昼夜围着宾馆转，只有一小队联卢援助团士兵把他们挡在咫尺之外。没人知道他们何时接到盼望已久的命令，冲进大门杀尽里面所有人。

达莱尔反复要求卢旺达政府军允许他转移千丘宾馆里的难民，围困三周后他们终于点头。达莱尔决定先把70位著名人士送到基加利外的卢爱阵控制地区。联卢援助团卡车抵达宾馆时，院内一片混乱。榜上有名的乘客挤上卡车，其他人在车下痛哭流涕。车队离开宾馆不久，听到千丘自由广播电台警告的民兵团伙赶来阻止，拖下乘客殴打。经过四个小时的无线电台呼叫沟通，暴徒才让步撤退。车队赶回饭店，援救行动流产，所幸无人丧生。

千丘宾馆里的难民一直惶惶不可终日。达莱尔说他们就像“任凭野兽玩弄的活饵，随时可能落入血盆大口”。③ 他每天晚上睡觉都担惊受怕，唯恐次日醒来听说所有人惨遭屠杀。

政府早已切断千丘宾馆的电话，但外面没人知道宾馆另有一条传真线路。难民们整天发传真求外界好朋友和陌生人救命。这些信息引来外界人士不断打电话给卢旺达领导人，要求保障难民安全。

“许多人关心躲在宾馆里的人的生死。”安伊道霍将军后来写道，“里面主要是图西人，都是卢旺达的社会精英。他们在国际上很有名气，联卢援助团每天都

---

① Romeo Dallaire, *Shake Hands with the Devil: The Failure of Humanity in Rwanda*. New York: Carroll & Graf, 2003, p. 347.

② Ibid., p. 350. Linda Melvern, *Conspiracy to Murder: The Rwandan Genocide*. London: Verso, 2004, p. 227. Andrew Wallis, *Silent Accomplice: The Untold Story of France's Role in the Rwandan Genocide*. London: I. B. Tauris, 2006, pp. 100-101.

③ See ①, p. 382.

收到有关他们安全的传真、电话和私信。”[①]

千丘宾馆难民还凭借其他保障得以生存。安伊道霍将军认为这归功于“勇敢的”突尼斯人把守宾馆大门，联攻队几次打算进攻击之时都被他们制止。[②] 宾馆部门经理保罗·卢瑟萨巴吉纳颇有头脑，他在比利时老板逃跑后接手，尽力哀求卢旺达政府军军官。这些人居然继续到此喝上两杯。国际上的巨大压力、联卢援助团守卫部队的高效以及卢瑟萨巴吉纳巧妙行贿劝诱，所有这些因素合起来创造出奇迹。藏身千丘宾馆的难民全部生还，成为卢旺达大屠杀史上的独特杰作。

千丘宾馆墙外的屠杀一刻没有停歇。凶手把杀人当成日常工作，好像从事传统的“乌姆甘达”（义务劳动），只是不再除草修路，而是草菅人命。卢旺达大屠杀不像纳粹在隐蔽的集中营里秘密杀人，杀手也不像轰炸机飞行员和导弹发射员看不见受害者的痛苦和死亡那样保持“无害距离”。卢旺达政府军士兵和联攻队民兵砍杀认识多年的熟人、几周前还共进晚餐的邻居和长期一起工作玩耍的同事，医生杀害病人，丈夫杀掉妻子，老师杀死学生，在布塔雷的国立大学有个系主任杀了五位教授。

“这是一场杀图西人的战争，因为他们想夺权，而我们胡图人数量更多。”联攻队司令罗伯特·卡朱加在屠杀高潮中对英国记者说，“大多数图西人支持卢爱阵，所以他们打仗杀人。我们必须保卫自己的国家。政府授权给我们。我们跟着军队走。我们看着他们学。”[③]

现代史上从未有过如此迅速杀掉众多人口的先例。100 天里杀掉 100 万人，政府后来统计的死难人数为 1074017 人，即平均每天杀 10000 人，每小时杀 400 人，每分钟杀 6 个人以上。许多人死于打电话给达莱尔求救之际。[④]

他是他们唯一能打电话求助的人，但他什么忙也帮不上。

“这种经历令人恐怖，难以相信。你正和某人通话，有的还是熟人。听着他们哀求帮助，却无能为力，只能安慰说救援的人正在路上，随后便听到尖叫、枪声，接着电话那头死一般沉寂。”他写道，“你大吃一惊放下电话，电话铃马上又响

① Henry Kwami Anyidoho, *Guns over Kigali : The Rwandese Civil War—1994*. Woeli Publishing Service, Fountain, 1997, p. 64.

② Ibid., p. 67.

③ *The Observer* (London), July 3, 1994.

④ *New Times* (Kigali), July 7, 2006.

起，重演先前的一幕。”[①]

大量武器源源不断流入卢旺达，给屠杀运动火上浇油。大部分来自法国，“这些武器有的直接来自法国准国营公司并由法国公司运输，有的则分包给一系列中间商和挂靠公司，”英国记者克里斯蒂安·詹宁斯经过详尽调查发现，“所有武器都提供给制造恩塔拉马教堂堆尸如山惨案的政权。卢旺达政府军和联攻队不断得到武器补给。”[②]

屠杀期间，几名勇敢的外国记者留守卢旺达，但其各自国内的编辑大多埋没有关报道。他们也相信左右了安理会的谎言，认为卢旺达发生的不过是“民族争端”突发事件，而不是政府支持的种族灭绝运动。因此，他们把来自卢旺达的报道放在要闻后面作陪衬，仍旧注重吸引大众眼球的头版新闻。美国报刊关注前橄榄球明星辛普森杀人案、花样滑冰明星托尼娅·哈丁的轶闻和摇滚乐手科特·柯本的自杀。

当时，全世界大部分媒体有限的非洲版面集中报道5月10日纳尔逊·曼德拉就任南非新总统。这则新闻振奋人心，而卢旺达的消息则是一连串噩耗。2500名记者从世界各地赶到南非报道曼德拉的就职仪式。就在那一周，卢旺达杀手每天向阿卡盖拉河里扔进5000具尸体。[③]

热拉尔·普鲁尼称为“街头浪子、拾荒人、洗车工和无家无业游民等流氓无产阶级”[④]的乌合之众在卢旺达搞大屠杀。卢旺达目击者形容他们“奇装异服，四处砍杀，疲惫不堪，浑身涂着卢旺达红、绿、黑三色旗，奇形怪状。他们挥舞砍刀，手持仿造AK47……貌似小丑，实为魔鬼，索人性命。”这些下层怨府为社会所抛弃，无所顾忌，胡作非为，借政府听任烧杀抢掠之机大捞一把。

普鲁尼认为，“人们常常忽视大屠杀的这种社会背景。这些人视大屠杀为天赐良机。当局纵容他们报复站在政治错误一方的上层社会。他们可以偷盗，可以草菅人命，可以奸污，可以喝酒不花钱。何乐而不为？他们不懂操纵这场邪恶狂欢的主子追求什么政治目标。他们只想随波逐流，明知好景不长，更要及时行乐。”

---

① Romeo Dallaire, *Shake Hands with the Devil: The Failure of Humanity in Rwanda*. New York: Carroll & Graf, 2003, p. 231.

② Christian Jennings, *Across the Red River*. London: Phoenic, 2001, p. 113.

③ Linda Melvern, *Conspiracy to Murder: The Rwandan Genocide*. London: Verso, 2004, p. 232.

④ Gérard Prunier, *The Rwanda Crisis: History of a Genocide*. New York: C. Hurst & Co. Ltd., 1995, pp. 231-232.

凶犯自己最清楚杀戮的动机。大屠杀十年后，法国记者让·阿查费尔德到监狱采访了几名凶手，他们的话令人心寒却也发人深省。

皮奥：我一时冲动干掉第一个，什么也没想，尽管他是邻居，就在我那山头附近。说实话，我后来才明白自己杀了邻居。我是说，杀人的那一瞬间我没管他以前是什么人。我打死的那个人，对我来说没有亲疏之分，不再是普通人。我是说，不再是每天碰到的人。他长得很像我认识的人，但我怎么也想不起来他一直是我的邻居。[①]

阿达尔伯特：广播夸大其词，让人发火。蟑螂、毒蛇，这些都是广播教给我们的。广播故意想出这些恶主意，我们没法反对。

潘克瑞斯：第一条规则是杀人，没有第二条……接到新命令，即使迟疑也得服从，不然就要有危险。广播和长官早就教过你，更容易听从命令，哪怕是要你去杀邻居。好的组织者就能不让你犹豫。比方说，他告诉你只要杀光所有人，就不用担心报复，你自然听命服从。[②]

埃利：我想，大屠杀的主意起于1959年，那时候我们杀了很多图西人，没有受过惩罚，从此一直这么想……我们对自己说，图西人老碍事，不过我们也不总是这样想。我们有时这样讲，有时又忘了，我们一直在等。我们没听到有人反对我们杀人。就像种庄稼，我们等着好季节。我们的总统死了，这才带来大乱。但是就像是收获，先前就得种下种子。[③]

约瑟夫—德西雷：你永远看不到大屠杀的根源。它深深埋在嫉恨里，一代又一代的不和，我们是继承这些的最后一代人。我们在卢旺达历史上最糟糕的时刻长大。教育我们要绝对服从，我们在相互仇恨中长大，到处都是口号。我们这一代真不幸。[④]

保罗·卡加梅

① Jean Hatzfeld, Machete Season: *The Killers in Rwanda Speak*. New York: Farrar, Straus & Giroux, 2005, p. 24.

② Ibid., pp. 10, 71.

③ Ibid., p. 56.

④ Ibid., p. 173.

对他们来说这是“这些图西人要回来夺权！”

其中一些人从来没有见过我们，他们认为我们不属人类，是次等生物。

在卢旺达，人们不愿意听到图西人可以回来，可以加入军队、警察甚至参加政府。他们习惯于整个政府里没有一个图西人……对他们来说不可思议。

有些人至今还没理解。他们内心不接受现实，还想弄明白。

保罗·卡加梅

第十章　简直是场闹剧

卢旺达大屠杀愈演愈烈，尸首堆积成山，世界各国领导人及其驻联合国代表却似乎对眼前这场悲剧一无所知，不当一回事。不过，他们是故意选择漠视。

大屠杀期间主管卢旺达红十字会的瑞士人菲利普·盖拉德后来说，“人人都知道这个国家发生的事情，每天都有现场实况报告。他们不能说不知道。我们每天都告诉他们这里的情况。不要回过头说‘对不起，我们不知道’。不，不对。所有人都知道。”[①]

1994 年 4—6 月，联卢援助团指挥官、逃出卢旺达的难民以及援助机构的报告——后来还有卫星照片证实——确证无疑政府当局实施大规模屠杀。罗马教廷拥有相对有限的情报网络，也早在 4 月底前就谴责卢旺达的大屠杀。媒体现场报道很多，想看的人都会看到。法国《新观察家》周刊指出，杀戮“并非敌对部落之间的民族战争，而是有组织地系统性灭绝反政府人士，是法国支持的武装行动。”[②]有力量干预的那些人要无视众多证据才能假装没有发生屠杀。

在联合国官员以及华盛顿、布鲁塞尔、伦敦和其他国家，刻意不理睬卢旺达大屠杀的领导人想方设法为自己的不作为作解释，有些甚至表示道歉。然而，本来稍加动用武力即可避免这场悲剧发生，为何众多国家急于拒绝伸出援手，至今仍是一个谜。

迈克尔·巴讷特在研究世界应对此次危机时写道：“有意置之不理的做法仍旧令人困惑。卢旺达大屠杀之所以发生，不仅由于人性邪恶，而且由于有责任制止邪恶的人漠不关心。”[③]

其中包括自以为保护受压迫者的美国人。在整整三个月卢旺达大屠杀期

---

① PBS,“Ghosts of Rwanda”, *Frontline*, 2004.

② *Le Nouvel Observateur*, May 19, 1994.

③ Michael Barnett, *Eyewitness to a Genocide: The United Nations and Rwanda*. New York: Cornell University Press, 2002, p. 2.

间，克林顿总统非但没有干预，甚至没有召集高层会议讨论卢旺达问题。[1] 6月6日，他飞到诺曼底出席二战盟军登陆欧洲五十周年盛典。他在致辞中感人地哀悼长眠于此的军人，称赞他们保护他人“免受暴君蹂躏”。

他面对花岗岩烈士纪念碑说：“每当我们有所动摇，我们只需想起你们。”[2]

克林顿在诺曼底发表感人的肺腑之言，其助手在美国则奉命不准如实直称卢旺达惨案为大屠杀。其中的奥秘利害攸关，因为如果承认确有大屠杀，美国就有道德义务并需要根据1948年《防止及惩治灭绝种族罪公约》有法定权利出手干预。克林顿的助手面对实证强辩“确有某些大屠杀行为”，但还不是大屠杀。简直就是扯谎。

美国驻卢旺达大使大卫·罗森[3]明知遇难人数超过50万，却仍在其华盛顿临时办公室辩解：“作为负责任的政府，我们不会四处叫嚷‘大屠杀’，我们说，可能有大屠杀行为，有待调查。”[4]

6月10日，即罗森放话的第二天，他那种奥威尔称之为故弄玄虚的政治陈词滥调做法在国务院媒体吹风会上登峰造极。发言人克丽斯蒂·谢莉在同一群质疑的记者辩论中将此表现得淋漓尽致。她同路透社记者艾伦·艾尔斯讷的对话，顿时成为自欺欺人的经典桥段。

> 艾伦：你如何形容发生在卢旺达的事情？
>
> 谢莉：从我们观察到的迹象来看，我们有充分理由相信，在卢旺达存在大屠杀行为。
>
> 艾伦：“大屠杀行为”和“大屠杀”之间有什么区别？
>
> 谢莉：如你所知，有个法律的定义。1948年《防止及惩治灭绝种族罪公约》有关大屠杀定义的适用性存在很多争议。如果你从这个大屠杀定义来判断，显然在卢旺达发生的所有杀戮并不全是你可能会引证的那种……

---

① Howard W. French, *A Continent for the Taking: The Tragedy and Hope of Africa*. New York: Vintage, 2004, p.127.

② *International Herald Tribune*, June 7, 1994.

③ 大卫·罗森(David P. Rawson)：1993—1996年在任。译者注。

④ *New York Times*, June 10, 1994.

艾伦：要有多少“大屠杀行为”才够得上是“大屠杀”？

谢莉：艾伦，这的确不是我准备回答的问题。

艾伦：好吧，你是否真确实得到特别的指导意见，不能单独使用“大屠杀”一词，而是总加上“行为”这个词？

谢莉：我是接到“指导意见”，对此我……我尽力准确引用。我不是……我做到……我们一直使用一套说法，以便保持一致。我没有得到完全绝对的指示怎么说，但我有定义。我有一些经过仔细推敲的措辞，以便尽可能准确地用来表述发生的情形和行为。①

保罗·卡加梅

当美国和其他世界大国竭力躲开危机，卢爱阵则稳步推进。他们夺取新地盘，征兵后总兵力超过 2 万，很多小伙子从杀人队手下逃出来。6 月初，逾半数的卢爱阵在基加利周边作战。

经过三年半的战斗，卢旺达爱国阵线最后胜利在望。

法国领导人对此非常恐惧。对他们来说，“失去”卢旺达不仅令人气恼，而且简直无法接受。自从蒙羞印度支那和阿尔及利亚以来，法国还没有如此彻底失败过。法国高层传阅了一份机密备忘录警告：“卢旺达成堆尸体背后是重要的政治和地理战略利益。这个地区不能拱手让给讲英文的强人，他们完全追随美国人的观点和利益。”②

密特朗总统决心避免这种后果，不断给卢旺达军队提供大量给养。6 月中旬，他派两架飞机各空运 40 吨武器弹药，包括数千枚手榴弹，联攻队杀手常用这些手榴弹炸挤成一团的难民。③ 然而，没有武器能够阻止占有优势的卢爱阵的进攻。

联卢援助团副司令安伊道霍将军在一份报告中写道：“这支部队非常齐心合力，纪律严明。他们不拿军饷，但有理想，目的明确，投身于游击战……卢爱阵战

① *State Department Briefing*, April 29, 1994. Washington D. C.: Federal News Service, pp. 1-4.

② Gérard Prunier, *The Rwanda Crisis: History of a Genocide*. New York: C. Hurst & Co. Ltd., 1995, pp. 278-279.

③ Andrew Wallis, *Silent Accomplice: The Untold Story of France's Role in the Rwandan Genocide*. London: I. B. Tauris, 2006, p. 115.

士常备不懈,昼夜警惕。他们生活清苦,但对事业坚贞不渝。他们没有工资,衣服鞋子有什么穿什么,要有一个家和祖国的决心激励他们成功。”[①]

期望战事逆转的法国还通过外交途径施压。法国外交官在联合国和各国首都提出卢旺达需要停火,以防止“黑色高棉”冲上台掌权。这是法国再次将卢旺达暴力冲突说成朱佩外长所称的“部落战争”。[②] 然而,此时世界大多数国家已经认识到这种说法不符合事实,法国要求停火未果。联合国一名捷克外交官将此比作“想让希特勒与犹太人达成停火协议”。[③]

5 月 17 日,安理会为掩饰其冷漠急于表现关注卢旺达,通过决议授权联卢援助团扩军到 5500 人,却不组织新部队。6 月 8 日,安理会又授权毫无维和能力的联卢援助团延长任期半年。这些表决并无现实意义,不过是单调的程序化表演,是场面戏,与卢旺达现实状况毫无关系。

达莱尔大发脾气:“简直是场闹剧。我不禁觉得,我们是用来转移注意力的,甚至就是献祭羔羊,以便那些国家领导人好说世界正设法制止杀戮。其实,我们不过是个伪装。”[④]

6 月中旬,卢爱阵攻占中部城市吉塔拉马,并围攻北方省的鲁亨盖里。基加利周边战斗激烈,迫使临时政府逃到西北小镇吉塞尼,靠近扎伊尔边界便于离境。大量胡图人——一说 200 万人——上路,赶在卢爱阵进军前逃命,生怕卢爱阵要清算大屠杀罪行而杀他们。[⑤]

卢旺达政府军尽管有法国提供武器和战地支援,却无力扭转战局。法国试图组织国际社会强压停火的努力也化为泡影。密特朗总统却深感法语区历史使命的重担压肩,仍然决意阻止卢爱阵取胜。6 月 14 日,他向内阁宣布其重大决定:下令法国军队出兵卢旺达。

尽管其公开任务是“制止大屠杀”,但人人皆知法国出兵是孤注一掷,为挽救

① Henry Kwami Anyidoho, *Guns over Kigali: The Rwandese Civil War—1994*. Woeli Publishing Service, Fountain, 1997, p. 113.

② Andrew Wallis, *Silent Accomplice: The Untold Story of France's Role in the Rwandan Genocide*. London: I. B. Tauris, 2006, p. 106.

③ Ibid., p. 109.

④ Romeo Dallaire, *Shake Hands with the Devil: The Failure of Humanity in Rwanda*. New York: Carroll & Graf, 2003, pp. 412, 414.

⑤ Ibid., p. 388.

四面楚歌的傀儡政权。

三天后，密特朗的决定尚未公开，“无国界医生”组织创始者，法国激进人士贝尔纳德·库什内到基加利会见达莱尔将军。库什内自称是密特朗总统的特使，例行公事地先抱怨一通世界未能帮助卢旺达、大失脸面，达莱尔不耐烦地点头同意。

达莱尔后来写道：“接着他让我惊愕无语。他说，法国政府出于人道主义考虑决定派遣一支法国和法语非洲国家联军进驻卢旺达，阻止大屠杀和提供人道救援。他们将获得联合国的有效授权，在卢旺达西部设立安全区收容躲避冲突的难民。他要我给予帮助。我想都没想就说‘不行!’我用所有记得的加拿大法语粗话诅咒这位‘伟大的人道主义者’。他想用自以为高尚的理由劝我冷静，我想起法国在卢旺达的纪录，深恶其虚伪。法国人肯定知道，正是其盟友设计了这场杀戮……我简直不敢相信法国人竟然如此厚颜无耻。我认为，他们想用人道主义的伪装干涉卢旺达，从而使卢旺达政府保留一片立足之地，在难免战败的形势下保留一丝合法性……法国媒体当晚报道法国计划出兵卢旺达，千丘自由广播电台和当地其他电台立即转播。困守基加利的政府军闻讯欢喜若狂，期望法军速来救援。他们重振希望和信心，恢复捕杀大屠杀幸存者，藏身于少数未毁教堂和公共场所的那些人危在旦夕。大屠杀凶手相信法国人会来救助，手中又有王牌可以完成未竟的恐怖任务。”[1]

卢旺达屠杀的消息不断扩散，外交官和世界各国领导人备感尴尬，急于表现自己有所作为。他们听说法国愿派“人道之师”，欣然接受。6 月 22 日，除五国弃权外，安理会一致投票批准授权法国为期 60 天的行动。卢旺达的电台播音员喜气洋洋地报道法国军队日夜兼程从可怕的卢爱阵手中拯救卢旺达。基加利许多建筑升起法国旗，人们狂喜跑上街头欢呼“法国万岁”。[2]

第二天，法国军队开始着陆扎伊尔东部的简易机场，越境进入卢旺达。队伍阵营强大：近 3000 名官兵，大多是海军陆战队、伞兵队、特种部队的精英以及外籍军团士兵，还有 500 名辅助人员。他们带来 1 支直升机队、4 架战斗轰炸机、100 辆

---

① Romeo Dallaire, *Shake Hands with the Devil: The Failure of Humanity in Rwanda*. New York: Carroll & Graf, 2003, pp. 422, 425-426.

② Ibid., p. 437.

装甲兵车,1个120毫米口径自动火炮连。① 卡加梅极不情愿地同意他们进驻,但提出两个条件:所有部队限于他们沿卢旺达—扎伊尔和卢旺达—布隆迪边境的“绿松石区”;60天任期结束后全部撤出。法国人同意了。他们打算利用约占卢旺达1/5面积的绿松石区保护陷入重围的政府当局,并指望将其变成他们反扑的根据地。②

一位欧洲记者写道:“法国人作为解放者受到欢迎,他们是胡图人心目中的英雄。欢迎场面丑陋不堪,因为这些欧洲士兵显然是来挽救杀手,使其免遭因暴戾残杀图西人而积郁在内心的恶魔折磨。人们手中摇着新做的三色旗,凶汉狂叫乱舞,手持砍刀和啤酒。他们犯罪造孽,现在却得以赦免,不会有生命危险。”③

接下来几周,150多万人涌入绿松石区。④ 大多数是主动或被动参与大屠杀的胡图人。许多人还带着武器,法国人也允许他们保留。其中不仅有上万参与“砍人运动”的莽汉,而且不乏大屠杀的主要组织者。千丘自由广播电台煽动仇恨的播音员甚至带着发射台继续播音,若无其事,心安理得。达莱尔怒不可遏,但还是遵命向法军司令官让—克洛德·拉富尔卡将军通报情况。

达莱尔事后报告:“我介绍了眼下大屠杀情况,他的部下提出法国要忠诚于老朋友。他们拒不接受大屠杀的事实,也不承认这些极端派领导人、罪犯和一些老朋友都是一伙人。他们毫不掩饰,渴望同卢爱国阵决一死战。”⑤

绿松石区建立几周后,法国驻纽约外交官争取安理会批准扩大范围,未果。⑥ 他们接着又游说延长驻军任期,也没成功。法国企图通过干预吓退胜利在望的卢爱国阵,同样枉费心机。7月4日,卢旺达政府军撤离基加利,首批卢爱阵武装进城。

法国坚称,绿松石区旨在实施人道主义救援。各方估计,当年这里曾救出

---

① Romeo Dallaire, *Shake Hands with the Devil: The Failure of Humanity in Rwanda*. New York: Carroll & Graf, 2003, p. 449.

② Howard Adelman and Astri Suhrke eds., *The Path of a Genocide: The Rwanda Crisis from Uganda to Zaire*. New Brunswick: Transaction, 1999, pp. 281-307. Andrew Wallis, *Silent Accomplice: The Untold Story of France's Role in the Rwandan Genocide*. London: I. B. Tauris, 2006, pp. 122-145.

③ Scott Peterson, *Me against my Brother: At War in Somalia, Sudan and Rwanda*. London: Routledge, 2001, p. 284.

④ Andrew Wallis, *Silent Accomplice: The Untold Story of France's Role in the Rwandan Genocide*. London: I. B. Tauris, 2006, p. 176.

⑤ See ①, pp. 450-451.

⑥ See ④, p. 159.

10000—17000 名图西人幸免于难，这些图西人从藏身之处被带到法国防区，但是随后几乎所有图西人由于法军撤走而无处可逃，最后还是死于屠刀之下。法国所谓设立绿松石区旨在拯救无辜生命的说法只是掩人耳目，其首要目的是庇护战败的旧政权及其军队。

达莱尔不能阻止建立绿松石区，也不能阻止溃败当局前往那里避难。卢爱阵显然即将打赢这场战争，达莱尔转而关注可能发生的另一场灾难。旧政权领导人此时准备穿过绿松石区进入扎伊尔，带着他们的军队、民兵和百余万胡图平民。达莱尔意识到，“极端分子可能接手经管难民营，准备复仇。”

达莱尔警告：“如果形成这种局面，不仅卢旺达将长年不得安定，而且整个地区都不得安宁。”①

达莱尔得知美国国务院负责援外的副国务卿布莱恩·艾特伍德将路过内罗毕，便赶到那里在机场会议室同他见面。② 达莱尔打开大幅作战地图，介绍说大量胡图人(包括大屠杀凶犯)逃到绿松石区并将越境去扎伊尔，然后重整旗鼓，准备再战。他提醒布莱恩，这将“造成灾难性地区问题”，唯一阻止的办法是向卢旺达提供大量食物和其他援助，以稳定人心、使其愿意留下。达莱尔坚持说，只有美国才有能力迅速筹集和运送这批援助。布莱恩表示将将尽其所能，但达莱尔听得出他的意思——毫无指望。此后一整天，他嗒然若丧，后来联合国官员来电报问具体需要什么物资。

他对下属厉声道：“告诉他们，给我们提供可供 200 万人用的食物、燃油、药品和饮用水，我们想办法分发！”后来他得知，在纽约读到其请求驰援的官员并不以为然，觉得达莱尔对形势的看法“过于简单”。③

溃败的旧政权在扎伊尔的新家安营扎寨。此时巴基斯坦外交官沙哈里亚尔·汗抵达基加利，就任联合国政治事务办公室主任④。达莱尔带他巡视基加利市，令其深感震惊。

他在报告中写道：“尸体和骷髅触目皆是，野狗和秃鹫抢食腐肉，场面令人毛

---

① Romeo Dallaire, *Shake Hands with the Devil: The Failure of Humanity in Rwanda*. New York: Carroll & Graf, 2003, p. 395.

② See ①, p. 399. 似应为时任美国国际开发署署长。译者注。

③ See ①, p. 403.

④ 应为联卢援助团团长。译者注。

骨悚然，阴森恐怖。我们去红十字会医院，情景更惨，几百具尸体堆积在草坪。到处都是尸首，缺臂少腿的儿童和垂死的妇女。血流满地，腐尸恶臭……我没有呕吐，甚至没有流泪，因过于震惊而沉默无语。曾经经历屠杀的同事心肠更硬，他们见过更加震怵的惨状。"[①]

7月18日，卢爱阵再无敌人可战，单方面宣布停火。经过近四年苦战，他们接管这个精神、政治、社会、经济全都支离破碎的国家。这个胜利出人意料，不仅更替政权，并阻止了一场进行中的大屠杀。

战争结束后，联卢援助团一些维和人员的精神崩溃。每日每时，他们不得不面对自己无能和失败的严酷现实。大屠杀规模之大，尸体腐臭挥之不去，野狗吞食人肉，他们每天目睹杀手疯狂砍人而束手无策，这些逼人精神崩溃。达莱尔将军的军事助理布伦特·比尔兹利是联卢援助团救援专家。他赶到现场援救时对象常常已经丧生。他本人最终神经失常且瘫痪，不得不被送回国。[②] 联卢援助团政治处二把手马马杜·凯恩在总部发疯，只得被强行捆绑、抬出办公室。最后，不可避免地轮到达莱尔。

他后来追忆自己在7月底的心情："我时常偷偷溜走，开车到处乱转，脑子里满是各种各样忧郁想法，不敢对任何人讲，生怕影响部队士气。我不想空耗岁月，死亡成了一个诱人的选择。我真想踩上地雷或者遭遇伏击从而解脱。我觉得有些想同自己没能挽救的大批人一起死去。"[③]

为了提醒自己好死不如赖活着——尽管这与他看到的周围的一切截然相反——他买了一小群山羊，让它们在阿马霍罗体育场自由闲逛。他抽空喂食，有时看着它们玩耍不禁微笑。一天，一名加纳籍士兵跑进他的办公室说一群野狗追咬山羊。他勃然大怒，抓起护身左轮跑进体育场，对着狗群狂射，子弹打光也没打到。他转身看见沙哈里亚尔和几十名士兵默默地看着他。

他后来写道："他们什么都没说，但是意思很清楚：'将军疯了。'第二天早上，我对沙哈里亚尔说我得离开此地。他很遗憾，但并不感到意外。我的内疚难以言传。"[④]

---

① Shaharyar M. Khan, *The Shallow Graves of Rwanda*. London: I. B. Tauris, 2006, p. 14.

② Romeo Dallaire, *Shake Hands with the Devil: The Failure of Humanity in Rwanda*. New York: Carroll & Graf, 2003, p. 340.

③ Ibid., p. 500.

④ Ibid., p. 501.

我们接手时,实在没有什么基础可以依靠。甚至我们自己——我们接过一个烂摊子,但我们有什么能力?能否有条不紊、按部就班、分清缓急、量力而行地解决问题?绝对没有。甚至我们一些干部也是第一次处理这种问题。这些年来,他们不得不提高自身能力。你把某人放在一个位置上,问他"你想怎么办?"他回答,"不知道。"这种情况很严重,一片混乱。

我努力想做到,至少要理清头绪。我们总得从某个方面做起。

保罗·卡加梅

第十一章　心思一团乱麻

1994年春天，卢旺达深陷战争和屠杀之中。保罗·卡加梅一刻不停，策划从三面进攻基加利。他不是同下属开电话会议就是穿梭般视察战场，每晚根据当天战况调整作战部署。他常在临时指挥部召集各路军官开会分析战场局势，要他们带着新命令重返前线带兵出击。

卡加梅在基加利近郊的临时营地指挥最后一仗。7月4日，他醒来后听说，政府军头天晚上已经撤出首都。他十分谨慎，先后派几支分队进入城区。他们报告说，尽管有些零星抵抗，大部队的确已经离去，政府办公楼空空如也。两天后，市里安定，卡加梅带一个连亲自进城察看，眼前景象令人心碎。基加利像座废弃的鬼城，满街遗尸残骸。

> 那是我从未见过或经历的惨景，更重要更麻烦的是，我们不得不面对现实。我们打败了刽子手，接管了国家，但我们面临着同样甚至更大的挑战。我们从何入手？如何恢复生机？如何消除这么多人死亡造成的影响？真是心思一团乱麻，就像灌满的一杯水四处满溢。
>
> 保罗·卡加梅

凡在1994年7月到过基加利的人，包括卢爱阵官兵，首先都被堆积成山的腐烂尸体所震惊。城里城外，直至乡野，尸体散布沟壑、浅坟半坑和教堂庭院。大多支离破碎，有的因暴弃时长只剩白骨，有的因血肉残留招来野狗、老鼠和秃鹫。腐尸恶臭令人作呕，弥漫大街小巷，无处躲避，令卢爱阵勇士目瞪口呆。

大多数卢旺达人始终无法接受在如此短时间里如此恐怖杀害如此多人的现实。许多人扪心自问，陷入伤痛、损失和绝望，难以自拔。不过在1994年夏天，大多数卢旺达人还在迷茫中，反思不多。甚至卢爱阵指挥官也不知所措，眼前惨景远远超出人类的想像能力。

卢旺达本身也是这场人间悲剧的受害者。100天里，逾10%的卢旺达人遇害，至少30%的人逃难。国家没有政府和安全部队，即便少数机构尚存，也无人管理。国库不剩一分现金。前政权领导人卷走了所有的钱，包括国家银行的金条，共计100万美元。其他人掠走了办公室内所能带走的一切，从家具、电脑到门窗、电源开关。甚至日本刚捐赠给基加利市的绿白双色公交汽车也不见踪影。①

除了令人费解的屠杀悲剧，除了满目疮痍，卢旺达一无所有，无法重建国家。幸存者的破碎心灵中埋藏着鬼魅，他们呼吸、说话、行走，但大多半死不活。说他们备受心理创伤都不足以反映他们精神上的极度痛苦，人们称之为"行尸走肉"。

卢旺达极度震惊，几近精神分裂。暴风雨过后，一片狼藉，腐尸遍野。生者失魂落魄，民族四分五裂。卢爱阵苦战四年，终结了大屠杀，接手一片废墟。

此时，一直见死不救的"国际社会"终于意识到卢旺达陷入悲剧，却有悖常理地救助刽子手，并不顾及幸存者。

7月中，大量胡图人认定新政权肯定会杀戮和奴役自己，遂在省长、县长领导之下争先恐后逃离卢旺达。其中很多人是大屠杀的凶手，但如今却荣为难民，电视摄像机记录下他们的苦境，世界只看到他们是受害者。不了解情况的外人很容易犯此类错误。他们的推理逻辑很简单：卢旺达经历了一场悲剧，大批逃离的难民自然都是大屠杀幸存者。

然而，事实恰恰相反。

圣公会牧师约翰·卢西亚哈纳后来写道，"世界上大多数人是通过媒体报道难民营消息了解少许1994年卢旺达人的苦难遭遇，很少有人知道卢旺达的真正悲剧是100万图西人死于非命，因为没有相关的电视报道。在现代社会，如果电视新闻没有报道，就等于没有发生灾难。世界怜悯挤在难民营里的人，但没有人告诉他们，控制难民营的正是那些帮助屠杀100万男女老少的人。"②

达莱尔将军不幸而言中，多数溃败的大屠杀凶手及其家属逃往扎伊尔。他们占据基伍湖边度假胜地的平静边镇戈马，几个小时就把此地变成世上恶劣绝境。当时有人称之为"一股人流奔涌"，也有人称其为"全民大逃亡"。③

---

① Hugh McCullum, *The Angels Have Left Us: The Rwanda Tragedy and the Churches*. Geneva: World Council of Churches Publications, 2004, p. 97. 作者采访。

② John Rucyahana and James Riordan, *Bishop of Rwanda: Finding Forgiveness amidst a Pile of Bones*. Nashville: Thomas Nelson, 2007, p. 138.

③ See ①, p. 52.

“那是一幅令人吃惊的景象，令人无助的恐怖”，加拿大援助人员写道，“一夜之间，这个15万人的优美湖畔度假天堂成了一个80万穷人拥挤脏乱的人间地狱，恶臭和烟尘绵延水边。”①

没人知道1994年夏究竟有多少胡图人逃离卢旺达，但联合国难民署后来称之为其援助人员所见过的最大一次人口迁徙。几天之间就有70万难民涌入戈马，还有40万人落脚在扎伊尔的其他难民营。逾50万人逃往坦桑尼亚，25万人进入布隆迪。这些国家本来就难以养活自己的国民，此时更是无力招架。难民营缺少清洁饮水，导致时疫横行。到7月底，戈马附近条件恶劣的难民营每天有3000人死于霍乱。有人形容这些难民营是“历史上在最短时间内由一国人形成的最大难民营……很快呈现一派地狱景象”。

难民中混有几万名败北的前卢旺达政府军士兵和联攻队等，他们大多全副武装逃进绿松石区，随即调整建制越境进入扎伊尔。虽然他们败走战场，但仍是装备齐全的作战部队，并且急于收复卢旺达。

有报道称：“7月17日，20000名前卢旺达政府军士兵成建制开抵戈马。指挥官说他们在同卢爱阵的作战中弹尽粮绝，但仍保留大部分武器，包括配备火炮机枪的62辆装甲车、250门迫击炮、12门榴弹炮、35具防空火器、50枚反坦克炮、6架直升机和武装直升机。1994年9月收编民兵武装后，戈马一带估计有34000—37000名前卢旺达政权败军……胡图强硬派及其民兵团伙仍旧决意完成1994年4月开始的血腥屠杀。”②

进驻戈马的国际援助人员很快发现，难民营中兴起一支全副武装的军队。他们进退两难。人道援助禁止帮助作战人员，但如果他们不与控制难民营的前卢旺达政府军和联攻队合作，就不能进入营地。他们遂与对方达成默契，继续实施紧急救助，从而为下一场战争埋下隐患。

联合国难民署和其他援助机构同意在戈马和其他难民营向数以万计的前卢旺达政府军官兵提供食品、衣服和住处，雇其中几十人作为翻译、司机和仓库保管员；甚至允许败兵使用救济包机运武器。《纽约时报》记者霍华德·弗伦奇采

① Hugh McCullum, *The Angels Have Left Us: The Rwanda Tragedy and the Churches*. Geneva: World Council of Churches Publications, 2004, pp. 52-53.

② Colin M. Waugh, *Paul Kagame and Rwanda: Power, Genocide and the Rwandan Patriotic Front*. Jefferson NC: McFarland, 2004, p. 101.

访扎伊尔东部某简易机场后写道:"联合国难民署和世界粮食署的外国工作人员面露难色,承认……板条箱装的武器弹药以及服装和其他物资进入闪亮的老式DC—3飞机货舱,这架铝壳货机本应为绝望的胡图人提供食物和药品。他们坚称此乃与当地政府合作的代价。"[①]

1994年夏,世界上许多人同情戈马难民营里胡图人的遭遇。美国人看到电视上的可怕画面,要求克林顿总统采取措施。7月21日,美国发起协调默契的三天空运救援。达莱尔将军在卢旺达称之为"规模大,有成效"。[②] 美国飞机一波波降落戈马,吐出4000名装备齐全的士兵,分赴各个难民营,搭帐篷、挖厕所,散发近5亿美元的救援物资。[③] 这种聚焦重点的军事部署,其规模之大,本可以用来制止大屠杀。可惜直到此时世界才发现卢旺达的困境,但关心的不是大屠杀受害者,而是败逃的刽子手。

"昨天是胡图民兵大屠杀图西人,今天是霍乱大屠杀胡图人。""无国界医生"组织秘书长阿兰·德泰斯特反思道:"媒体大量运用这种对比,混淆视听,结果否认了大屠杀原本单一的惩戒性质,笼统地讲悲惨境遇,淡化了杀手的罪孽。"[④]

基加利新政权领导人自然被如此不公正的说法激怒,进一步深化了自己的基本判断,即外部世界特别是援助机构和人权组织,狂瞽无知,判断错误,经常恶意攻击,毫无道德信义。1959年以来,他们的父母惨遭驱赶离乡,几十年流亡无人搭理,全世界不吱一声。大屠杀爆发时,全世界见死不救。如今,卡加梅团队看到全世界同情并资助大屠杀凶犯,更加鄙视"国际社会",每逢提及不乏恶语讥讽。

一位卢爱阵领导人恼火万分:"我们非要染上霍乱才有人相助?"[⑤]

多数难民营人满为患,与空空荡荡的卢旺达形成鲜明对照,三个月前卢旺达的一半人不是丧生就是在逃,许多地方渺无人迹。

只有少数西方记者在大屠杀后几周遍访卢旺达,英国广播公司的爱尔兰

---

① Howard W. French, *A Continent for the Taking: The Tragedy and Hope of Africa*. New York: Vintage, 2004, p. 140.

② Romeo Dallaire, *Shake Hands with the Devil: The Failure of Humanity in Rwanda*. New York: Carroll & Graf, 2003, p. 480.

③ Linda Melvern, *Conspiracy to Murder: The Rwandan Genocide*. London: Verso, 2004, p. 245.

④ *Leberation* (Paris), July 27, 1994.

⑤ Colin M. Waugh, *Paul Kagame and Rwanda: Power, Genocide and the Rwandan Patriotic Front*. Jefferson NC: McFarland, 2004, p. 103.

记者佛噶尔·基恩发现那里满目凄凉，令人毛骨悚然。“目光所及，没有动弹喘气的生灵。没人耕作农田，野草满山遍野……偶尔一阵风吹动草木和我们汽车发动机的轰鸣打破这片死寂。就像天上有个大吸尘器吸光一切活动之物。”[①]

在这幽灵般的空茫中，新政权努力寻找方向，首先决定如何治理国家。得胜军司令卡加梅本来有权自命总统，但他凭直觉知道，由于几十年的持续宣传，卢旺达胡图人此时还不能接受图西“蟑螂”当国家领袖。卢爱阵因此决定按照阿鲁沙协议组建政府，每个政党（但不包括前执政党）都分到一些职位。新总统是卢爱阵一位颇有声望的胡图人巴斯德·比齐蒙古。他是会计学教授，曾在前政府任职，后来叛逃出国。另一位不是卢爱阵党员的胡图人福斯坦·特瓦吉拉蒙古出任总理。内阁大部分成员是胡图人。

卡加梅当年36岁，晋升将军，任副总统兼国防部长。

新政府卫生部长约瑟夫·卡雷梅拉说：“经历了这么多年的紧张关系和大屠杀之后，我们知道自己不受欢迎，他们以为我们会杀了他们。我们说，‘要反其道而行之，以便赢得他们的信任。’我们有些人不赞成，保罗说，‘让他们入阁。’我们说，这些人很坏。他说，‘让他们进来，教他们做好人。’我们有些人很不高兴。我们个个都有亲人被杀，当时很难接受。但他知道怎么说服我们。”

7月19日，在重兵保护下，几百人在布满弹孔的议会大楼一间大会议室里见证了“基础广泛的民族团结政府”宣誓就职。仪式严肃忧郁，没有通常那种革命胜利的喜悦。此后，新任命的部长们努力适应环境，大都没有工作人员、没有办公室、没有设备、没有车也没有钱。有的部长在户外办公，在树下开会。新政权面临的棘手挑战难以想像。

> 安全最重要。建立某种秩序和基本行政机构非常重要。有人叫嚷：“我们怎样对待受害者，大屠杀直接受害的人？”也有人说：“我们怎么处理那些杀人凶手？”他们制造大屠杀，但我们不得不同这些人一道工作，相互融合。我们必须努力让受害者、幸存者和施害者在混乱环境下共同生活，甚至来不及甄别责任人—— 谁是受害者，谁不是，受害程

---

① Fergal Keane, *Season of Blood: A Rwandan Journey*. London: Penguin, 1995, p. 49.

度多大，谁应该对什么事负多大责任—— 简直无从下手。不得不开始……每天我总是在开会，几乎不睡觉。24 小时里一般只睡 3—4 个小时。工作、视察、开会，争论—— 与所有人争，包括自己人。

保罗·卡加梅

8 月中，法国军队撤离绿松石区。与此同时，卢旺达新政权面临另一个威胁。盘踞在扎伊尔难民营的前政府败军得到比利时、以色列、南非和塞舌尔等国提供的大量武器装备，装满好几架飞机。[①] 千丘自由广播电台在戈马附近重新开播。卢旺达的战争仍未结束。

1994 年年底，联合国一个调查组报告，“前政府军和民兵完全控制难民营。目前看来他们正准备武装进犯卢旺达。”[②]

消除这一威胁的重任落在卡加梅的肩上。命运捉弄人，几乎一夜之间他从暴动者变为平暴者。他有不少优势，有国家撑腰，他的部队能征善战。但他同时也面临残酷的现实，即便大批人出走，留在卢旺达的大多数人还是胡图人，他们憎恨新政权，盼望前卢旺达政府军和联攻队前来解放自己。扎伊尔难民营里的指挥官笃信能重新夺回基加利政权。

“据说他们在难民营招募了几千名少年，正规军和职业民兵重新整编为战斗序列，准备打游击战和常规战，迫使新政府同极端势力分享权力。卡加梅副总统发誓宁可再打一场战争也绝不分权。”造访戈马的一名记者报道说：“他们训练新兵准备入侵卢旺达，‘完成’他们的工作。”[③]

卡加梅新政权请联合国解除这些营地的武装，至少按人道援助惯例将其搬迁至远离卢旺达边境，但联合国不予理睬。美国常驻代表马德琳·奥尔布莱特大使奉克林顿总统之命，此前力主联合国不得干涉卢旺达大屠杀，此时力主不得直接控制扎伊尔的难民营。她阻止安理会建立特别警察部队巡视难民营，声称这种设置的“目的、行动准则和具体成本都不清楚，当地少量联合国士兵应该在

---

① Shaharyar M. Khan, *The Shallow Graves of Rwanda*. London: I. B. Tauris, 2006, p. 142.

② Gérard Prunier, *The Rwanda Crisis: History of a Genocide*. New York: C. Hurst & Co. Ltd., 1995, p. 316.

③ Hugh McCullum, *The Angels Have Left Us: The Rwanda Tragedy and the Churches*. Geneva: World Council of Churches Publications, 2004, pp. 55-56, 101.

现有资源范围之内”发挥作用。① 这意味着无人能够挑战前卢旺达政府军和民兵主宰营地的权威。几家救援组织撤离戈马，以示抗议。

“无国界医生”组织撤出时发表声明：“我们认为，继续怂恿帮助卢旺达大屠杀行凶者不符合道德准则。”②

新政权一边面对战败卢旺达政府军坐大的威胁，一边不得不面对满怀愤怒和憎恨的国民。政府的处理方式并非总是温良恭俭让。有些卢爱阵战士回家看到亲人遇难，寻仇杀死他们认定应该为此负责的人。也有战士袭击他们认定支持大屠杀的人。

战争的最后三个月正是大屠杀肆虐之时，近万名新兵加入卢爱阵。战争结束后几周内，又有1万人参军。③ 他们大都不像纪律严明的老战士，很多是大屠杀遗孤少年和愤而杀人的报仇者。

“没有时间详细审查”，一名军官听到报复仇杀成倍增长时抱怨道，“我们需要部队。有些新兵是盗贼和罪犯，主要是他们造成今天的麻烦。”④

新政府不情愿地承认确有证据表明自己的一些士兵报复仇杀，但坚持认为应当表彰政府把事态控制到最低限度，而不应责怪政府容忍仇杀。新任内政部长塞斯·森达松噶告诉美国记者，“我们大多数士兵纪律严明，很多都是年轻人，回到家却发现父母被害。你必须肯定我们的纪律严明，这一点十分突出。”⑤

卢旺达每个图西家庭都遭肢解，创伤深重未愈，人们情绪激动，国家动荡不定，此时不具备有利于宽恕与和解的条件。

> 人人都说“就是这些人干的”。1994年、1995年，这种说法很多。我们不能为此所动……如果我们不坚持，很容易遭遇另一场大屠杀。

---

① Hugh McCullum, *The Angels Have Left Us: The Rwanda Tragedy and the Churches*. Geneva: World Council of Churches Publications, 2004, p. 100.

② *New York Times*, Nov. 15, 1994. Colin M. Waugh, *Paul Kagame and Rwanda: Power, Genocide and the Rwandan Patriotic Front*. Jefferson NC: McFarland, 2004, p. 105.

③ African Rights, *Rwanda: The Insurgency in the Northwest*. London: African Rights, 1998, p. 264. 作者采访。

④ *Independent on Sunday* (London), Aug. 17, 1994.

⑤ *Los Angeles Times*, Aug. 17, 1994.

这些愤怒青年失去父母、亲戚，手里有武器，刚打败大屠杀军队，想要伸张正义。但这不容易，也不会那么快。因此，有人主张自行伸张正义。我们不得不站出来说："等一等，我们要讲道理，要有秩序，这是基础。"这项任务很艰巨。

保罗·卡加梅

不是所有人都相信卡加梅曾尽力阻止报复仇杀。有人认为，他有意缩小受害者人数，听任仇杀不受罪罚。他们怀疑有些大案背后有政府支持，例如1995年4月一些士兵在基贝霍镇杀死2000名胡图难民。①

当时一名卢爱阵领导人回忆道："那绝不是卢爱阵的政策，虽然在一定程度上有所放任，控制在一定程度，但仍有严重违例的情况。"②

卡加梅回应这些指责说，暴行案例数量极度夸大，所有施暴士兵已经被逮捕、审判和惩罚。确实很多人被送上军事法庭，③不过没有公开审判，显然因为卢爱阵不想公布士兵杀人的细节。美国外交官询问某被捕军官案情，卢旺达国防部召见他，简单无礼地告知，"这是我们军队的内部事务"，对方如此询问是"侵犯我国主权"。④

也许，很多卢爱阵士兵犯罪后被正法，但公众并不知情。政府很少披露军事法庭的审判信息。很多卢旺达人看到或知道士兵犯罪，但不知道这些士兵是否受到惩罚。半秘密审判或许有助于保护名声，但也使得一些卢旺达人认为政府容忍甚至鼓励士兵大规模杀人。美国驻卢旺达武官理查德·奥斯中校报告称，卢爱阵领导人似乎"不愿严厉谴责和追究在内战中艰苦奋战的游击战士和某些

① Shaharyar M. Khan, *The Shallow Graves of Rwanda*. London: I. B. Tauris, 2006, pp. 104-119. Thomas P. Odom, *Journey into Darkness: Genocide in Rwanda*. College Station: Texas A&M University Press, 2005, pp. 223-230.

② 作者私下采访。

③ Nigel Eltringham, *Accounting for Horror: Post-Genocide Debates in Rwanda*. London: Pluto, 2004, p. 108. Thomas P. Odom, *Journey into Darkness: Genocide in Rwanda*. College Station: Texas A&M University Press, 2005, p. 255. Rakiya Omaar, *Rwanda: Death, Despair and Defiance*. African Rights, 1995, pp. 644-651.

④ Thomas P. Odom, *Journey into Darkness: Genocide in Rwanda*. College Station: Texas A&M University Press, 2005, pp. 256-257.

高级军官”。[1] 卡加梅则发誓说自己尽了一切努力控制手下将士。

> 我盯着士兵，不让他们采取过激行为，因为许多人的确深受伤害，什么事都能做出来。我有个卫兵也杀过人，后来他自杀了。我们有很多军官这样做。他们知道，如果杀了人被我们抓住就会受到惩罚。但是，他们有些人受伤害太重，愤怒到极点，宁愿杀了人再自杀。你可以想像，这种事情都怨到我头上，但我又能做什么？如果有人宁愿发泄愤怒之后自杀，我怎么阻止？这种事情被说成是有预谋有计划地杀人，说我们与民众为敌，想要杀掉他们。有人愤怒至极做错事，从某种意义上说情有可原。这和出于政治目的杀人大不一样，截然不同。
>
> 保罗·卡加梅

但是有关报复仇杀的报告不断反映到基加利，政府的胡图部长们深感不安。1995 年年初，日渐直言不讳的内政部长塞斯对英国记者说：“这些报告日积月累，我们不能再把它们看作孤立事件。”[2]几个月后，他的政治盟友福斯坦总理说得更严厉，谴责政府听任“土匪”控制国家，而自己不过是个名义首脑。

“我们不能继续欺骗国际社会和卢旺达人民，说这些只是个案。”他接受广播采访时说，“人民被杀，政府指令无人遵守。我们不能接受在这个国家存在两个政府。”[3]

卡加梅认为他这是挑衅，随即引发新政权的第一次危机，出现派别争斗。表面上他们争论如何调查针对卢爱阵士兵的指控这个具体问题，然而此次交锋远不只限于军队的行为举止，而是权力之争。

新政权有两个权力中心。表面上政府由胡图人主导，向世界显示这完全不是图西人的革命。虽然大多数内阁部长是胡图人，但所有重要部门都有卢爱阵骨干任副手。卡加梅及来自乌干达的“海归”核心集团始终坚信是他们推翻了旧政权，因此有权决定卢旺达的未来。

---

① Rick Orth, “Rwanda’s Hutu Extremist Genocial Insurgency: An Eyewitness Perspective”, *Small Wars and Insurgencies*, 2001, Vol. 12(1), p. 91.

② *Independent* (London), Jan. 5, 1995.

③ Shaharyar M. Khan, *The Shallow Graves of Rwanda*. London: I. B. Tauris, 2006, pp. 100-101.

塞斯不接受这一套。此人生性专断，咄咄逼人。达莱尔将军曾称其"极为自负，有野心，咄咄逼人"。[①] 他身为内政部长，常去全国各地巡视，处处特意同当地胡图人站在一起，查问士兵暴行，建起拥趸网络。大家都知道，他在默默挑战卡加梅的权威。卡加梅对这种挑战从不手软。1995 年中期，他强迫塞斯和福斯坦总理以及另外三名部长退出内阁。

卢旺达官方新闻社谴责这些辞职部长是"胡图至上主义者"。[②] 美国大使罗伯特·格里宾报告称，多数卢旺达人认为他们的出局是因为他们胆敢主张胡图人应在体制内发挥更大作用，即争取更多民主。大家都知道是卡加梅在幕后赶他们走，实际上释放一个清晰信息——是我当政！

新政权抛弃了显赫的胡图部长，政治基础缩小，盘踞扎伊尔境内的叛军也加紧越境突袭。到 1995 年年底，他们每夜进攻，有时冲入图西人家，杀人于床上。他们暗杀县长等地方官员，攻占学校，逼学生按族分队，然后杀掉图西人。有些学校的学生拒绝分队，暴徒杀无赦。

"公共汽车在路障前停下，乘客被赶下车，胡图人和图西人分开。"记者写道，"图西人被枪杀或砍死……凭借近在扎伊尔的供给线，前卢旺达政府军和联攻队能在卢旺达西北部组织上千人持续作战，有时甚至同卢爱阵军队大打一仗，然后混入平民逃遁。卢爱阵颇感受挫，敌军不断进攻，继而又无踪影，只好迁怒于平民，寻衅复仇。"[③]

人权组织估计，1995 年年底卢旺达政府每月逮捕 700 人，士兵每天杀掉 5—10 名平民。军方巡逻队严厉对付他们认定窝藏暴徒或参加暴动的人。例如，9 月中旬在边境卡纳巴村，一名卢爱阵军官被杀，其部队随即攻占此村，联合国观察员事后发现 100 多具尸体。[④]

---

① Romeo Dallaire, *Shake Hands with the Devil: The Failure of Humanity in Rwanda*. New York: Carroll & Graf, 2003, p. 250.

② Robert E. Gribbin, *In the Aftermath of Genocide: The U. S. Role in Rwanda*. New York: iUniverse, 2005, pp. 156-157.

③ Colin M. Waugh, *Paul Kagame and Rwanda: Power, Genocide and the Rwandan Patriotic Front*. Jefferson NC: McFarland, 2004, p. 122.

④ Shaharyar M. Khan, *The Shallow Graves of Rwanda*. London: I. B. Tauris, 2006, pp. 150-151. Johan Pottier, *Re-Imagining Rwanda: Conflict, Survival and Disinformation in the Twentieth Century*. Cambridge: Cambridge University Press, 2002, p. 40.

一位外交官报告:"军队白天只能保证一半安全,夜里根本不能保证安全。他们如果抓不到进犯之敌,就逮捕平民支持者。"[①]

胡图人热衷欢迎暴乱分子的原因在于很多胡图人参与过大屠杀,他们担心如果新政权站稳脚跟,自己难逃被捕和被处罚的命运。他们如此害怕也不无道理。大屠杀幸存者强烈要求惩罚凶手,卢爱阵回应说要大批逮捕大屠杀嫌犯。全国监狱原只够关押1万人,但到1996年年初有7万人坐牢,最终多达13万名囚犯。[②] 有些监狱人满为患,无处落坐或睡觉,一度每天有10人死于疾病、饥饿、坏疽和窒息。[③]

这些状况使政府认识到,传统的司法体系无法审判大屠杀罪案。据信,有200万人参与了大屠杀。即便卢旺达司法系统健全,也不可能在较短时间内审判所有嫌犯。更何况全国几乎所有律师、检察官、法官不是逃难就是死难。全国监狱只能容纳一小部分犯人,更重要的是,这些罪犯都是普通平民,大多是男劳力。大屠杀和大量民众逃难之后,国内70%的人是妇女,国家大难之后更需要壮劳力。

1995年下半年,政府召开了一系列会议,十几个国家的法学专家和人权律师同卢旺达东道主一起努力寻找走出困境的方案,最终形成一种极不正统的法律新制。相对少数组织和指挥大屠杀的人通过常规法庭审判,涉嫌用手榴弹和砍刀杀害邻居或怂恿别人杀人的人在案发地方社区法庭审理。卢旺达的这种法庭叫"噶查查",意为"草地上的审判",[④]存在已有几百年,原先仅限于裁决小偷小摸等轻罪。全国将重新组建噶查查法庭,政府希望借此机制伸张正义,并有助于当务之急的民族和解。

卢旺达考虑如何起诉大屠杀嫌犯的同时,联合国也开始行动。大屠杀猖獗之时,联合国按兵不动。大屠杀结束后,外交官们却很快得出结论,认为新政权不能依法惩治杀人犯。1994年11月,安理会投票创立卢旺达国际刑庭,设址坦

---

① *Christian Science Monitor*, Nov. 28, 1995.

② Robert E. Gribbin, *In the Aftermath of Genocide: The U.S. Role in Rwanda*. New York: iUniverse, 2005, p. 107.

③ *Baltimore Sun*, May 26, 1998. Shaharyar M. Khan, *The Shallow Graves of Rwanda*. London: I. B. Tauris, 2006, pp. 119-121.

④ "噶查查"在卢旺达语中的原意是"长者家门口大树下压平的草地"。译者注。

桑的阿鲁沙。卢旺达领导人出于直觉鄙视联合国,认为这又是在侮辱卢旺达。

"建立那个法庭主要为了抚慰国际社会的良心不安,因为他们没有履行1948年联合国《防止及惩治灭绝种族罪公约》。"总统府大屠杀问责委员会主席查尔斯·穆瑞甘德说:"联合国想让自己看上去在干事,但往往还不如不干。"①

国际刑庭的工作进展缓慢,令人难以忍受,颇费周折找到并抓捕嫌疑人,花费十多亿美元审判了不到70名归案犯。被告们享受单间牢房、电视、一日三餐,甚至享受世界上最好的医疗服务。其中有些人在大屠杀期间强奸妇女,故意传播艾滋病毒,他们享用昂贵的抗艾滋病药品,而受害妇女却在卢旺达深陷贫穷,耗尽生命,没有或鲜有治疗机会。一些幸存者出庭作证,受到被告辩护律师无情盘问惨遭强奸的各种细节,许多女性感到形同二次受辱。其他人因此拒绝前往。

大屠杀的策划者和指挥者之一巴戈索拉上校在喀麦隆落网,他的审判一拖数年。

大屠杀问责程序启动后,许多要犯都在扎伊尔难民营中忙于策划反攻卢旺达。② 卡加梅不断恳请联合国难民署和其他救援组织停止援助难民营,他同样恳求访问基加利的每一位达官要人。1996年7月4日卢爱阵胜利两周年庆典之际,卡加梅在阿马霍罗体育场向包括驻卢旺达代表团在内的听众重申:"我们无论如何都必须找到解决这个问题的办法,伤亡在所难免。"③

---

① Colin M. Waugh, *Paul Kagame and Rwanda: Power, Genocide and the Rwandan Patriotic Front*. Jefferson NC: McFarland, 2004, p. 170.

② Human Rights Watch, *Rearming with Impunity: International Support for the Perpetrators of the Rwandan Genocide*. New York: Human Rights Watch Arms Project, 1995.

③ Robert E. Gribbin, *In the Aftermath of Genocide: The U.S. Role in Rwanda*. New York: iUniverse, 2005, p. 163.

那些搞大屠杀的人威胁要杀回来，这是我们面临的难题，而国际社会还向那些营地提供食物养活他们。那是些什么营地？那里有装甲运兵车、坦克、防空武器——就在营地里！他们居然还说那是难民营。

保罗·卡加梅

第十二章　卢旺达不足道

外界从来对卢旺达不太感冒，而卡加梅副总统素来蔑视外界的老一套道德经。但他知道，在下令侵入邻国、打败在那里重新整编的敌军之前，他应该努力争取外国强人的理解。他去世界大国访问。他每到一站都提醒愿意聆听的领导人，数万名大屠杀嫌犯盘踞扎伊尔练兵演武，准备入侵卢旺达、重夺政权、完成未竟的种族灭绝。他在华盛顿会见国防部长威廉·佩里。美国官员后来写道，卡加梅的通报含糊其辞，"尽兜圈子"。[①] 但是，卡加梅的记忆并非如此。

> 我告诉他，我们遇到了大麻烦，有人想卷土重来打我们。我问他，是否可能说服联合国或其他方面解决这个问题。否则，我们自己动手。我不只是告诉佩里和国务院的人，还去了联合国。我直言不讳，我不仅在会见中讲了上述观点，我还告诉了记者。我说的话没有模棱两可：如果国际社会干不了，我们自己干。
>
> 保罗·卡加梅

了解卡加梅的外国人对他这种态度并不感到诧异。基加利美国使馆军官托马斯·奥多姆中校说，他具有"百炼成钢的意志，敢于并善于打赢战争"。[②] 他认为，卡加梅声言如果别人不解决扎伊尔难民营问题他就进攻扎伊尔，他肯定会言必行、行必果。但是，奥多姆及其同事始终没能说服华盛顿的上级。

西方列强同扎伊尔极为腐败的独裁者蒙博托打交道30多年，扶植他成为非洲的强人。前卢旺达政府军和联攻队失守卢旺达后携带武器败走扎伊尔，蒙博

---

① Robert E. Gribbin, *In the Aftermath of Genocide: The U.S. Role in Rwanda*. New York: iUniverse, 2005, p.175.

② Thomas P. Odom, *Journey into Darkness: Genocide in Rwanda*. College Station: Texas A&M University Press, 2005, p.188. 托马斯·奥多姆(Thomas Odom)：1994—1996年在美国驻基加利使馆任武官。译者注。

托接纳了他们,并视为盟友。[1] 攻打前卢旺达政府军兵营,等于直接挑战蒙博托政权。小小卢旺达从未在非洲地缘政治中唱过主角,且尚未从内战灾难中恢复元气,很难想像它打算真干。

扎伊尔,即今日刚果民主共和国,面积比卢旺达大94倍,相当于整个西欧或密西西比河以东的美国东部地区。其富裕程度也非同小可。蒙博托在西方有很多权贵之友,不仅有政府首脑,还有靠开发刚果丰富资源起家的公司大亨。他和许多非洲领导人一样,担心军队转身反对自己,因此,从未强军立国,相反,是分化和削弱军人势力。1990年,扎伊尔军队一度打进卢旺达,只会奸淫抢劫。卢旺达国民军的核心力量则是顽强善战的卢爱阵老兵,几年前打败过强大的敌军。

卡加梅深信,他们能够打败另一支敌军。

他完全有理由充满信心。大屠杀后国际社会十分同情卢旺达。冷战结束后,蒙博托的欧美老盟友不再重视他。许多非洲人厌倦其长期苛政。最重要的是,20世纪初以来大量图西人从卢旺达移居扎伊尔东部戈马一带。蒙博托一直虐待他们,因此,他们愿意参与反对蒙博托的行动。

卡加梅从华盛顿和纽约空手而归,很快决定军事打击宜早不宜迟。他策划摧毁设在扎伊尔的准军事营地,击溃或歼灭大屠杀军人。他另有两个目的。其一,他认为,从国家未来着想必须遣返流亡扎伊尔东部两年多的几十万胡图难民。人权组织反对"强制遣返",但卡加梅谴责这些组织一手制造危机,并不理睬他们的抗议。其实,他在一年前就同布隆迪携手关闭了卢布边境的难民营,"强制遣返"了5万胡图难民回国。这一次,他打算使用军事手段遣返100万人。

他的终极目标野心最大:推翻蒙博托。他认为,若非如此扎伊尔地盘将永远被卢爱阵的敌人利用。过去几年来,有人十几次尝试推翻蒙博托,均告失败。但卡加梅自信有能力打进扎伊尔,战胜盘踞那里的大量叛军,强使众多难民回国,并推翻世界上执政最久的暴君。

"卡加梅不会坐等战事爆发。"1996年中期,一位有先见之明的记者从基加利报道,"他多次接受广播采访,讲到先发制人打进扎伊尔东部,'消除'前政权的

---

① Mahmood Mamdani, *When Victims Become Killers: Colonialism, Nativism, and the Gencoide in Rwanda*. Princeton: Princeton University Press, 2001, p. 254.

'威胁'。这种行动的政治影响极大。"[①]

尽管卡加梅充分认识到这些后果，但还是决定必经一战。他深信——有时甚至笃信，安全是国家发展的基本先决条件。他在公开场合和同别国领导人交流时反复警告，他绝不容忍境外敌军威胁卢旺达安全和阻止难民回国。

> 我们告诉他们，"帮我们解决这个问题。我们已经有过大屠杀。目前局势有可能重演历史。我们会看到他们完成大屠杀，帮助我们。"我到访所有该去的地方：美国、欧洲、联合国。我恳求甚至哀求。他们要卷土重来，完成他们认为不幸未成的大屠杀。没有一个人、一个国家或一个机构和我们一起反抗，一个都没有！他们这么看问题：卢旺达微不足道，刚果(扎伊尔)才举足轻重。卢旺达不是他们主要关注的部分。欧洲和美国的重要人物公开讲过……
>
> 这的确成了卢旺达对抗整个世界。没人站到我们这边说"我们理解你们的难处，等一等，我们会解决这个问题。"没有人站出来，除了少数几个人告诉我们卢旺达无足轻重。他们为什么要派兵去送死？如果他们解决不了，为什么指望我们保持沉默？所以我们决定自行解决。
>
> 保罗·卡加梅

"自行解决"就是打进扎伊尔。卡加梅认为，唯一要选择的是主动出击还是备战待敌，这个决定很容易。

尽管对此次入侵众说纷纭，但主要起因就是卢旺达边境各难民营出现了一支流亡敌军。乌干达学者马哈穆德·马姆达尼认为："这主要归咎于法国和联合国。法国实施绿松石行动，特意开辟庇护走廊援救应为卢旺达大屠杀担负政治责任的那些人。联合国过去袖手旁观大屠杀，举手之劳也不肯做。同样，他们坐观国际边界附近建起难民营，随后成为武装和训练难民的营地。"[②]

---

① Hugh McCullum, *The Angels Have Left Us: The Rwanda Tragedy and the Churches*. Geneva: World Council of Churches Publications, 2004, p. 101.

② Mahmood Mamdani, *When Victims Become Killers: Colonialism, Nativism, and the Gencoide in Rwanda*. Princeton: Princeton University Press, 2001, pp. 254-255.

在平常情况下，卡加梅或许会直接命令越境进攻，但当时扎伊尔已经烽烟四起，他只需联合当地叛军即可，他们也想推翻蒙博托。他们选择的时机很好。蒙博托拒绝了西方的民主改革方案，其老主子们群起而攻之。1990 年，法国、比利时、美国暂停对蒙博托政权的援助。一年后，世界银行和国际货币基金组织宣布不再贷款。扎伊尔经济连续 20 年衰落，外界压力进一步激起民众不满。公共秩序失控，全国不少地方军阀和反叛团伙揭竿而起。

1996 年夏末，卡加梅开始帮助反叛团伙联盟。他和刚果叛军首领洛朗·卡比拉秘密达成互利协议。他们的计划很简单，卢旺达派精兵强旅协同卡比拉叛军作战。这支部队不会暴露真实身份，卢旺达方面也不会承认参与其中，全部叛军都假称是扎伊尔人。联军将攻打营地，打败盘踞在那里的前卢旺达政府军和联攻队武装，驱使难民返回卢旺达，然后进军扎伊尔首都金沙萨，推翻蒙博托，扶植卡比拉。

计划最后部分的野心极大。从扎伊尔东部到金萨沙没有像样的道路，只能绕小道横穿面积大过得克萨斯州的密实丛林。这也是扎伊尔东部省份拥有某种程度自治的原因。一些非洲军阀和欧洲公司在此掠夺大量资源。密林同时构成金沙萨抵御来自东部进攻的屏障，几乎不可逾越。然而，卡加梅完全信赖其卢爱阵勇士，坚信他们定能穿过密林。

这种前景令卡比拉欢喜若狂。他为夺政苦思冥想 30 年，20 世纪 60 年代甚至引来切·格瓦拉为其作战。没几个月格瓦拉便愤然离去，认定“卡比拉一伙不懂政治，只喜欢女人和美酒”。但是，卡比拉坚持如故。他多年来靠走私黄金、象牙和军火支撑着大股私人武装。他享誉西方是因为在 1975 年曾绑架两名在扎伊尔黑猩猩研究中心工作的斯坦福大学学生并榨取了大笔赎金。他时不时在利比亚和中国等国露面，宣传第三世界革命，但从未能够威胁蒙博托政权。美国人的一份报告称其为“好斗的独裁者”，“智力低下”，“师心自用”，急于伺机“实现野心”。[①] 突然，卡加梅给了他这个机会。

这种结盟对卢旺达大有裨益。如果事成，卢旺达可以消灭敌人，带难民回国，金沙萨也将换个政权。卢旺达帮卡比拉上台，后者想必会照顾卢方利益。

---

① Robert E. Gribbin, *In the Aftermath of Genocide: The U.S. Role in Rwanda*. New York: iUniverse, 2005, p. 194.

1996年10月，战争打响，先是攻打戈马一带多个难民营。守方惯常聚集大批难民做人盾掩护撤退。这种办法曾经多次奏效，但此次失灵。卢旺达国民军及其扎伊尔盟友直接射击人盾，随后猛扑敌军。成千上万无辜难民死于枪下，成千上万前卢旺达政府军和联攻队也同时毙命。

战斗打响后，卡加梅坚决否认其部队参与其中。美国大使罗伯特·格里宾等都表示怀疑，收到许多报告称“长相酷似图西人的军队”进入扎伊尔。“我把这些报告标出来给卡加梅副总统看。”他后来写道，“他承认听说过同样的谣言，但否认他下属部队参与此事。”①

首轮进攻得手，守军残部撤到深入扎伊尔境内10英里的穆贡加营地负隅顽抗。11月13日，追兵猛攻营地，守敌从三个方向溃逃丛林。联军随后在营地以东构建防线，驱赶难民返回卢旺达。许多人不想再逃难，似乎愿意离开，有些不管乐意与否都被裹挟其中。

两天后，美国武官奥斯少校从边境给格里宾大使打电话：“他们回来了！”

大使问：“谁？”

“所有人。”②

奥斯看到大批难民源源不断涌回卢旺达并很快淹没了边境检查站，卢方官员没有时间搜查他们是否携带武器。一大堆人集成整体，脱离贫困肮脏的难民营，步履艰难地返乡，面对未知的命运。

“此后几周在穆贡加一带的情形震惊了世界，令援助团体困惑不解。”有救援人员后来写道：

> 难民中大部分，逾50万人，此时不再受困……绑架他们的人作鸟兽散，不到48个小时，绝大多数人带上行装走回卢旺达，默默无声，惊魂未定，但是相当安全，得到关爱……没有人帮助他们，边界对面只有少量卡车和大巴等候运送伤病体弱者，约55万难民几天内自行遣返，联合国两年都没能做到……几周后，坦桑尼亚政府也协同关闭了其境内的难民

① Robert E. Gribbin, *In the Aftermath of Genocide: The U.S. Role in Rwanda*. New York: iUniverse, 2005, p. 176.

② Ibid., p. 195.

营，送逗留其西北部的胡图难民返回家园。几天内如此果断的行动，也使坦桑尼亚方面除去了邻国逃亡难民这个溃烂脓包，解决了相关安全、政治和环境难题。卢旺达大屠杀之后一度混乱的局面因而告终。[①]

保罗·卡加梅

1996年秋天这几周，逾百万卢旺达难民沿两年半前逃离的原路返回故乡，有个入境点每小时入境1.2万人。他们返回家乡也构成了巨大的挑战，几乎人人从小就接受了反对图西人的恶毒宣传，大都至少间接地参与过大屠杀。他们没有工作，许多人的农田和房屋为图西人非法占用。让他们返回家园是危险的赌博。但是卡加梅认为，如果这些难民留在外国的难民营里，卢旺达永远不能安定。让他们回国是羽翼未丰的新政权的一大胜利，也是卢旺达现代史的一个转机。

许多问题并没有解决，但对我们来说，解决了最重要的问题。在刚果（扎伊尔）有几百万难民和几十万前政权士兵和民兵，得到蒙博托提供的武装和补给，或是其他人通过蒙博托提供的。等着他们回来打败我们，不仅有勇无谋，而且非常愚蠢，对我们来说也是一种风险。

我们解决了一个大难题。我们在光天化日下遣返了250万名难民……其次，我们解除了盘踞在难民营里军队的武装。如果我们没这么做，不知道今天会是什么情形。

保罗·卡加梅

清剿营地不仅击溃了卡加梅的敌人和遣返难民，而且开启了非洲现代史上最值得称道的军事壮举。此后四个月间，历经卢旺达内战洗礼的詹姆斯·卡巴瑞贝[②]中校率领反蒙博托联军披荆斩棘，艰难跋涉1000英里茂密丛林，那是耐力

---

① Colin M. Waugh, *Paul Kagame and Rwanda: Power, Genocide and the Rwandan Patriotic Front*. Jefferson NC: McFarland, 2004, pp. 112-113. Elizabeth Neuffer, *The Key to My Neighbor's House: Seeking Justice in Bosnia and Rwanda*. New York: Picador, 2001, pp. 253-256, 296. 伊丽莎白·纽佛(1956—2003)：战地记者。译者注。Gérard Prunier, *The Rwanda Crisis: History of a Genocide*. New York: C. Hurst & Co. Ltd., 1995, p. 384.

② 詹姆斯·卡巴瑞贝：现任卢旺达国防部长。译者注。

最强的乌鸦也难飞越之处。他们战胜酷热、蚊虫、饥饿和艰险地形，遭遇塞尔维亚和罗马尼亚雇佣兵与蒙博托军队的几次激战，最终钻出林海，打进金沙萨。[①]

扎伊尔军队不堪一击，防线崩溃。强势的蒙博托30多年来在世界舞台上叱咤风云，顶住了种种可以想像的威胁，此时却逃之夭夭。他的法国朋友安排其避难摩洛哥。1997年5月17日，他离开的第二天，叛军攻入金沙萨并宣布建立新政权。卡比拉初圆一生的总统梦。

最怪诞的是，卢爱阵在金沙萨发现了哈比亚利马纳坠机遇难的遗体。蒙博托不知道怎么竟然弄到手，供在金沙萨一家私人墓园。他逃亡之前才下令焚化。[②]

蒙博托的倒台震惊了世界。许多地方忽略了事后的一条消息。整个扎伊尔行动中，尽管铁证如山，卢旺达领导人始终坚持自己只是旁观者，政府部队没有参战。蒙博托倒台、新政权站牢后，无需再保守秘密。卡加梅最终才承认他的军队始终参与其中。

他告诉华盛顿邮报："没有多少人认为蒙博托实际外强中干，大都觉得蒙博托戴大礼帽、拄大手杖，是不可能打败的怪兽。他们认为'扎伊尔大，卢旺达小'，我们开战后他们才查看地图，才明白我们有可能打赢。"[③]

在扎伊尔（卡比拉后来重新命名为"刚果民主共和国"），卢旺达士兵英勇顽强，纪律严明，令人震惊。卢旺达人扶持卡比拉掌权，他则晋升卢旺达部队的指挥官卡巴瑞贝上校为将军，任命其为自己部队的参谋长。时隔不久，也许不可避免，刚果人开始抱怨本国军队竟由外人指挥，还有很多外国人担任高级军官。也有人跟风指责卢旺达商人到资源富饶的刚果东部省份经商。[④]

---

① Howard W. French, *A Continent for the Taking: The Tragedy and Hope of Africa*. New York: Vintage, 2004, p. 140. Robert E. Gribbin, *In the Aftermath of Genocide: The U.S. Role in Rwanda*. New York: iUniverse, 2005, p. 213.

② John A. Berry and Carol Pott Berry, eds., *Genocide in Rwanda: A Collective Memory*. Washington, D.C.: Howard Unirersity Press, 1999, p. xxix.

③ *Washington Post*, June 6, 1997.

④ Nigel Eltringham, *Accounting for Horror: Post-Genocide Debates in Rwanda*. London: Pluto, 2004, p. 119. Hildegard Schürings, *Volk Verlässt sein Land: Krieg und Völkermord in Ruanda*. Cologne: Neuer ISP Verlag, 1994, p. 169. Vansina Jan, *Antecedents to Modern Rwanda: The Nyiginya Kingdom*. Madison: University of Wisconsin, 2004, p. 11. Colin M. Waugh, *Paul Kagame and Rwanda: Power, Genocide and the Rwandan Patriotic Front*. Jefferson NC: McFarland, 2004, p. 129.

"我们不会利用胜利。"一名前卢爱阵领导人后来总结道,"我们想管得很细,结果造成了麻烦。"

这个极为富饶的地区如今叫刚果东部,曾是卢旺达王朝的附庸国。1881年,基盖瑞·瓦布古瑞国王在征服刚果东部的战斗中阵亡。这段历史使某些卢旺达人认为他们在此享有特权。刚果人也因此十分担心卢旺达人特别是图西人企图主宰该地区。卡比拉在卢旺达的鼎力相助下夺权,不久他们便抱怨卢旺达人过度陶醉于胜利。卡比拉本人很快也附和这种看法。

卡比拉掌权后不到一年,开始不断公开谴责图西人试图影响刚果。[①] 逃散的前卢旺达政府军和联攻队回到边境老营重新集结。卡比拉任其自流,这些人越境卢旺达袭击骚扰他也不阻止。1997年年底,一股胡图匪徒攻打卢旺达某监狱,解救了500名大屠杀嫌犯。[②] 首先表示效忠卢旺达的卡巴瑞贝上将准备清剿胡图匪徒营地,但卡比拉不准他动兵。[③]

卡比拉改换门庭。没有卢旺达的帮助他不可能上台,但他很快便背弃了盟友并勾结盟友的死敌。1996年刚果之战,并非像起初看来那样成功。卢旺达在金沙萨扶植的领导人言而无信——或者自作主张。是非曲直全凭读者的立场。刚果之战也未能摧毁前卢旺达政府军和联攻队武装,他们出其不意重返边境地区,再度越境袭扰。

1996年下半年到1997年上半年,逾3万胡图匪徒潜入卢旺达境内,其中许多人假扮难民,但回国并非为了重寻和平生活,而是重挑战事。

"那些难民中有很多身强力壮、吃得很好的家伙,"曾经目睹难民遣返的奥斯少校回忆道,"我是一名军人,看得出那些人都是军人。他们颇为自信,我从他们的眼神中看到'我们不是败军'。"[④]

---

① John F. Clark, ed., *The African Stakes of the Congo War*. New York: Palgrave Macmillan, 2002, p. 12.

② Ibid., p. 133.

③ Colin M. Waugh, *Paul Kagame and Rwanda: Power, Genocide and the Rwandan Patriotic Front*. Jefferson NC: McFarland, 2004, p. 132.

④ 作者采访里克·奥斯(Rick Orth)。

我们接手的是个烂摊子，人们深受影响。有些领导人以为当权就是身居高位、受人敬仰，甚至尊敬都不够，还要拥有种种特权。我们在内阁针锋相对，争论不休。有人声称："我们是部长，必须要有权。"各不相让！我常问他们："你们要这要那，哪里有这些？你想拥有就得先创造。你们要车、要钱、要高薪和津贴，你们没处去要这些。况且，我们还有其他要优先考虑的事，如果有这笔钱、有地方创收，我们也该把它用在别处，而不是你们说的这些。"

在这个内阁里，我和另外一两个人常常彻底孤立。我常常要费劲地解释，"我们这些人蹲在战壕里，夜里很冷，没有饭吃。我们来到这里，并没有要求补偿过去，也没有说我们比别人有更多需要，因此要求得到更多。即便在今天，我们还是说，我们不该要得太多！"

保罗·卡加梅

恩塔雷学校同学合影。前排右二席地而坐的是卡加梅。（卢旺达总统府档案馆）

保罗·卡加梅随家人从卢旺达杀人队手中死里逃生时还不到两岁。全家逃到乌干达，保罗儿时在难民营生活贫苦。他一度学习出色，后来日益叛逆，成绩下滑，内心燃烧“无名之火”。

卡加梅追随的第一个司令和榜样是乌干达革命者穆塞韦尼，后者自 1986 年掌权统治乌干达至今。（卢旺达《新时代》报）

在启程推翻卢旺达政府前夕，卡加梅抽空结婚。（卢旺达总统府档案馆）

卢旺达内战从 1990 年打到 1994 年，最终引发百日大屠杀、夺走 100 万人性命。（卢旺达总统府档案馆）

联合国驻卢旺达维和部队司令罗密欧·达莱尔将军和卡加梅在姆林地爱国军战地指挥部。达莱尔请求增派部队和补给以制止杀戮，但联合国拒绝其要求。（卢旺达总统府档案馆）

卡加梅是唯一先后在古巴和美国接受军事训练的国家元首。图为卡加梅在古巴训练。（卢旺达总统府档案馆）

卡加梅是唯一先后在古巴和美国接受军事训练的国家元首。图为卡加梅与堪萨斯州莱文沃思堡陆军指挥参谋学院同学合影。（卢旺达总统府档案馆）

极端派小报《坎古拉》1993 年发表的漫画，描绘保罗·卡加梅率部队通过满野尸骸和棺材的夺权之路。卡加梅说：“蟑螂勇士来了！我们要强迫你们和我们一起生活！！”（《坎古拉》）

卡加梅总统选择大屠杀嫌犯博尼法斯·卢卡古担任不服中央的北方省省长，令其支持者十分震惊。他们两人携手平息了卢旺达最动乱地区的激愤情绪。（弗雷德里克·姆恩亚如巴嘎）

卢旺达著名宗教人士约翰·卢西亚哈纳主教传道福音、非洲救赎和自力更生。（乔治·巴瑞姆韦萨基）

索朗热·卡塔热贝的餐馆火爆，体现了年青一代卢旺达中产阶级的兴起。（乔治·巴瑞姆韦萨基）

格鲁戈瓦·西纳开办的一系列企业，带动了整个所在地区脱贫，他本人也同时致富。（乔治·巴瑞姆韦萨基）

德洛瑟拉·克鲁格等许多卢旺达人从国外回来兴办服务于大屠杀幸存者的项目。（乔治·巴瑞姆韦萨基）

卢旺达首都基加利的新生反映了这个国家的进步。（弗雷德里克·姆恩亚如巴嘎）

2003 年卡加梅当选卢旺达总统，据说得票 95%。（弗雷德里克·姆恩亚如巴嘎）

卡加梅打网球和从政一样，“总渴望得胜，毫无疑问。”（卢旺达总统府档案馆）

第十三章 巧用政治运作

1997年夏天某个清晨，卢旺达北部鲁亨盖里镇的居民醒来后发现，一夜之间大街小巷到处都是胡图匪徒及其支持者散发的传单《致本镇图西人》。[①] 透过这份言辞露骨的传单，不断蔓延的动乱之本质昭然若揭。

文中写道："你们这些图西人，我们一直叫你们滚出本镇，这里不属于你们。我们警告过你们三次。这是最后一次，不会再有下一次。如果你们没地方可去，找根绳子上吊。"

渗透到鲁亨盖里和吉塞尼北部地区的胡图匪徒很快形成一股难以对付的势力，[②]他们在卢旺达西北大部分地区流窜，夜间控制交通要道。最猖狂时，他们多次调动三五百人搞营连进攻。

卢旺达的未来取决于此。胡图匪徒声称，如果获胜他们将恢复大屠杀。即便打不赢，他们也足以将全国拖入暴乱。卡加梅总统意识到，除非彻底剿灭暴乱，否则政权绝不可能安全，也绝无可能重建卢旺达。他决心重建国家。他和暴乱势力一样，只按自己的路子走，其铁腕手段导致许多无辜卢旺达人吃苦甚至丧生。

伦敦的非洲人权组织曾详尽研究此次叛乱，列举了其主要特点：

> 此次暴乱是……全面的军事行动，旨在推翻卢旺达政府或迫使其谈判。
>
> 暴乱者大多是前卢旺达政府军士兵、民兵以及从扎伊尔难民营中招募的难民。他们都害怕卢爱阵，因此抱成一团……其中许多人都是大屠杀凶犯，有充足理由不肯回乡。
>
> 暴乱者明确表示，打算清洗西北部的图西少数人，完成大屠杀。

---

① Rakiya Omaar, *Rwanda: Death, Despair and Defiance*. African Rights, 1995, p. 146.

② Rick Orth, "Rwanda's Hutu Extremist Genocial Insurgency: An Eyewitness Perspective", *Small Wars and Insurgencies*, 2001, Vol. 12(1).

暴乱者也杀害反对他们这种主张的胡图人。

暴乱的中坚力量是当地民众……他们充当线人、信差以及大规模袭击的后援。他们掩护暴乱者,也掩护潜伏在国防军中的叛逃者……拒不合作者遭遇重刑。

有人指控卢爱阵也滥杀平民。暴乱者得到当地人的支持……他们藏身于平民中,利用平民作人盾,导致战争伤亡惨重。但是,卢爱阵士兵处决涉嫌支持暴乱的人,也确有其事。[①]

保罗·卡加梅

刚果总统卡比拉与其卢旺达盟友最终决裂,公开支持胡图匪徒。不少胡图匪徒身穿刚果军队制服。1998 年 7 月,卡比拉罢免了出生于卢旺达的总参谋长卡巴瑞贝将军,开除了军中所有卢旺达籍官兵,勒令其离境。[②] 他们立即回国。令卡比拉大吃一惊的是,卢旺达人五天后挟炮火重返,二度入侵刚果。卡加梅履行军人义务,不再掩饰自己的介入。

我们此前撤回了所有的部队,但我们还是那句话:"如果我们继续遭到来自刚果的进犯,我们还会再来,不管他们指责我们什么。解决这个问题我们就罢手。但是,你没有解决问题。"

胡图匪徒重回卢旺达杀人。刚果政府直接协同,一刻不停地推波助澜。刚果政府出于某种原因转而支持蒙博托扶植的势力,我们也就出于同样的原因要打卡比拉。

保罗·卡加梅

卢旺达二次入侵刚果,一度推进顺利。卡加梅与其老友和同志乌干达总统穆塞韦尼共同筹划,卢旺达国民军和乌干达盟军攻占了边塞,直扑金沙萨。但他们很快遇到不曾料到的障碍。刚果人不像两年前推翻蒙博托那次入侵时那样欢

① African Rights, *Rwanda: The Insurgency in the Northwest*. London: African Rights, 1998, pp. 7-12.

② Ibid., p. 114.

迎和支持他们。卡比拉在反殖斗争中结识一些老战友，他们治下的安哥拉、津巴布韦和纳米比亚等非洲三国出兵保卫卡比拉，使用重武器和战斗机切断卢、乌联军的联系。西方默然接受卢旺达头次入侵，但强烈反对此次进犯。最让人始料不及的是，卢旺达和乌干达两军居然阵前内讧，夺下刚果东部重镇基桑加尼（原斯坦利维尔）后，竟然为控制富有的黄金矿和钻石矿而兵戎相见。[①]

这场冲突不过是争夺刚果东部自然资源控制权的冰山一角，非洲人如此"大博弈"已有一个多世纪。那里事事都与争夺资源不无关联：为何败逃卢旺达的胡图军队选在刚果东部重整集结？为何卢旺达人要打掉胡图人避难之地？为何卡比拉先与卢旺达人结盟后又翻脸？为何乌干达与卢旺达共同出兵、二度入侵刚果？为何两家又对打？了解掠夺刚果东部富饶资源就可以聚敛巨额财富，才能回答此类战略问题。

卢旺达领导人从不承认借20世纪90年代末占领刚果东部之机赚钱。但根据联合国的报告，卢旺达军队采掘了大量黄金、钻石和用于制造手机重要元件的"灰金"钽矿。报告还列举了一些事例，如卢旺达士兵洗劫银行所有现金，拆卸整座制糖厂运回国，等等。[②]

卡加梅声明自己清白。卢旺达如果真的没有掠夺刚果东部财富，在先后占领此地的诸多国家中，可算是难得的洁身自好。

卢旺达军队陷入刚果泥潭不能自拔，而国内的暴乱却愈演愈烈。胡图匪徒人多，装备精良，由职业军官指挥，还有当地人支持。卡加梅决意不惜一切代价歼灭胡图匪徒。通常，许多平民死于这类战争，20世纪90年代末在卢旺达西北地区的这场战争也不例外。

"白天，联攻队躲在火山上或混迹于普通百姓之中，夜晚出来继续屠杀图西人。"当地一位美国妇女写道："1996年8月21日凌晨1点，联攻队民兵袭击穆登德的难民营，杀死120个图西人，伤者更多……报复行动来得很快，几小时内，

---

① Colin M. Waugh, *Paul Kagame and Rwanda: Power, Genocide and the Rwandan Patriotic Front*. Jefferson NC:McFarland, 2004, pp. 134-136. 作者采访。

② John F. Clark, ed., *The African Stakes of the Congo War*. New York: Palgrave Macmillan, 2002, pp. 136-137. UN Security Council, *Final Report of the Panel of Experts on the Illegal Exploitation of Natural Resources and Other Forms of Wealth in the Democratic Republic of the Congo*. New York: UN, 2002. See ①, p. 139.

图西平民便开始见胡图人就砍，四处烧杀抢劫……1997年10月8日，逾1000名联攻队民兵进攻吉塞尼，七小时激战后险些拿下机场。许多人惨遭杀害……1998年，吉塞尼遭遇多次恐怖袭击。先是胡图民兵屠杀归国图西难民，随后是图西人报复仇杀胡图平民，天天如此……医院躺满烧伤的或断手断脚的受害者。每天都有好几十场葬礼。”[①]

卡加梅的部队残酷平叛。士兵视每个平民为潜在敌人，一旦受到威胁就抢先开火。他们遭遇袭击后，经常带着大部队开展大扫荡报复，驱赶几万人进营地，严密监视，大片区域辟为自由开火区。据说，一些受害者遗体就地焚烧或埋入万人坑。

22名大屠杀凶犯受到正式审判，卢旺达法庭判其犯有重罪并处以极刑。1998年4月25日，他们蒙着黑头套，被押赴全国不同地方的体育场，绑在木桩上公开枪决。[②]“治愈我们的病态社会必须用苦口猛药，警示大家犯罪不受惩罚的日子已经终结，人人都要伏罪。”政府报纸的专栏作家如是说。[③]

随后几天，几百名坐牢的大屠杀嫌疑犯担心自己也会落此下场，纷纷坦白招供，请求宽大处理。然而，许多外国人十分反感死刑，卢旺达不久便废除了死刑。

一些流亡海外的卢旺达人谴责卢爱阵实行严刑峻法，但他们多数是大屠杀刽子手和前政府辩护者，几乎无人理睬。只有前内政部长赛斯·森达松噶这个名人例外。他移居肯尼亚，成为反卡加梅的旗手，暴乱首领都拥护他。

“他很有才智，反对过哈比亚利马纳，没有参与大屠杀，在国内也很有威望。”铁托·卢塔雷马拉多年后回忆道，“那些人总是找一身清白的人作领导，他很清廉。”

暴乱的地下指挥中心在肯尼亚，卡加梅在那里的情报网很活跃。1996年，著名胡图流亡者、前秘密警察局长泰奥内斯特·利金德在内罗毕遇刺身亡。1991年，卢爱阵攻打鲁亨盖里监狱，解救他出狱，他随即加入卢爱阵，1994年出

① Carr, Rosamond Halsey and Ann Howard Halsey, *Land of a Thousand Hills: My Life in Rwanda*. New York: Viking, 1999, pp. 230,233.

② Robert E. Gribbin, *In the Aftermath of Genocide: The U.S. Role in Rwanda*. New York: iUniverse, 2005, p. 265. Colin M. Waugh, *Paul Kagame and Rwanda: Power, Genocide and the Rwandan Patriotic Front*. Jefferson NC: McFarland, 2004, p. 173.

③ Nigel Eltringham, *Accounting for Horror: Post-Genocide Debates in Rwanda*. London: Pluto, 2004, p. 145.

任卢爱阵众议员，后与新政权决裂并逃到国外。利金德死后不久，有枪手袭击森达松噶的汽车，他肩部中弹。警察当场抓获刺客，发现此人竟是卢旺达使馆外交官。

“我告诉他离卢旺达远点，否则太危险，”森达松噶的朋友后来说，“他却说：‘不近狮窝，焉得狮子。’”①

森达松噶一心想捕猎的“狮子”当然是指卡加梅。他也确实有这个能耐：无可指摘的背景，对现政权了如指掌，广泛结交的国际人脉，再加上国内支持，极为令人信服。他在内罗毕多次接受采访，激情警示卢旺达当局正酝酿“第二次大屠杀”。有一次他指控当局杀害六万胡图平民，旨在“有计划地清除可能成为民众领袖的人”。

“卢旺达所发生的一切，幕后筹划和实施者就是卡加梅将军。”森达松噶指称，“这不是什么一怒之下的差错，我起初曾经以为如此。肯定有总体计划……如果国际社会不予关注，迟早有一天会惊觉冤冤相报的大屠杀死灰复燃。”②

1998 年 5 月 10 日晚，森达松噶乘车途经内罗毕郊区，枪手密集开火，他和司机当场毙命。内罗毕腐败滋生，花几百美元就能雇凶杀人，况且森达松噶树敌众多。然而，嫌疑首先落在卡加梅身上。他否认曾下令暗杀，尽管他有充分理由可能这样干。森达松噶构成对卡加梅政权的政治和军事威胁，就本性而言，他绝不容忍这种威胁存在。

卡加梅此时的地位颇为反常。他是卢旺达最有权力的人，却不是总统。他在卢旺达爱国阵线党内的地位也是如此：本是无可争议的领袖，却只是副主席。他若想当总统，可能引发争议，但在卢爱阵不会有问题。1998 年，他一手策划并当选了卢爱阵主席，手中权力更大，有利于平暴。

卡加梅平暴无疑会粗暴践踏人权。他辩解称自己始终深信只有彻底消除暴乱威胁卢旺达才能安全，而这是卢旺达人最基本的权利。不过，他一生钻研游击队理论，深知单靠武力将自己意志强加于人只能赢得一时，唯有让北方好战出名的胡图人支持政府才能永续成功。即使北部暴乱猖獗之时，他仍在反复苦思对策。

---

① 作者采访保罗·卢瑟萨巴吉纳(Paul Rusesabagina)。

② *Globe and Mail*(Toronto), May 25, 1996.

> 纯从军事上看打仗是一回事，你可以调大部队挫败进攻。但这里有一大部分是政治问题……要赢得民心民意，要让民众加入组织，需要细心运用技巧。需要认真思考，特别是我们甚至没有时间宣传鼓动国内群众。人们创伤未愈，那些大屠杀刽子手的帮凶，还有那些暴乱分子在当地的亲朋好友，他们说："我们在打那些明天要找你们清算大屠杀旧账的人。"当地人确实感到应该有些同情心。所以，分化暴乱势力和当地百姓是项非常非常艰巨的任务。
>
> 保罗·卡加梅

20世纪90年代末期，卡加梅采用卓有成效的策略招募战败的前卢旺达政府军胡图士兵。约4000人最终加入新的卢旺达国防军。[①] 他们大多部署在北方省份自己家乡附近，当地人原本以为，图西军队会占领此地，此时部署胡图军人有助于安抚胡图人的恐惧。然而，卡加梅希望进一步做好姿态，选择鲁亨盖里搭建舞台。

鲁亨盖里的许多人是大屠杀凶手，几乎人人支持暴乱，数以千计的家庭中有人坐牢，军队的残酷手段更激起了人们心中对新政权的愤怒。卡加梅为争取这些人，决定寻找一位当地人合作出任省长。此人任务艰巨，要说服北方胡图人接受他们内心憎恶的新政权。

大屠杀之前，鲁亨盖里最负声望的政治家博尼法斯·卢卡古是个民粹派，热情洋溢，乐于助人。他年轻时支持过卡伊班达独裁政权，1973年政变后投身"第二共和国"，当选议员。他在鲁亨盖里有政治基础，长达十多年一直是前政权的支柱。1990—1994年内战期间，卢爱阵视他为死敌，火烧其家。战争结束后，幸存者指控他是大屠杀凶犯，他因此被捕入狱。

几个月后，卢卡古获释。指控者激怒之下再次送他入狱，但不久他又获自由。据他本人说，他前后六次进出监牢。1997年他第六次出狱后，卡加梅提出了一个他无法拒绝的建议，他不仅可以免去牢狱之灾、不会因大屠杀时期的作为面临审判，还能成为鲁亨盖里省长。

---

① Colin M. Waugh, *Paul Kagame and Rwanda: Power, Genocide and the Rwandan Patriotic Front*. Jefferson NC: McFarland, 2004, p. 120.

卡加梅安排比齐蒙古总统下达了这一不同寻常的任命，但是通常顺从的议会强烈反对，许多议员发誓绝不投票批准卢卡古任省长。他们坚称，任何政治目的都不值得为劣迹昭著之人而玷污卢旺达政府名声，道义代价太大。新政府靠制止大屠杀而上台掌权，比世界各国更有资格弘扬纯正的反大屠杀观念，怎能任命大屠杀嫌犯出任政府要职？

卡加梅回应说，政府决策不应拘泥于过去，应该放眼未来。理由很简单：卢旺达若要发展必须稳定，鲁亨盖里人民不改变对当局的看法，卢旺达就不能稳定。卢爱阵无人能做成此事，但卢卡古或许能够。卡加梅和其他认为"稳定是社会最基本需要"的人觉得这点很有说服力，但很多人不同意，甚至一些老同志也以为他与魔鬼达成了不道德的交易。不过，卡加梅还是设法让议会通过了此项任命。

卢卡古省长不仅工作效率很高，而且积极倡导民族和解。他在大街小巷、公共建筑和学校教室张贴标语："根除大屠杀意识形态！"20 世纪 90 年代末，暴乱平息，北方恢复和平，卡加梅用事实证明了自己决策的正确性。

> 甚至我的一些盟友都对此人当省长火冒三丈，但我相信这是扭转局面的好办法，也确实奏效。有时候你任用愿意改过自新的人，不必顾及其背景，你用这样的人改变那些尚未改变的人……就是要扭转人们对卢爱阵的印象，人们不熟悉我们的指挥和领导，这样可以跨越领导者和被领导者之间的鸿沟。
>
> 我告诉那些批评者，有些还是我的同事，看起来这是没有追究某个罪犯，甚至有杀人嫌疑的重犯，实际上，我是在保护更多人的性命。这是头号要务。如果我听从他们的建议，我们只会失去更多人的支持。如果我用一个人，就算是个"罪犯"，但能制止暴乱引发的浩劫，我想我做的还是有积极意义……
>
> 道义层面的事情以后再说，人们首先需要安定。道义上的两难问题总要权衡考虑，但不能只着眼于此。如果决策时只考虑这个因素，你不能推进，换个角度就可能取得进步……
>
> 卢卡古在那个地方出生，哈比亚利马纳政权时期，他在那个地方颇

有影响。尽管他也有政敌,他和哈比亚利马纳集团有过冲突。但他有自己的强大基础。因此,不管人们指控他犯了什么罪,除非让我信服他有重罪,我还是想利用他在那里的基础,利用他影响那里的人。这个策略效果很好,我没有什么遗憾……这在平暴中起到了很大作用。

保罗·卡加梅

严厉平暴战术和巧用政治运作两手并举,特别是整编前卢旺达政府军士兵和提名博尼法斯·卢卡古任鲁亨盖里省长,新政府最终取得胜利。2000 年年初,卢旺达恢复了一定程度的平静。"政府看来逐步取胜。"美国武官报告,"叛军仍有能力使用恐怖手段,但很难说他们还能利用暴力强迫大多数民众继续支持胡图极端派搞暴乱和大屠杀。"①

在国境对面的刚果,胜利的前景依旧渺茫。卢旺达国民军同乌干达盟军摩擦不断,进军金萨沙不顺,西方也施加压力要卢旺达撤军。随着国内暴乱得以控制,卡加梅也想撤军。

2001 年 1 月 16 日,卡比拉总统在金沙萨遇刺身亡,他 29 岁的儿子约瑟夫接任,其高超的和解技巧令许多人吃惊。卢旺达军队在刚果逗留了一段时间,终于在 2002 年签署和平协议后撤离。约瑟夫·卡比拉总统在协议中承诺,解除刚果境内所有胡图士兵的武装。但是这个协议并没给该地区带来和平,一些士兵拒绝解除武装,并在刚果腹地重整兵马,不时袭击卢旺达境内目标。20 世纪 90 年代末,危及卢旺达完整统一的内战终告结束。

这场战争最惨痛的代价是引发了刚果境内的人道灾难。自 20 世纪 90 年代中期起,政治、民族和地区冲突倍增,烽火连绵十年,七个以上非洲国家出兵刚果为某个派系作战。大批民众背井离乡,整个地区疫病肆虐,战乱和瘟疫夺走逾 300 万人的性命。

如果说卢旺达 1998 年入侵是引发浩劫的成因之一,最终罪责却是有些人听任卢旺达大屠杀前政权的残兵败将在刚果重整旗鼓。法国是他们的后台老板。法国请求蒙博托政权允许前卢旺达政府军全副武装败退刚果,法国还鼓励这支

---

① Rick Orth, "Rwanda's Hutu Extremist Genocial Insurgency: An Eyewitness Perspective", *Small Wars and Insurgencies*, 2001, Vol. 12(1), p. 104.

军队打回老家重掌大权。

非洲统一组织就此发表报告指出："不可低估法国这种政策产生的后果。大屠杀领导人逃窜扎伊尔，几乎不可避免地导致卢旺达的悲剧升级，情形更加复杂，演变成迅速席卷整个中部非洲的战争。"[1]

如果1994年前卢旺达政府军战败逃离卢旺达入境刚果时解除武装，如果救援机构能够控制难民营，卢旺达军队不会入侵刚果。他们两次入侵都是卢旺达内战在刚果国土上的延伸。《纽约时报》记者霍华德·弗伦奇报道："这场战役是要解散难民营，以避免1994年大屠杀再次上演……在战斗中，入侵者遇到的道义障碍同敌方的军事抵抗相去无几。"[2]卡加梅一直坚称，卢旺达面临致命威胁，两次入侵刚果都是不得已而为之。

> 一些刚果人丧命，的确令人十分遗憾，可这些人死于何时？大多数是在蒙博托掌权时期。我们打进去之前，在蒙博托统治下，几十万刚果人死于疾病和贫困，尽管那是个富有的国家。指责我们的那些人在那里开矿，抢走黄金、钻石和木材，等等……绝大多数刚果人都是贫民中的赤贫者，可他们认为这不算是杀人，他们要让别人分担造成刚果人死亡的责任……
>
> 我对刚果局势深表同情，但我的首要责任是保障卢旺达民族的福祉。我们打到刚果，是因为刚果构成了危及我们生存的巨大安全威胁。这才是首要问题。
>
> 保罗·卡加梅

平定暴乱之后，卡加梅得以转而关注改造卢旺达，这是他及其团队一直赋予自身的特殊历史使命。他们流亡数十年，形成了拯救不幸祖国的超大野心，满怀激情和信念：卢旺达绝非命中注定深陷贫困和孤立无援，必将战胜历史宿命走向

---

① Andrew Wallis, *Silent Accomplice: The Untold Story of France's Role in the Rwandan Genocide*. London: I. B. Tauris, 2006, p. 191.

② Howard W. Freeman, *A Continent for the Taking: The Tragedy and Hope of Africa*. New York: Vintage, 2004, p. 141.

繁荣昌盛。

1994 年内战胜利后，卢爱阵领导人认识到自己不能直接执政。他们不熟悉卢旺达国情，得不到多数民众的信任，主要精力用于对付胡图暴乱造成的安全威胁。卡加梅团队本可以领衔组阁，他们却没有，而是交由投诚卢爱阵的少数胡图政治家执掌政权。

到 20 世纪 90 年代末，胡图人为主的政权显然不赞同许多卢爱阵领导人那股乌托邦热情。新政权缺乏激情，专注于自身利益。卡加梅团队则充满流亡生涯形成的不切实际的梦想，满怀革命豪情。最终，两个阵营不可避免地产生了冲突，卡加梅也不可避免地脱颖而出，成为全国无人挑战的领袖。

尽管卡加梅在大屠杀后成立的新政府内只担任次要职务，但显然始终掌握最高权力。比齐蒙古总统及其内阁享有相当大的自主权，尤其是在卡加梅忙于平乱的那几年。但是，各类高级代表团访问卢旺达时通常都坚持要见副总统，而非总统或总理。1996 年卡加梅访美，《华盛顿邮报》称其"虽未经过选举，实际上却是卢旺达政府领袖"。[①] 这种令人不快的现状自然导致政权内部关系紧张。卡加梅起初还想安抚他们，毕竟他亲自设计的这个体制对他有利：表面上看胡图人掌握局面，其实他在背后掌实权。当他不再需要操心战争时，他抽空评估了自己一手建立的政权，却极为不满。

> 他们无所作为。事实上，他们有些人，包括比齐蒙古，只会享受地位，错误理解和行使领导人的权力……
>
> (1997 年)我得了疟疾，吃药后抱病卧床，那时感觉不好。有一天上午 10 点，我还没起床，一位助手打电话说："财政部长给总理 100 万美元现金"，—— 我们那时搞到一点钱—— "让他去欧洲给部长们买奔驰车。"我马上打电话给比齐蒙古总统："你是不知情还是确实批准总理去德国买车？首先，为什么要给他随身带 100 万美元现金？其次，我们为什么要买奔驰？有这必要吗？部长没有奔驰就不能工作？难道给部长买奔驰也是当务之急？我知道他们要用车，但毕竟还有更要紧的事。"我后来得知其实就是他批准的。

---

① *Washington Post*, July 31, 1996.

我劝他说："总统先生，我很抱歉，但不能同意这么做。无论从个人观点还是当前情况来看，我都认为这不合适，不应该这样做。"我再三恳求，他最终勉强让步。他显然仍不甘心，反手将我一军。他说："要不你打电话让财长不要给钱。"他想把包袱推给我。我打电话给财长，他说："总统要我去办的。"我说："我刚和总统谈过，我不同意这么做。良心让我不能不管。"总理随后打电话给我，一边哭一边说，还说了些我不知道的事。他问我："你是不是还要扣下我装修房子的 10 万美金？"我措手不及，只好安慰他："别为了 10 万美元哭哭啼啼，让他们给你就是了。"……

从道德上来讲，我不想给他那笔钱，但我们一直都在做些并不一定正确的事，以便争取人心。想要这些人干正事，就得赎买他们。这样考虑之后，我说"给他那笔钱"。我不知道他是用这笔钱买家具还是到布鲁塞尔扫街购物。我总要应付这种事情。

保罗·卡加梅

比齐蒙古总统性格反复无常，道德标准也朝三暮四。最重要的是，他不像卡加梅及其团队那样痛感国家发展重任紧迫。他像看守一样治国，总是花时间打理个人生意、迎合朋友的欲望，反感听命于卢爱阵。卡加梅则坚持卢爱阵是卢旺达的领导力量，政府所有人都必须执行卢爱阵的设计规划。

"很难琢磨比齐蒙古这个人。"卡加梅的亲信艾弗兰姆·卡拜加后来回忆，"他不是个能对话的人，他经常撕碎文件，对你大吼大叫。完全是旧政权那套工作方式。非洲政客认为权力和金钱栓在一起。他早在 1994 年就经商，不是什么正经生意……卡加梅常在私下找他谈，他有时会矢口否认，更多则是反击。他常说：'这有什么错？总统就该穷酸？'卡加梅当时一半工夫忙于操心战事，比齐蒙古却没管好国家。不仅是资金和政治动员……赛斯（森达松噶）当时施加压力要求尽快选举，好让过去那些政党接掌大权。赛斯 1995 年退出内阁，但他在任时就努力拉起自己的派系。他负责地方政府事务，利用职务之便谋取私利，都是旧政治制度那一套。在卢爱阵里不能搞小集团拉圈子。那是旧式政治……那时政府里都是些阴谋家，那些人几乎都在前政府任过职。他们想：'快要选举了，我怎么才能捞到最大好处?'”

卢爱阵上台后,领导层认为,若听任传统政治发展,很快就会重新出现民族分裂,甚至很可能再来一次大屠杀。一些外交官也这么看。“卢旺达政府必须强硬,才能避免国家陷入新的浩劫。”大屠杀后欧盟新大使上任不久后写道:“现政府站住脚、强势而稳定之后,才能允许胡图人参政。只有强势政府才能真正实现民族和解。”①

几年后,社会恢复了安宁,一些卢旺达人和其他人开始质疑政府要坚持“强势”多久。他们抱怨禁言“大屠杀意识形态”的背后是打压政敌,将一切反对派妖魔化为大屠杀嫌犯或分裂分子,以便卢爱阵永久掌权。政府几位胡图领导人(包括比齐蒙古总统)开始同卡加梅拉开距离。2000 年 3 月 22 日,紧张气氛达到顶点,比齐蒙古和卢爱阵高层在基加利长时间会晤,最后达成一系列协议,促进政府内部关系和谐的条件似乎进一步加强。有人提议大家到基加利最新潮的凯迪拉克夜店喝一杯。比齐蒙古先离去,其余人随后开车前往,没人感觉扫兴。

“我们以为一切都解决了,”卡加梅回忆道,“大家都平静了下来。”

次日早晨,总统的一位朋友打电话给卡加梅,惊爆总统准备辞职的消息。一个小时后,比齐蒙古发传真证实此讯。据坊间传说,总统和一位亲密助手喝了几杯酒,驱车前往议会发表冗长演讲,并未解释其突然决定,但在某种程度上承认自己不适合做国家元首。

人人都能猜到后续发展。卢爱阵仓促开会,宣布由副总统卡加梅接任总统,议会以 81∶3 的投票批准了这一决定。卡加梅六年来一直在幕后主宰卢旺达。2000 年 4 月 22 日宣誓就职后,他终于名副其实。

他的一位助手说:“他一直认为自己有权当总统。在做副总统和国防部长的那几年,不管做什么,他从未放弃这个目标。”②

此后几个月,更多胡图高官辞职。皮埃尔·卢威杰马总理步其辞职出逃的前任之后尘,同样辞职出走。议长约瑟夫·塞巴仁兹紧随其后。美国一位外交官事后写道,这次清洗“显然是确保无人挑战卢爱阵之举”,但是“完全合理,因为

① Colin M. Waugh, *Paul Kagame and Rwanda: Power, Genocide and the Rwandan Patriotic Front*. Jefferson NC: McFarland, 2004, p. 98.

② 作者私下采访。

卡加梅一直是卢旺达最有实力的领袖，选他做总统不过是确认现实”。[1] 不过，这个行动进一步缩小了政府的政治基础，有损卡加梅的形象。

苏格兰评论家科林·沃写道：“多民族共治假象顷刻瓦解，卡加梅愈发感到难以摆脱长期竭力避免的困境：即成为军事独裁者，靠强力和高压维护权力，看上去他仅代表少数人的利益统治多数人。”[2]

专制国家的政治准则规定落败政客必须沉默服输，比齐蒙古却拒绝认命。总统选举定于2003年举行，他还想竞选。尽管他在位业绩不佳，但是拥有胡图背景的优势，是个令人担心的对手。虽然阿鲁沙协定禁止在总统选举前新建政党，比齐蒙古却一意孤行。他坚持自己享有竞选的政治权利，挑战从不容忍对手存在的领袖。

比齐蒙古被捕入狱并不令人感到意外。法院开庭，指控前总统腐败。控罪无疑属实，但他如果答应悄然退休的话，不至于指控他。此外，检方还指控他煽动胡图人的族属认同，这在卢旺达是“分裂罪”。比齐蒙古接受《青年非洲》杂志采访时说：“如果目前状况继续发展，胡图人会重举干戈，15—20年赶走所有图西人。必须建立一种机制，每个群体都能真正参与政府……如果当前状况不改变，唯一可能的结果就是暴乱。”[3]

有人认为这是好心的警告，但公诉人说是鼓动胡图人造反。卡加梅无疑希望判其罪名成立。比齐蒙古获刑15年，从一国元首沦为阶下囚，下场与胆敢挑战威权的非洲其他政客如出一辙。

> 我们告诉他：“别把我们逼得太紧，否则你会有大麻烦。别这么干，你知道这么做不合时宜。”但他执意要给我们制造危机。他以为，在国际社会的压力下我们不敢逮捕前国家元首。我们派人告诉他，他可以在卢爱阵之外建立自己的政党，但要等一切步入正轨之后。他一意孤行，最后被捕。我们没有蓄意安排，只是对其行为做出反应，事情发生

---

① Robert E. Gribbin, *In the Aftermath of Genocide: The U.S. Role in Rwanda*. New York: iUniverse, 2005, p. 306.

② Colin M. Waugh, *Paul Kagame and Rwanda: Power, Genocide and the Rwandan Patriotic Front*. Jefferson NC: McFarland, 2004, p. 149.

③ *Jeune Afrique*, July 3, 2001.

了也好……从1994年到2000年,时间浪费得太多。

保罗·卡加梅

卡加梅团队曾由衷希望1994年选任公职的胡图政治家们能表现上乘,从而让卢爱阵继续在幕后统治,同时保持新政权有广泛代表性的形象。然而几年过去,双方都厌恶这种安排。政府中的胡图高官认为他们应有与职位相符的权力,当弄明白卢爱阵并无此意后许多胡图人辞职出走,有些被迫辞官,少数则因腐败罪名锒铛入狱。卡加梅团队乐见于此,他们对昔日伙伴说:"我们给你们机会替我们治国,但你们不行,那我们就自己干。"

从某种意义上讲,拿大屠杀后头六年的成就同下个六年的比较,并不公平。前一阶段,卢旺达仍旧陷于战争、难民危机和持续动乱,国家领导人基本无暇解决紧迫的发展问题。2000年卡加梅接任总统时,国家稳定下来,基本恢复和平。即便具备这些有利条件,大部分穷国的政府仍以失败告终。卡加梅决心要为卢旺达摆脱贫困而奋发图强。

担任副总统的六年间,卡加梅对实现自己奇特梦想的认识有所深化。国家安全始终是其首要考虑。仇恨仍在国民生活外表下层暗流汹涌,至少有一个外部大国希望恢复旧日秩序。他毫无顾忌地强推"安全国家",依靠军警严密监视人民。在这个保护伞下,他着手制订富有远见的发展规划,转向韩国、中国、马来西亚、新加坡和泰国寻找摹本。这些国家都在不到一代人的时间里完成了从贫困到初步繁荣的飞跃,都在富有远见且强调纪律的集权领导体制下实现了复兴,大多不屑顾及西式政治的繁文缛节。

卡加梅接任总统后,随即召开一系列会议制定国家发展统筹规划,形成了影响深远但有些不太现实的"2020远景规划"。它确定了一系列宏伟目标,为政府的工作提供指导方向。根据这份建设蓝图以及卡加梅本人的构想,很容易看到一系列优先重点。

卢旺达自然资源匮乏,国土面积狭小,无法发展大规模农业。新政府认为必须重新合理定位,宣布将卢旺达建成东部和中部非洲的贸易和商业中心。这个地区资源富饶,却始终戴着贫穷、腐败和无为的"帽子"。卢旺达要实现目标,首先需要构建现代化的公路、铁路和航空交通网以及互联网;改善教育体系,尤其是科技和信息技术;促进男女平等;鼓励私人投资。所有这些都需要一个诚信、公正和透明的国家监管落实。

新政权激情高昂,很快取得显著成就。基加利高楼拔地而起,小城镇诊所遍地开花,街区巷道清扫干净,商业繁荣,甚至引来一些外国投资。卢旺达人发现身边变化不凡,阔别多年后重来的外国人深受触动甚至震撼。

“八年后重返基加利,我简直惊呆了。”20 世纪 90 年代中期的美国武官理查德·奥斯说:“不是惊奇,是惊呆。一切都有变化。警察像模像样,开着巡逻车,启用违章罚单。银行业改革,基加利成为‘中部非洲的苏黎世’。所有这一切都归功于卡加梅和他的远见。”①

但有个棘手细节有待解决。卡加梅从未当选总统,长此以往,外界一些人会质疑其合法性。首先需要起草宪法。卢旺达新宪法规定总统任期七年,可以连任两届,不设副总统,定于 2003 年 8 月 25 日选举。

卢爱阵领导推举候选人,有人抱怨卡加梅独断专行,一两个人甚至嘀咕另选他人。然而,最终结果如众所料:卡加梅参加竞选新一任总统。

谁敢和他竞选?前总统巴斯德·比齐蒙古或许能与他一较高下,但是他在监狱服刑。其他一些人选(包括几名前内阁部长)都定居国外,不敢回国。留在国内的人认为,既然选举目的只为确认卡加梅的总统地位,参加竞选毫无意义。最后,有个挑战者站出来:大屠杀后的首任总理福斯坦·特瓦吉拉蒙古。他当时只干了一年便下台,此后一直住在比利时。他是胡图人,反对大屠杀的声誉甚佳,其妻还是卢旺达首任总统格鲁戈瓦·卡伊班达之女。

“卢旺达人民一直对卢爱阵颇感失望,”特瓦吉拉蒙古参选伊始便宣称,“他们承诺实现民主,其实却是独裁……报社关闭,记者入狱,人民被迫听从总统,让人忍无可忍。如今不只是卢旺达人民,整个大湖地区的人民都厌倦卡加梅。”②

特瓦吉拉蒙古频频发表类似演讲,议会很快投票查禁其政党。他虽未退出竞选,但媒体极少报道其竞选活动。他的支持者遭遇滋扰恐吓,其中声名赫赫的议员莱昂纳尔·希提马纳和前高等法院副院长奥古斯丁·西伊扎上校等接二连

---

① 作者采访里克·奥斯(Rick Orth)。

② Colin M. Waugh, *Paul Kagame and Rwanda: Power, Genocide and the Rwandan Patriotic Front*. Jefferson NC:McFarland, 2004, p. 190.

三地人间蒸发，再无踪迹。[1] 卡加梅讲话常许诺要"伤及"反对他的人，"解除他们的责任，让他们从此滚开"。[2] 他显然决意不仅要赢得选举，还要赢得压倒多数的大胜。最终，他获得了 95%的选票。

大多数卢旺达人感激卡加梅带来和平、安全以及对未来的一定希望，他原本可以赢得完全自由的竞选。但他担心落选，担心反对派的强力竞选会削弱其执政地位，或会重新激起种族屠杀狂热，政府主导了这次明显有偏向的竞选。

> 各种说法都有。首先是没有强大的反对党。我的回应是："我的义务是创造一个让反对党可以发展的环境，如果他们自己发展不好，那不是我的问题。"接着是选举结果问题，卢爱阵获得大约 95%的选票。有人质疑票数差距太大。但我看不出有什么问题，除非有人能证明这不可能或根本没有这么多……国家正处在转折点上，大屠杀伤疤已经愈合，事情正在发生变化。人民迫切希望和平与安全，无论用什么办法保障。他们首先需要安定，甚至连那些不了解卢爱阵具体方针的人都相信我们是能提供保障的党。
>
> 保罗·卡加梅

卡加梅运用他的政治和军事力量战胜了国内对手，赢得了这场有人怀疑的选举。几乎没有卢旺达人抗议，他们绝大多数都是贫苦农牧民，主要关心最基本的需求——安全、工作和温饱。许多人害怕竞争政治，他们只经历过哈比亚利马纳独裁政权末期的政治斗争，结果是一场浩劫。几乎没人愿意再试一次。

2003 年 9 月 12 日中午，基加利阿马霍罗体育场内人声鼎沸。大屠杀爆发时上万惊恐万状的图西难民就在这里避难。当选总统卡加梅在万人瞩目之下宣誓就职。多年以来，爱国阵线孤立无援，危机四伏，不得不强行采取高压手段。卡加梅就职后，形势今非昔比。前卢旺达政府军和联攻队溃败，难民重归故里，

① Dina Temple-Raston, *Justice on the Grass: Three Rwandan Journalists, Their Trial for War Crimes, and a Nation's Quest for Redemption*. New York: Free Press, 2005, p. 219. Thierry Cruvellier, et al., eds., *Augustin Cyiza: Un Homme Libre au Rwanda*. Paris: Editions Karthala, 2004.

② Dina Temple-Raston, *Justice on the Grass: Three Rwandan Journalists, Their Trial for War Crimes, and a Nation's Quest for Redemption*. New York: Free Press, 2005, pp. 219-220.

民族和解起步。卢旺达恢复生机，希望的火花闪亮。那一天，晴空万里，体育场内许多人都满怀期待，相信新的纪元已经到来。

“当你阅读有关战时领导人的资讯，总有一些独裁和专断，这位总统也是戎马一生。”我问卡加梅多年的同事埃曼纽尔·恩达希罗，现政权为何在执政头十年坚持严控政治和公共生活。他沉思道：“我们压力太大，命悬一线。但是在2002—2003年，卡加梅总统认为我们进入了一个新时期，国际社会开始向刚果施加压力，破天荒第一次不再站到我们的敌人一边，我们可以把资源用到别处。卡加梅总统感到局势趋稳，你能感觉到他松了一口气。从战略角度看，我们有了施展的空间，总统以前从没有过的空间。”

卡加梅及其团队全身心投入工作，如果说横在他们面前的障碍无穷无尽，他们的热情也同样没有止境。他们已经带领卢旺达从混乱和毁灭走向和平与稳定，成就惊人。摆脱贫困的任务更加艰巨，但是挑战令他们兴奋而充满干劲。第三个伟大使命则朦胧不清。他们要设法过渡到完全民主的体制，允许人人参与，却又不致引发新仇旧怨而带来又一轮浩劫。

东非圣贤马哈穆德·马姆达尼指出：“卢旺达的主要两难困境是，如何建立一种民主制度，能够把负疚、紧张的多数人和愤懑、担忧的少数人融入同一个政治社会。”①

此后多年，卡加梅领导卢旺达走上历史征程。他希望实现的激进变革，在独立后的非洲史上可谓前所未有。他不走正统之路，魄力经久不衰，且有众多外国朋友，无人可比。遍寻救世新方的人们纷纷来到卢旺达，渴望亲眼目睹崭新气象，我也是其中之一。

---

① Mahmood Mamdani, *When Victims Become Killers: Colonialism, Nativism, and the Gencoide in Rwanda*. Princeton: Princeton University Press, 2001, p. 226.

在这里的人身上，有些东西我无法接受。这里的人在应该迅速行动的时候却习惯于慢条斯理，总是甘居平庸、不求上进。我感觉他们无忧无虑，毫无压力，不想大踏步超越现有水平。而我，凡事都力求最好。

保罗·卡加梅

第十四章　不认真必出错

基加利的最佳早餐去处在千丘宾馆楼顶露台。1994 年大屠杀期间，惊恐的难民在此瑟瑟发抖；而现在，这里空气清爽。自助餐主要有切成片的木瓜和比利时进口的脆皮羊角面包。我初访卢旺达的一天清晨，和一名美国人坐在平台上。他大半生都在动乱地区工作，希望见证卡加梅总统大胆创新的实验，因此来到卢旺达。我问他到目前为止有何感受。

“要我说的话，”他略作思考，服务员手持锃亮的水壶续添非洲咖啡，然后他说：“这里的人都很认真。”

在卢旺达我经常听到这个词。对卢旺达人最好的夸奖就是“认真”，而最侮辱人的说法就是“不认真”。

卢旺达人对自己或他人的期望常用另一个词“正确”。一个优秀的卢旺达人必须永远认真和正确。这是一种恪守不渝的民族特质，源自古老文明的传承，并经过现代社会的锤炼。

“在非洲，很多人都不认真，如果不认真，就不会正确，”铁托·卢塔雷马拉对我说，“认真意味着作计划，抓实施。我们出身穷苦人家。我们奋斗多年。如果我们不认真，不正确，就不会走到今天。”

有些当代卢旺达学生称此为“非洲的普鲁士精神”。纪律，特别是自律，是对每个公民的要求。凡事不仅要做，而且要做好。街道要整洁，约定要信守，规章要遵行，期限要按时。商店必须出示税收证明。司机听广播声音大要罚款，违章停车要罚款。赤脚不得进商场。城里不得养牲畜。违章建筑立即拆除。流浪汉被捕收监。

在卢旺达，几乎每周都要惩治一些不遵守规章制度的企业或公共机构，通常事先并无协商。比如，卡加梅总统认为卢旺达人滥用塑料袋，造成一系列环境问题，他就颁布法令禁用塑料袋，并派警察监督执行。他认定卢旺达传统的制砖方法既产生太多烟尘又消耗过多木材，就严令禁止，造成砖价大幅上涨。破烂售货亭一直是城镇人生计来源，但不符合卡加梅的守序理念，他下令关闭，不顾很多贫苦家庭以此为生。

我在卢旺达时，鲁亨盖里区卫生监察官关闭了六家餐馆，因为它们未能“保持卫生和清洁”。差不多同时，另一个区更有抱负的卫生监察官一口气取缔了47家餐馆和咖啡厅，他认为有些是家具肮脏，有些是洗碗布不干净，而有几家餐厅过于拥挤。[①] 教育部勒令基加利两所学校中途停课，因其无力提供清洁饮水或整洁厕所。[②] 在布塔雷大学城，30人因“无所事事或不守规矩”而被捕，其实都是些寻找工作的穷人，但警察局长认为他们可能会制造麻烦。

他警告说：“我们还会抓人，直到他们待在村里的家中，不再到城里捣乱和破坏治安。”[③]

某些西方国家政府和人权组织不满这种治理方式，但卡加梅对它们的斥责置若罔闻。相反，他和战友们似乎陶醉于公然藐视外部世界。

驻基加利外交使团非正式的使团长是在非洲工作数十年的欧洲智人。某天下午，他对我说：“他们在各方面都一意孤行。”

> 他们宣布决定，人人必须照办。国际社会喜欢讨论协商。他们不是这种风格。所以，国际社会的观念有问题。从前，他们认为这里不错，繁荣富足。哈比亚利马纳和蒙博托一样，懂得如何取悦欧洲人。因此，西方对这里发生的事情视而不见，有种默契。当时，古巴人在安哥拉，布隆迪有点“赤化”，中非共和国麻烦不断，肯尼亚和乌干达也变得不服管教。所以，对卢旺达的普遍看法是，“他们的确互相残杀，不过不严重。但这就是非洲，而且大火没有烧到我们家门口。”现在这批新人上台，毫不在乎国际社会怎么说。他们想怎么做就怎么做。我告诉你，外界的人并不高兴。他们说，“这个小黑鬼有什么资格同我们讲怎么做才对国家有利？”卢旺达人心里则想，“1994年这些人抛弃了我们，带着自己人逃跑，凭什么我们要听他们的？”[④]
>
> 保罗·卡加梅

---

① *New Times*(Kigali), July 13, 2006.

② Ibid., July 12, 2006.

③ Ibid.

④ 作者私下采访。

卢旺达当局惩治官场腐败最能体现其打破恶习的决心。逾4000名公职官员每年必须申报财产净值,监察长铁托·卢塔雷马拉负责调查其中可疑的资产增额,决不姑息向公共财产伸手或以权捞钱的人,甚至一些内阁部长或总统老友都因违背严格的道德标准而遭罢免或严惩。有些人抗议说,自己不过干了些卢旺达及其他地方长期以来默许的事情,但法官毫不理会这些哀求。在邻国,此类运动一过,犯案官员很快东山再起;但在卢旺达,他们不会重获公职,因为大家认为腐败比不忠还坏。腐败分子既不认真也不正确。

当然,腐败在卢旺达并未绝迹。大案子有某家国有银行行长为朋友提供数百万美元无担保贷款,小案子如警察收受价值2美元的卢郎并放走在夜店外买大麻的欧洲青年。但人人皆知,干此类坏事要冒风险。基加利街上张贴布告规劝:“腐败乃发展之敌”,“腐败者毁国”。这些既是口号也是警告。

> 腐败是我们在过去斗争岁月就议论过的话题。显然,腐败在很大程度上也是非洲国家面临的众多问题之根源。在非洲或第三世界国家,腐败实际上涉及领导人,并非只是普通人搞腐败。在一些地方,腐败已经制度化,成为制度的一部分。腐败在有些地方已经成为一种生活方式,很难改变。我们无需继续争论,腐败妨碍或有损发展,这是事实。如果不反腐败,就不会有所成就。你必须盯着那些影响大的事情。反腐败不能自下而上,必须自上而下。
>
> 保罗·卡加梅

卡加梅为了推动这种全新的反腐意识,充分利用各种象征性行动。其中最突出的莫过于其亲戚无一参与公共事务,无一在政府任职或享受特殊地位。总统的一个姐姐经营一家小型乳品企业,从乡间收购牛奶卖到基加利的餐馆和快餐店。另一个姐姐在基加利机场经营一家不大的纪念品商店。其他一些非洲国家大人物的亲戚享受大量赚钱特权,在卢旺达根本没有。

2004年年初,卡加梅又瞄准另一个令许多非洲国家政府丧失公众信任的做法。他几次在内阁会议上说不赞成政府花过多的钱购置和保养官员用车。官员大多从迪拜进口豪华高档“油老虎”，单价逾7万美元。少数部长领会了卡加梅的意图，上交了座驾。其他部长却无动于衷，就连卡加梅在公开讲话中批评他们之后仍没有反应。最后，卡加梅恼怒发火。在非洲没人想得到，他竟然下令派基加利警察上街拦截豪华轿车，逐一检查坐车的人，见到政府官员就没收车辆。几天内收缴了数百辆车，集中到大停车场公开拍卖。

“我去其他非洲国家，听到最多的、也是人们了解并且钦佩卡加梅的事，就是关于这些汽车的事。”基加利一家电脑公司老板杰拉德·穆皮西自豪地笑着对我说。“这说明大家的思想发生了巨大变化。在别的国家，即使是最成功的人也想方设法要当部长，这样可以有名车豪宅，有千条路子成为富翁，别人对你卑躬屈膝。这里则相反。做官不仅工资低、没有什么好处，而且在卡加梅手下每天要工作24个小时。部长们都害怕周三下午的内阁例会，卡加梅十分严厉，常看着某部长说，‘我不满意。你干得不好。要么你改进工作，要么我另外找人。’”

卢旺达人并不都赞成这种苛责专制的治理方式。有人置疑，仅仅因为基加利某学校厕所失修或是厕所粪水漫溢就下令关闭学校，是否就是关心学生的最好办法。偶尔有人强烈抗议卡加梅的命令，逼他让步。[①] 例如他曾下令取缔基加利“摩的”运营，几百人失业，上千人出行不便，摩的司机和乘客怒不可遏。他起初不屑一顾，说绝不会“仅是因为有人说遇到难处就改变政策”。[②] 但是人们没有罢休。最终，卡加梅答应收回成命，但他很不高兴。

> 所有这一切的首要原因是缺乏秩序意识，不按规则行事，不遵守法律。我们一直处于无政府状态，以至杀戮都习以为常。如果厌恶某人、手边又有砍刀，就手起刀落，一了百了。这就是我们现在这个社会。政治也是如此。稍富裕的人为所欲为，穷人则毫无权利。
>
> 卢旺达是人们随意丢弃废物的场所。假如我们靠着海洋或航道，可能还会有船把别国的垃圾倒在这里。这里坏毛病应有尽有。因此，我坚持这一点，让人们尊重某种秩序，可能是回归正确社会价值观的办

① *New Times* (Kigali), Aug. 20, 2006, and 22, 2006.

② Ibid., Aug. 16, 2006.

法，也是这个国家人民恢复一定尊严和人格的唯一途径。

保罗·卡加梅

评价一个民族的特性常要冒些风险，但许多到过卢旺达的人对卢旺达人印象所见略同。他们看上去拘谨而内向，与朋友拥抱都有些冷漠矜持。他们不喜欢说三道四、蜚短流长或私下建议。一些外人认为他们很别扭。

“过去，卢旺达人养成了说谎的习惯。”教育部提供的教师手册如是说，“撒谎居然成为长处，撒谎而不被识破的人被视为聪明过人。”[1]

卢旺达周边国家几个世纪以来创造出一些世界上最出色的部落文化艺术。卢旺达人缺乏这种创造力。英国皇家艺术学院举办20世纪90年代非洲创新艺术作品展览，其中有百余件刚果展品——优美精致的雕像和令人难忘的面具，毕加索同辈现代艺术家都为之惊叹。卢旺达仅展出了几只篮子。[2] 非洲下一个伟大的诗人、作家、画家或歌手也许不会出现于卢旺达，但大多数卢旺达人并不在乎，他们的志向不在于此。

卢旺达人重视降低犯罪率，保持街道整洁和社会秩序。外国人也同样赞赏。卡加梅总统希望别国的开发集团和企业家青睐卢旺达，外资来此兴业的一个理由就是卢旺达安全、宜居。保持街道整洁和社会秩序是打动和吸引外国人来卢旺达的一种策略，而且的确有效。

“卢旺达是非洲最安全的国家之一。”一名美国医生告诉我，他经常送学生到非洲国家的医院或诊所工作。“我现在能把很多女学生派到基加利，她们在那里不会遇到问题。”[3]

这些也令某些人抱怨。他们认为当局在基加利制造波将金村——一种幻想泡沫、一种虚假繁荣景象。[4] 外国人能在夜间安全地步行去泰国餐馆或印度餐馆，却看不到卢旺达人生活中的悲苦现实。不少卢旺达人（包括一些基加利人）

---

① National Curriculum Development Centre, *A Guide to Civic Education: Life Skills for Rwandan Primary Schools*. Kigali, Rwanda: National Curriculum Development Centre, 2004, p. 34.

② Tom Phillips ed., *Africa: The Art of a Continent*. London: Prestel, 1999.

③ 作者采访卡辛·哈蒙德博士(Dr. Cassing Hammond)。

④ 原文是“a Potemkin village”，典出俄国女皇叶卡捷琳娜二世宠臣波将金元帅(G. A. Potemkin, 1739—1791)，在女皇出巡前夕，他沿线搭建临时华美村庄，假貌物阜民丰。译者注。

仍旧挣扎在饥饿边缘，但来访者肯定看不到他们的苦难状况。例如，游客们惊叹基加利几乎不见街童翻垃圾箱或乞讨要钱。许多人并不知道警察经常围捕他们并关进不堪入目的拘留所，一连数周，然后强迫他们回家或去红十字会开办的技能培训班。在基加利和其他城镇鲜见一贫如洗的赤脚行者或衣不蔽体的人，至少部分原因是警察不让这种人进城。

卢旺达保持平静的一个原因是政府监视百姓。“如果我们俩聊天，没有问题。”我的一位卢旺达朋友告诉我，“三个人也没事，但如果是四个人，其中之一肯定是探子。人人感到受人监视。这当然不是事实，因为他们不可能监视所有人。但确实有影响。”

我的朋友认为，这种程度的社会控制令人放心。他和许多卢旺达人一样，生怕政府稍有放松人们会为所欲为。监视都在暗地里，但人们有所察觉，人人皆知。

“这里肯定有人在监视我，”一家旅馆经理告诉我，“我不知道是谁，但雇员中肯定有人向情报机关报告。”

众所周知，卡加梅作风严苛，特别不满意既不诚实严谨又不杰出能干的下属。但他也有不为人知的一面。他开除的政府部长足以再组建一个内阁，不少人同他决裂后担心安全而移民国外。其中有些人腐败透顶或是庸碌低能，有些人则是因为想法、性格或抱负与总统有冲突。

如今卢旺达禁忌不少。其中最大的忌讳是不得诉诸民族认同，即使交谈提及“胡图”和“图西”两个名词也会令人反感。

你可以说卢旺达政府压制民众，但不能说压迫胡图人；可以说政治权力集中在精英集团手中，但不能说集中在图西精英手中。这样可以防止在民众中散布民族仇恨，以免再度发生民族屠杀；但是也导致大家不敢讨论这个亟待解决的大问题。

控诉军队施暴或调查前几年的杀戮和人员失踪案件，则是另一大禁忌。同样，深挖爱国阵线影子企业王国三星投资公司的经营内幕也是大忌。2003 年卡加梅当选总统以来，对言论自由的限制逐渐放松，报纸一年比一年大胆。我几次访问卢旺达时曾看到报章标题如：《卢爱阵为党内派系所劫持》，《面对现实，卢旺达没有政治活动空间》，《哈比亚利马纳之子指控卡加梅谋杀》，《窃取国家资源危及 2020 远景规划》，《卡加梅以民主之名强化独裁；绝对权力腐蚀卡加梅，自信是准天堂里的准上帝》。[①]

然而，种种限制依然存在。2007 年年初，激进的反政府卢旺达语报纸《闪电》(Umurabyo)刊登专栏文章，声称“杀害胡图族的那些人依然逍遥法外”，而“卢爱阵的腐败官员和罪犯”包庇杀人犯，“他们认为胡图死难者不是人”。[②] 专栏作者吁请卡加梅总统罢免政府中五六名腐败高官，包括陆军总长和情报局长。她此前在几篇文章中写道，“凡在历史问题上与政府意见相左的卢旺达人都有大麻烦”，“政府抓捕敢于讨论真相的人”，政府应该对异见人士遭遇绑架负责，如 2003 年总统大选前失踪的奥古斯丁·基伊扎上校。当局忍无可忍，逮捕并审判了这位专栏作者，以“散布分裂主义”罪名判其一年监禁。

“这不是民主，”一位在卢旺达生活了数年并与政府密切合作的卡加梅美国粉丝耸着肩膀说，“你不能批评总统或政府。没有真正自由的媒体和多党制。国防部无疑是这个国家最强力的部门，一半出于非常现实的安全考虑，一半出于卢旺达的独裁统治。这种独裁有助于卢旺达度过大屠杀后的艰难，走向发展。”[③]

卢旺达人生活里悄无声息地弥漫着怀疑和怨恨。每个村庄、每座山头都有人从小在仇恨中长大，成人后杀人泄愤。专制政权通常播下自我毁灭的种子，但是卡加梅总统和许多人深信，大屠杀后的卢旺达只有实行专制才能避免再次浩劫。

“大多数卢旺达人知道，如果我们想要和平、国家发展，绝对需要和解。”一名卢旺达朋友告诉我，“但当他们反思、审视内心的时候，可能感受不同。”

这位朋友安纳斯泰斯·夏卡在布塔雷卢旺达国立大学的智库和解研究中心担任主任。他说，几乎无望改变年长一代卢旺达人的思想，他们几十年来一直接受仇恨教育。他对年轻人也仅持谨慎乐观的期待，相信他们乐意接受全新卢旺达的想法，但取决于他们是否能看到希望和机会。

安纳斯泰斯·夏卡说：“指出身份认同的旧观念毫无益处，这种做法不会奏效。必须说明只有接受新观念才能实现经济发展，因为大家认同经济发展是这个国家未来的关键。”

---

① *Newline*(Kigali), May 12-18, 2006, July 12-18, 2006; Jan. 10-17, 2007; and Jan. 25-Feb. 2, 2007.

② *Umurabyo*(Kigali), Dec. 8-22, 2006, and Feb. 5, 2007. Government Press Council(Kigali) press release, Dec. 15, 2006.

③ 作者私下采访。

这是我听到卢旺达人思考国家未来时常说的观点。他们说，带领百姓摆脱贫困本身是个美好目标。但在卢旺达，风险太大。如果卢旺达领导人不能强推革新型发展规划或者实践失败，国家难免重演浩劫悲剧。

卢旺达大刀阔斧的发展宏图“2020 远景规划”，设想建立“可信和高效的法治国家”和“政治稳定、消除人间歧视”的社会，“依靠自主创新文化而有竞争力的现代私营经济”，形成“繁荣的知识型经济”。[①] 规划设定明确目标：2020 年卢旺达的贫困人口要比 2000 年减少一半；婴幼儿死亡率减半；人均年收入由 220 美元提高到 900 美元；医生数量增加 7 倍；文盲比例由 52%降至 0；用电家庭由 2%增至 35%，清洁饮水覆盖率由 52%增至 100%；建设从乡村酒店到东非最先进国际机场等一系列基础设施项目。上述目标都很难实现，还有一些目标似乎完全不可能实现。有人直言告诉卡加梅，他大为光火，反唇相讥，“我有美好梦想，无需辩解。”

然而，梦想能否成真？在这个崭新国度度过的几个月里，我一直希望找到答案。我希望发掘厄运国家蜕变成幸运国度的诀窍。

我在卢旺达的基地是千丘宾馆。这是因为它贴近基加利市中心，服务员态度友好，泳池旁酒吧里聚集着欢乐的人群，我能享受长期优惠价格，其他住宿点很难找到。其实我对此处一见钟情的真正原因是，我在大院门口看到几名游客站在“千丘宾馆”招牌旁留影。游客不会在基加利其他旅馆门前摆拍留念。这家旅店是卢旺达最著名的景点，尽管它另有盛名：几乎每个西方人只要听说过卢旺达，就知道电影《卢旺达饭店》。

首批来卢旺达的好莱坞人是斯图尔特·格兰杰和德博拉·克尔。他们到此拍摄 19 世纪丛林冒险的电影《所罗门王宝藏》。[②] 这部电影于 1950 年公映，其中有段瓦图西人（“Watusi”即当时西方说的图西人）表演的传统舞蹈，场面壮观。裁剪余片用于 1959 年的续集《瓦图西：所罗门王宝藏的守护者》，吸引了一批男孩影迷。几家流行组合都根据系列电影短片插曲音乐的节奏唱红名歌。美

---

① Republic of Rwanda, Rwanda's sweeping development plan, Vision 2020. Kigali, Rwanda: Ministry of Finance and Economic Planning, 2002.

② Louise Mushikiwabo and Jack Kramer, *Rwanda Means the Universe: A Native's Memoir of Blood and Bloodlines*. New York: St. Martin's, 2006, pp. 42-43.

国费城奥纶(Orlons)乐队1962年有首打榜歌曲《哇,瓦图西》,歌词和节拍朗朗上口:“我立马爱上你,来段瓦图西”。

短暂的文化风并未让外部世界了解图西人。1994年大屠杀时,世界几乎人人都对卢旺达一无所知。美国人更是无知,五角大楼的参谋们惊悉大屠杀之讯时的第一反应是相互询问:“胡图和图西？还是图图和胡西?”[①]

如今,在撒哈拉以南非洲,卢旺达可能是除南非之外最为知名的国家。这并非只是出于1994年的浩劫,而且由于此后涌现的大量相关诗歌、小说、电影、回忆录和舞台剧。所有作品披露的人类兽性令人震惊,同时大多也能令人振奋。《卢旺达饭店》于2005年公映,知名度超过所有其他相关作品,清晰描述了世界上大多数人了解或自以为了解的卢旺达大屠杀。然而,卡加梅总统最不喜欢这部电影。

正如全世界观众所知,《卢旺达饭店》讲述了1200名困于千丘宾馆的难民——几乎都是图西人,如何逃生的故事。这是一部积极向上、剧情夸张的好莱坞大片,必然突出主角:那个英勇无比、足智多谋的饭店经理竭尽全力保护难民免受军队和联攻队匪徒的威胁恐吓。最重要的是,这部电影源于一个真实故事。

《卢旺达饭店》在基加利的首映式光彩夺目,场所选在基加利最好的宾馆,并非千丘宾馆,而是崭新的洲际酒店。政府高官出席了首映式,随后成千上万的百姓在阿马霍罗体育场露天观看。在卢旺达和世界各地,影评家和人道主义者交口称赞。2005年年底,这股热潮达到顶峰,布什总统在白宫向现实中的饭店经理保罗·卢瑟萨巴吉纳颁发总统自由勋章。

颁奖辞称:“他冒着生命危险,解救千余名卢旺达同胞。他代表了人道精神的最高境界。”

假如卢瑟萨巴吉纳没有利用自身的新贵地位批评卢旺达政府,事情也就到此为止。然而,他先是间接批评,然后日益恶毒。《卢旺达饭店》赋予他道德威望,他却用来谴责卡加梅总统镇压和杀害胡图人、掩盖饥荒真相等。他把卢爱阵领导人比作旧政权的杀人集团“阿卡祖”,把卡加梅比作巴戈索拉上校等大屠杀主谋。他成立的卢旺达饭店卢瑟萨巴吉纳基金会,成为全球反卡加梅各色势力

---

① Jored Cohen, *One Hundred Days of Silence: America and the Rwandan Genocide*. Lanham: Rowman and Littlefield, 2007, p. 121.

的大本营。

卡加梅的回击不出人们意料。他在多次演讲和采访中嘲笑卢瑟萨巴吉纳是“好莱坞制造的英雄”。卢旺达官方日报《新时代》刊登系列文章称，这部电影纯粹是幻想片，卢瑟萨巴吉纳拯救性命之说纯属荒诞。[①] 目击者证明，藏身千丘宾馆的达官贵人向外界保护者发出了上千份传真，加上联合国维和小分队顽强保卫，才保障了难民的安全。《新时代》坚称，电影错在歌颂那个“圆滚滚的厨房经理”，此人后来主张“以大屠杀思想永久取代团结与和解”。[②] 卡加梅政府从未如此激烈而持久地公开抨击其他个人。

全世界最知名的两位卢旺达人相互敌对，国家痛失独有的发展机遇。[③] 如果他们携手合作，也许能够改变世界的看法，为苦苦挣扎的祖国带来新的资源。然而，卡加梅从不主动与批评者交流。

“他从骨子里反感妥协。”他的一名前任助手告诉我。[④]

> 他根本不是名人。他不配自诩有功。他做了些什么？大多是巧合。正如他自己说的，他没有像传说的那样去救人。据我所知，一个也没救……
>
> 这部电影好在关注大屠杀问题，让那些不了解卢旺达历史的人知道此事。但它没有反映卢旺达的真实历史。有人躲在千丘宾馆是事实，但是，卢瑟萨巴吉纳这个人的故事不是事实。
>
> 保罗·卡加梅

这位世界最著名的饭店经理是否真的拯救了千人性命，还是骗人？关于这个问题的争论过于政治化，不可能找到真实答案。我问过参议员奥黛特·尼拉米利莫。1994 年她就在千丘宾馆避难，后来成为新政府里备受尊敬的人物。她说：“许多人要我说保罗不是英雄。所以我说，‘好吧，他不是英雄。’但他帮助了

① *New Times*(Kigali), June 29, Aug. 22, Dec. 21, 2006; and Jan. 16, 2007.

② Ibid., June 29, 2006.

③ 路透社电讯 2007 年 4 月 4 日。

④ 作者私下采访。

我。有了他，我才活下来。”

“我真的喜欢他。”她若有所思地说，“即使如今，我也恨不起来。我很喜欢他的夫人和孩子。我们无法作朋友，因为他反对我信任并参与其中的政府。他多次撒谎，比如他说我们领导人贪了很多钱。他想在全世界搞臭卡加梅以及和他一起工作的人。我不知道一个人怎么会变成这样。大屠杀期间我们在一起，当时他人很好。”

从卢旺达到欧洲的唯一直航班机降落在布鲁塞尔，有一次我路过那里，专程拜访了保罗·卢瑟萨巴吉纳。他先当出租车司机，拉起一支小车队，又在赞比亚投资一家货运公司。《卢旺达饭店》上映后，他周游世界演讲，生活富足。我们坐在他家阳光充裕的客厅里，墙上挂着巨幅镜框，放着他在华盛顿领取自由勋章的照片。我告诉他刚读过其回忆录，[①]书中声称卢旺达“分崩离析，面临不久即将再次爆炸的危险”，主要由于“在一小撮图西族精英的统治之下，只为这一小撮人利益服务”。[②] 他笑着指了指那张照片。

“2005 年 11 月 9 日，我获得自由勋章，”他说，“从那时起卡加梅就公开挑起论战。他认为那枚勋章应该给他。”

卢瑟萨巴吉纳写的回忆录题为《一个普通人》。[③] 他在书中自诩“本性善良。我几乎能和所有人坐在一起喝杯白兰地”。我觉得他周到好客，作为经验丰富的饭店经理，能让人感到无拘无束。我们交谈期间，他不时微笑，情绪从不激动，只是告诉我卢旺达政府“纯属独裁”，他把现政权的军队比作大屠杀时的联攻队，批评当今领导人不能容忍“反对派、言论自由或者民主”。

“现政府把所有反对派领袖都当成威胁除掉，”他告诉我，“任何可能成为反对派领袖的胡图人，任何有计划的胡图人，任何能实施计划的胡图人，任何胡图知识分子或者胡图商人，都被视为威胁。”

卢瑟萨巴吉纳访问过许多国家，到处称他为“黑皮肤的辛德勒”、在民族精神错乱年代冒着生命危险拯救他人的道德典范。我问他是否真的救过别人还是电影夸大其辞。

---

① Paul Rusesabagina and Tom Zoellner，*An Ordinary Man：The True Story behind “Hotel Rwanda”*. London：Bloomsbury，2006，p. 254.

② Ibid.，p. 252.

③ Ibid.，p. 260.

“我从没说过救过谁，”他回答，“我帮助别人活下来，最终我们一起活了下来。”

这是个机敏的回答。接下来的几个小时，卢瑟萨巴吉纳又给我更多答复，我逐渐感到他应该成为卢旺达的反对派人物。他讲话时喜欢用上口的词句，态度温和友爱，与卡加梅那种铁板冷漠的强硬截然相反。因为他有胡图背景，可能在认为胡图多数备受歧视排挤的民众中赢得选票。我问他将来是否回到卢旺达政坛一试身手，他似乎相当急迫，但也深知很难挑战视异见分子等同叛国的专制政权。

我们相处了半天。他开车送我去火车站时叹道：“像我这样的人在卢旺达无法立足。我说的太多，我想什么就说什么。卢旺达不能容忍不愿沉默的人。但我不想在比利时度过余生，在这里养老，只有一只小狗当朋友。”

我爱卢旺达人，但我不想看到那里人口太多。现在已经够多了。20 世纪 90 年代初，哈比亚利马纳总统说卢旺达已经满员可能有些夸张，其实也差不多。这里一直是世界上人口密度最大的国家之一。如果人口继续按当前速度增长，这个国家在劫难逃。

大屠杀后十多年间，卢旺达人不肯承认这个残酷现实。大屠杀死人百万，谁敢说人口过剩会再次成灾无异于大逆不道。然而长久以来，卢旺达的人口总是超出其贫瘠资源和狭小面积所能承载之限。

1911 年卢旺达首次普查人口时，全国常住人口约 200 万。此后 50 年，人口稳步增长。1969 年达到 360 万，①已是依赖传统耕作技术的这个农业小国所能承受之极限。随后人口增长加速。1994 年大屠杀爆发之时，卢旺达人口已近 700 万。此后几年，新生人口远远超过被杀人数，2007 年年底人口接近 1000 万。

卢旺达妇女一生平均生育六个孩子。按此比率，到 2020 年人口将达 1300 万，造成社会或经济不可能取得实际进步，必将严重破坏卢旺达的稳定。有人认为还会导致再次爆发大规模屠杀。

“卢旺达人普遍认为大屠杀与人口过多有关。”美国西北大学医学院妇产科教授卡辛·哈蒙德博士实地调查回国后对我说。“现在人口总数已经恢复到大

---

① Richard F. Nyrop, et al., *Rwanda: A Country Study*. Washingtion, D. C.: U. S. Government Printing Office, 1982, p. vii.

屠杀前的水平，卢旺达再次成为非洲人口密度最大的国家。如果他们不控制人口增长，不仅会严重影响婴儿和产妇死亡率，而且可能再度面临战争。我反复强调这一点。”

卡加梅总统也同某些卢旺达人一样，对日益逼近的危机视而不见。内阁部长和国会议员自然亦步亦趋。我在卢旺达最不爱听高官满不在乎地坚称，“只要人人得到教育，卢旺达就能容纳无限多的人口”，“人口越多越好，能为当地产品创造市场”。

这些官员反映出卢旺达社会根深蒂固的社会观念和习俗。因此，年轻的珍妮特·穆卡巴丽萨很难开展工作。她在卢旺达中南部走村串乡，宣传卫生保健知识，说服妇女少生孩子。

我到拜麻扬吉镇卫生所拜访了珍妮特。她抱怨道：“他们说他们不是基督徒。”

> 他们说，“你是城里人，我们这里更传统。”孩子越多，全家越有面子。他们觉得孩子是上帝给的。所以，很难说服他们，非常难……我们不得不具体说明孩子过多的坏处。我们首先以土地为例，那是大多数人收入的主要来源。如果土地分给很多孩子，每人那份土地就会很小。一分为二还够，如果有十个孩子就不够分。我们还讲教育，“你要给每个孩子付学费。”医疗费也一样，每个孩子都要有。还有吃饭问题，孩子太多，吃的就不够。我们不停地做工作。我们有好的政策和计划，但是缺少资源来实施。政府应该起到改变传统观念的作用。他们必须改变。
>
> 珍妮特·穆卡巴丽萨

事情正在发生变化。几名敢于直言的妇女——卢旺达不乏这类人——要求政府优先控制人口。奥黛特·尼拉米利莫参议员最积极，她在议会提出每家只限生育三个孩子的议案，违者重罚。

我在此后不久登门拜访，她毫不犹豫地说：“必须采取强制手段。”

外交官和援助工作者曾悄悄告诉她，外界不赞成强行控制人口。她却义无反顾，力主必须讨论此事。我问卡加梅总统如何看，他竟然不仅极愿采取行动，而且歉疚自己未能早点行动。

他承认"我们意识到其实早该处理这个问题"。

2007年卢旺达启动人口控制计划,如能完全实现,将是非洲历史上最彻底的变革。计划规定,凡是育龄妇女去医院诊所,医方要宣传避孕和介绍方法,大多是在皮下埋植"Jadelle"硅酮胶囊,有效期长达五年。学校开设性教育课程。卡加梅总统亲自推动项目进展,有效杜绝反对意见。天主教会也不敢抵制。教会曾因妥协助大屠杀而无地自容,从此不敢参与公共事务讨论。

政府为何回心转意?有可能是卫生部2007年年初在内阁年会上放映的幻灯明确指出,如果卢旺达"人口零增长",国民生活将更加富足。最有说服力的是泰国经验。1975—1990年泰国生育率下降一半,同期人均收入增长一倍多。幻灯片的标题十分醒目:"泰国仅用一代人的时间跃升为中等收入国家!"

这种经验无疑足以打动统治卢旺达的梦想家。

政府年会后不久,电视、广播不断敦促爱国的卢旺达人控制家庭人口。卡加梅总统和其他官员奔走全国讲演,领导运动。《新时代》赶发周末增刊,通栏标题为《人口急速增长,资源备受局限》,[①]头版刊登田园风光照,配文字说明"人口若无控制,如此美景不再"。社论则称卢旺达人口"已经过多",需要采取"严厉措施"限制增长。

民众的积极反应出乎意料,但也产生不曾意料的问题。医院和诊所人满为患,避孕工具特别是皮下埋植胶囊远远供不应求。政府官员意识到本国财政难以满足急于控制人口的心血来潮,只得私下四处寻找愿意承担全部支出的外国"天使"。

几名美国人低调参与和设计了卢旺达的人口控制计划。有些是医生,如哈蒙德博士;有些是援助工作者(如劳拉·赫尔梅克)帮助编辑了2007年内阁年会上震撼高管的演示文件。

约书亚·鲁欣发起前景看好的"千禧乡村发展项目",优先控制人口。"卢旺达若想取得'亚洲四小虎'[②]那样的发展,首先要从这点做起。"

① *New Times*(Kigali), Dec. 19, 2007.

② 原文为"亚洲老虎"。译者注。

这个心灵创伤——那些惨剧的后果——我们努力寻找痛苦中的一线希望，来抚平创伤。这个过程很复杂。人们没有看到这一点。我们必须做的和希望做的事情，都要考虑到这个因素。创伤愈合可能比我在解放时预计的要好些，但仍需时日。

未来如何？我们一直都要做历史的囚徒吗？事情已经发生。可惜我们不能改写历史。如果我们能从头来过，当然最好不过，但是历史不容改写。你不得不改变自己。否则，你就得再遭一茬罪，现在遭罪，并且永远遭罪。

保罗·卡加梅

第十五章　吓得不敢喘气

我常问朋友雷吉斯他妹妹现在怎么样，他有时答："十分糟糕。"

他们和许多卢旺达人一样心理压力沉重。大屠杀后全家只剩兄妹俩。雷吉斯好歹恢复了正常，憧憬新生活，计划考下执照、学会上网、最终当个会计。无论如何，他都必须照顾好妹妹。她同许多幸存者一样，没能走出悲情深渊。[①]

这并不奇怪，其实特别合乎情理，卢旺达大屠杀中的许多幸存者依旧"十分糟糕"地避世蛰居。雷吉斯的妹妹伊玛曲蕾在生活美景破碎之时年仅12岁。联合国在大屠杀后不久发表的统计报告称，99.9%的卢旺达儿童在1994年春天目睹了暴力杀戮，90%相信死神降临，87%看到死尸遍野，80%至少失去一个亲人，58%惊见砍刀杀头，31%看到强奸蹂躏妇女。[②] 伊玛曲蕾是其中之一。

我在基加利遇到一名欧洲工程师，他和一名卢旺达女子一起生活，她因为全家在大屠杀中丧生而常做噩梦，时不时突发哭泣。他问她怎么了，她总是呜咽："1994！1994！总是1994！"

卢旺达努力创建解决人民看病急需的医疗保健体系，尚未着手解决黑云压城般的精神疾病。这个问题没有得到重视，但不容回避。许多患者得不到心理疏导和专门治疗，更买不到发达国家那些抗抑郁药等常用药品。许多人独自应对。哈佛大学难民心理创伤项目称，卢旺达面临"全国性精神健康危机"。[③]

《世界精神病学》发表研究报告称，1/4的卢旺达人患有创伤精神紧张症。[④] 在人们习惯独自解决个人问题的文化传统中，甚至没有这种心理疾病的词汇。现在，为许多人不堪重负精神崩溃找到一个新词。这类患者被称为"ihahamuka"，意为"没有肺"或是"吓得不敢喘气"。

---

① Joint Aid Management (JAM) International, *Voices of Rwanda*. Nairobi: Camerapix, 2003.

② Janice Booth and Philip Briggs, *Rwanda: The Bradt Travel Guide*. London: Bradt, 2006, p. 18.

③ D. C. Henderson et al., *The Crisis in Rwanda: Mental Health in the Service of Justice and Healing*. Cambridge, Mass.: 1996.

④ Frank G. Njerga et al., "War and Mental Disorders in Rwanda", *World Pschiatry*, Feb. 2006, Vol. 5(1).

这个问题相当严重,而且影响十分长远。人们虽然面带微笑,一切如常,实际内心十分痛苦—— 这样的人为数不少。我们治理的这个社会创伤惨重。这使得我们的工作更加艰巨,我估计这种状况会持续很长时间。这正是外界没能看到的问题,他们以为创伤很快就能治愈。大屠杀刚过,人们便把卢旺达看作不过是个普通国家。很少有人考虑到这种状况。然而,这是我们面临的现实。我们努力设法将这个悲剧及其影响从坏事变成好事。这可是一个大挑战。

保罗·卡加梅

大屠杀后几个月,像许多卢旺达孤儿一样,雷吉斯和伊玛曲蕾兄妹走进了富有同情心的一个家庭,成为领养子女。雷吉斯设法赶走折磨自己的噩梦。他告诉我,部分原因在于他妹妹几近精神分裂,他决心一辈子养活并照顾她。特别是每年 4 月卢旺达全国追祭大屠杀死难者时,集会和电视节目会唤醒痛苦的回忆,他只要省下几分钱就会给妹妹买小首饰、饼干或小礼物,转移她的注意。

兄长多年的关爱渐渐将伊玛曲蕾带出心灵地狱。她十来岁时总蜷在床上,在黑暗中抽泣、祷告解赎。现在,她有时可以安稳沉睡,甚至能够上学,心情好时还会憧憬幸福的未来。

雷吉斯曾对我说:“我是她唯一的亲人,既是妈妈又是爸爸,既是姐姐又是哥哥,还是朋友。我对她讲,‘事已至此,但以后不会再发生,努力恢复正常,不要老哭。一切都过去了,忘掉它。’我时刻想着她,每一天,每一分钟。有朝一日我们会重新高兴起来。我必须这样想。”

审判杀人犯——1994 年大屠杀凶犯——已是卢旺达人生活的一部分。2007 年一个暖和的上午,轮到桑松·罗吉拉受审。他被指控带领一帮联攻队到他家乡、卢旺达中部商业集镇卢洪沟砍头杀人。我开车前去旁听。

这些审判非同一般庭讯,也不可能形同一般,将大屠杀凶手绳之以法本身就是非同寻常的挑战。政府检察机关指控了 80 多万嫌疑犯,实际凶手数目可能是两倍甚至更多。屠杀天理难容,必须依法惩处。然而,只有和解才能确保卢旺达的长治久安。

> 很难找到折中办法，但是必须实现和解。我们要建设国家，显然需要国民和解，找到足以和平共处、和谐共生的基础。但是，决不能无视大屠杀时期一些人、很多人的责任。在某种意义上，这是相互对立的两个进程，但必须齐头并进—— 一面和解、一面审判。由于大屠杀涉及几百万卢旺达人，很难找到只会影响少数个人的解决方法。卢旺达整个社会或多或少卷入其中，影响很深。
>
> 保罗·卡加梅

大屠杀后头几个月，新政权逮捕好几万人，他们的邻居举报他们是杀手，其中就有桑松·罗吉拉，他受审时已经坐牢 12 年。

审判在卢洪沟社区活动中心举行。这是山丘顶上一座大洞穴似的砖房，昏暗空旷。此处离 1959 年“屠杀演习”时年仅两岁的保罗·卡加梅死里逃生之地不过几英里。我站在屋外人群中。车门上标有“警察”字样的小卡车停下，全副武装的狱警押解桑松坐在后座，他穿着宽大的嫩粉色囚服。

许多人看着囚犯爬下车，他们从小就认得他，有些人还目睹他带民兵杀邻人。不过，他们没有奚落他，只是默默地看着。他扫了一眼拥挤的人群，面无表情，慢慢走进审判大厅。

每逢这种审判，当地店铺一律停业。镇里人人都要到场，除了司法程序，还有集体心理治疗。这是一种情感宣泄，时常极为痛苦。卢旺达人只有利用这种机会集体悼念故人，同时直面曾经恐吓他们的那些人。

桑松·罗吉拉被带进屋里，其他人跟着，坐在一排排的长板凳上。几分钟后，六男三女法官依次入座前排桌后。他们都是邻居推举的当地人，经过几周培训。个个斜挎缀有卢旺达国旗彩色图案和“正人君子”字样的绶带。他们坐定后，主审法官请全体起立默哀一分钟。在漫长的一分钟内，我不敢揣想其他人心中闪过的景象，只好回顾我了解的审处大屠杀犯独特进程。

类似审判桑松·罗吉拉的这种法庭，历经长达十年的研究、辩论和反复试验。在卢旺达司法体系中，被告按其罪行轻重分类，只有重刑犯才送上正规法庭或卢旺达国际刑庭。余者都在这种称为"噶查查"的地方法庭审判,模仿过去裁决土地和财产纠纷的民间司法体制。

> 大背景是全民都应该参与和接受司法与和解全过程。历史上,噶查查法庭就是人们坐在草地上讨论和解决问题。这是卢旺达文化的一部分。我们接受了这个概念并有所发展,因为这样便于接近民众,他们能亲自参与其中。这是我们传统文化解决问题的方法。我们捡起来,有创新,以解决当今的难题……
>
> 常规司法体系无法解决我们的问题,差得太远。噶查查法庭为我们解决独特问题开辟了一些门路。它有不足之处,但不太多,比常规方式要少。
>
> 保罗·卡加梅

卢旺达的噶查查法庭有不少长处。审判在犯罪现场进行,鼓励受害人和目击者说出实情;刑期限于 30 年以下,其中一半监外执行;被告如果彻底真心认罪,能得宽大处理并被允许重返社区,大多数都当场获释。

不过,被告不能享受其他司法体制赋予的权利。他们不能请辩护律师,无法收集无罪证据。检方和法官是同一批人。被告自行认罪的压力很大,上诉成功的几率极小,有时反而导致加刑。

在这种司法体制形成之际,比利时政府曾请著名发展援助专家彼得·于万就比利时是否应予以财政支持提出建议。于万认为,这种方式"大幅降低了国际公认的人权和刑法标准的公正原则",但仍值得支持。①比利时政府同意并率先资助噶查查法庭。

于万在报告中写道,"某些折中做法确实难以避免",因为"众多人口——罪行的施害者和受害者——不得不在社会分裂的赤贫国家比邻而居,刑法标准并非为这种挑战而设计"。他甚至针对卢旺达的独特国情建议:"噶查查审判计划,

① Peter Uvin, *The Introduction of a Modernized Gacaca for Judging Suspects of Participation in the Genocide and the Massacres of* 1994 *in Rwanda : A Discussion Paper*, 2000。于万:比利时发展合作国务秘书。译者注。

虽未在文字上，但在精神上遵循国际刑法和人权法律。换言之，噶查查方式完全能够符合公平审判和正当程序等主要条件，只是采取适合当地情况的原创方式，而非通常的西方形式。比如，虽然没有独立律师，但可以说，社区居民举证与反驳、证人与反证之间的辩论基本起到公平辩护的作用，甚至也许胜过正规司法体制迄今所发挥的作用。"于万在总结中恰当地称，噶查查司法程序"既是最合适又是最危险的一种形式，但可能是卢旺达唯一的选择"。

2002年开始首批审判。此后几年，卢旺达政府开设了1.2万多个地方法庭，各有独自的合议庭。时至2006年年中，经过一连串宣传，包括演讲、张贴广告、广播剧、电视系列片甚至歌咏比赛(竟然由一个囚犯组合拔得头筹)启动了紧锣密鼓的审判季。头四个月审判了5万名嫌犯，法官判决释放其中的2/3，不是认为证据不足就是牢狱刑期已满。后几个月又开释数千人。这令人相信，建立噶查查体制不仅为了实施司法和促进和解，也是为了不搞大赦即可腾空监狱。不过，大多数外国人——包括继比利时之后的主要资助国荷兰也有官员声称颇为佩服。

一位荷兰外交官告诉我："他们完全出于善意。整个进程设计周密，掌控有序。他们严守规则，不断修正，整个过程十分透明。所有的副作用他们都心中有数，希望通过这种方法实现和解。"[①]

我问及是否有短板，她马上回答："有种看法认为，无人注意卢爱阵的罪行。"

不少人热衷于反对这种"大赦国际"称为"违反通常司法程序"的噶查查审判，但是，卢旺达的特殊情况需要某种非常规的司法形式。更重要的是，有人指责噶查查体制具有内在缺陷，只审判大屠杀嫌犯——即只审判胡图人。为何不扩展到审判1994年间所有刑案，包括卢爱阵报复杀人等其他罪行？

我向总统顾问理查德·瑟兹贝拉[②]提出这个问题，他回答："我们不想混为一谈。有人说卢爱阵也有罪行。是的，对他们也要绳之以法，但这不是大屠杀。不要把他们同参加大屠杀的那些人一起审判。他们犯的罪不一样，可以用其他办法处理。"

并非所有卢旺达人都同意他的说法。有些人认为卢爱阵犯下的罪行从未

① 作者私下采访。

② 理查德·瑟兹贝拉(Richard Sezibera)：现任东非共同体秘书长。译者注。

"处理",永远也不会处理。如果国家不能让国民信服法律面前人人平等,噶查查审判就可能延缓甚至颠覆原来设计促进和解的进程。

旁听庭审桑森·罗吉拉的人们默哀后重又坐下,主审法官还站着。大家都没有经历过这种场面,不知道如何进行。主审法官简洁明了地介绍:"在场的每个人都有权发言。发言请举手。我们先请外地人讲,然后是老年人。不要骂人,不要恐吓,不要长篇大论,让别人也有机会讲话。证人不要害怕,只要讲真话,不会因言受罚。不要喧哗生事,否则严惩。"

法官随后叫犯人出示身份证,检验后宣读其姓名和出生年份——1968 年,大屠杀时他才二十四五岁——当时职业是商场杂工。法官又请打算作证的人离开大厅,以免受现场发言的影响,并告诉他们不能相互交流。然后,他提出按照法律每次噶查查庭审前都必须询问的两个问题。

他问:"法官有无因利益冲突需要回避的?"无人回答。

"现场是否有人认为哪位法官应当回避?"还是没有反应。

主审法官点头示意法庭书记员,后者随之不动感情地大声宣读公诉书。法庭指控桑松 1994 年 4 月直接参与帮助一伙联攻队袭击和洗劫卢洪沟及其周边,并在镇中心设关卡路劫图西人后带走屠杀。据说他本人还带把手枪和手榴弹打劫遇害者家舍。公诉书中详尽列举了许多人名和日期,近半小时才念完。大家一动不动聚精会神地听着。

书记员又拿出第二份文件,念被告的书面陈述。桑松承认自己是联攻队民兵,曾持枪打家劫舍。他承认自己的同伙杀过一些人,并把另一些人拽出汽车集中到别处杀害。不过,他矢口否认亲手杀人。

主审法官警告他:"好好想想,是否忘掉什么?如果发现你隐瞒其他罪行,对你不利。"

这是噶查查审判的基本法则,即使罪责深重也是坦白从宽、说谎从严。认罪不仅是净化杀手的罪孽灵魂,也说明他真心愿意同受害者和解。但仍有一些被告坚称自己无辜,通常是因为他本人或家属受到其他囚犯的威胁,生怕被牵连。

桑松·罗吉拉面对原邻居的质询长达五个小时。他拒绝回答不少人的尖锐问题,如谁给他发的手枪、他和同伙如何处置尸体。八个人指控他是残酷无情的联攻队首领。

躲入邻家地洞逃生的男子说："每次他们来抓我，他都在其中。"

桑松几个小时拒不承认许多目击者举证的事情，人们感到恼怒。一位妇女气愤地站起喊道："他不讲实话。他带人洗掠了全镇，包括这座房子！"

有人痛苦地皱眉蹙额低头。大家都想起屠杀开始时200多名图西人挤进这个社区中心，期望当局保护他们。可惜他们信错了人。1994年4月22日周五上午，卢洪沟人永远忘不了这一天，一伙联攻队民兵冲进这所房子，杀尽屋里所有人。他们的遗骸就埋在几百码外的群葬墓。

漫长庭讯中，九名法官全神贯注，逐一提问。主审法官不时婉言提醒证人简明扼要，但从不打断他们发言。有位证人凑近法官席说她想私下谈，主审法官伸手制止："这是公开聆讯，发言请用麦克风。"

嫌犯有些分神，经常抹把脸，时不时透过敞开的大门凝视儿时玩耍以及后来施虐的几处山坡。他是否梦到过今日的审判？盼望还是害怕？外表上看不出来。下午结束前，他在最后陈述时奇怪地特不自信。

"可以说我参与了，因为我是挑人送去杀掉的那伙人。但我自己从未杀人。"他的辩白在人群中引起一片不满之声。"我没有砍人。如果我有机会可能也会下手，但我的同伙抢着干了。我做了错事，希望法庭、受害者以及所有卢旺达人饶恕我。"

他说完后，法庭书记员宣读庭审记录。被告认可记录如实并签字，主审法官也签字。随后，主审官示意法官们起身退席商议判决。

一些旁听者离席而去，大多数仍等在附近。大家都不说话，不少人心不在焉。我问了几个人，他们都不相信桑松·罗吉拉在法庭上说的话。我问一名小学教师对审判是否满意，他明确答复："除非判他30年徒刑。"

法官们讨论了两个小时后重返原位。旁听者也都鱼贯而回。坐定后，主审法官宣布判决。

"我们审议各项指控、被告和证人的发言，仔细考虑证据，我们认定被告的供述不实。被告参与了屠杀图西人，并在组织屠杀中扮演了重要角色。"

他接着宣读了确定刑罚以及赋予噶查查法庭司法权的相关法律，然后转向被告说："根据这些法律条款，我们判处你25年徒刑。"一半刑期将在监外执行，就是说，坐牢12年的桑松·罗吉拉几个月后即可获释。

被告没有做声。旁人也毫无反应,大多数人情感早已榨干。依法惩处罪犯,至少看上去是如此,但与此地遭遇的巨大恐怖相比,没有什么值得满意之处。

少数几个人在一旁看着桑松·罗吉拉被带回来时坐的皮卡,但没有一人说话。一些人肯定感到气愤或心怀仇恨,其他人可能替这个旧日邻居感到惋惜,虽然这个愚昧恶棍肯定是个杀人犯,但也是受害者。那位希望判处桑松 30 年徒刑的老师告诉我他很满意:"这很公平。到底真正达到什么目的?我不知道。我还得想想。"

1994 年摧毁整个卢旺达的社会冲突根深蒂固,不可能通过审判与惩处凶犯来解决。在暴力撕碎的国家,只有原先的敌对双方相互和解才能重获稳定。在卢旺达,这意味着人们必须宽恕曾经满门抄斩自家的人,甚至还要同他们共同生活、重建手足关系。这并不合情理,但在卢旺达恰恰如此,而且其规模史无前例。消息一经传出,大批外国人类学家、社会学家、深信上帝之手的基督信徒、法律学者、电影制片人纷至沓来考察。他们看到的就像我在卢旺达南部尘土飞扬的小村姆比嘤见到的一样。

简易土路旁的芭蕉丛中掩映着姆比嘤新村,政府在这里安置大屠杀幸存者与获释杀人犯比邻而居。全村有 50 座混凝土房、一口水井、一片农田,据说足以养活全村。附身于卢旺达几百万人的恐怖鬼魅出没于许多这样的村庄。我有个朋友迪奥·噶沙伽扎,他是心理学教授和巡游牧师,负责把苦主和凶徒拢到一起,曾在姆比嘤做过大量工作。迪奥花费了几个月的工夫同村里的两个人谈,先分别谈,然后叫到一起谈。一个是罗莎莉亚·班坤蒂耶,她 1994 年时 20 岁,痛失丈夫和四个孩子,凶手还在她脸上砍了一刀,她却奇迹般死里逃生,但留下长条疤痕。凶犯格扎维尔·讷梅耶坐牢九年后获释。有一天,我参加姆比嘤村民树荫下开会,听他俩讲亲身经历。与会者大多数是身穿鲜艳蜡染印花衣裙的妇女,静听迪奥的开场白。

"看着你旁边那人的眼睛。"他停顿片刻,等大家照他说的做。"看着他,想想你决不能伤害他。无论你笃信什么教,无论你祈祷多少遍,如果我们不能互相友爱,一切都毫无意义。你看不见上帝,如果你不能善待你看得见的邻居,你不可能爱上帝。"

迪奥讲了几分钟,姆比嵝村民听得入迷。他劝大家丢掉怨恨,集中全力战胜贫困——他称之为“卢旺达的撒旦”。他提到上帝时,许多人闭上眼睛仰面朝天。随后,他请罗萨莉亚和格扎维尔发言。

他们脚步蹒跚,看似痛苦不堪,最后并排坐在一根原木上,中间留有一段距离。在场众人都知道他们的故事,许多人也有相似的经历。

罗莎莉亚矮小瘦弱,看上去比实际年龄老许多,劳累过多压弯了腰。她穿着黄花裙和褐黄间色格宽松罩衫。她镇定许久才抬起头开始讲述自己一家惨遭屠杀的悲剧。她声音柔和、吐字清晰。几分钟后,她讲到自己压在一堆尸首下、头上伤口生蛆,不禁失声痛哭。

这种情景并不罕见,以前她的邻居都是边说边哭。他们默默等着,不无同情,有些人互相紧紧抓住邻座的手。她慢慢恢复平静,指着坐在旁边的那个男人,从未看他一眼。

“他不仅杀了我们全家,而且毁了我们的房子,拿走了我们所有的东西。”她言语凄凄,强忍哽咽,“我靠别人帮助过活。幸亏有上帝,我们才能同那些干坏事的人和解。很难和杀你全家的人说话。感谢上帝,我们靠他才能住在同村,才能和解。”

我颇感困惑。她讲的这些话无疑出自内心,但是所表达的情感难以令人理解,这个女人竟然情愿谅解无情伤害她的那个人。罗莎莉亚讲完后,人们长久地沉默不语,我也百思不解。格扎维尔有时看着人群,有时盯着自己的双脚,但从不看罗莎莉亚。

他开口讲道:“想想自己干的事,要让我给自己判刑,杀了我也不够赎罪。我向自己伤害过的人认罪。愿上帝饶恕我。我看到上帝劝过他们,因此我才敢请求宽恕,请他们原谅我。我心里感到宽慰。我感谢牧师帮我们相互说话。我们原以为我们杀了人自己也要被杀掉,我们不敢想能得到宽恕,因此有些吃惊。”

他讲的时候我一直盯着他,他刚有停顿我就转过去看罗莎莉亚的反应,却发现她已经离开。她不敢听格扎维尔讲语,所以走开了。一小时后我回到村里才又遇见她。

她告诉我,三年前她在村边市场上看到刚出狱的格扎维尔,并不激愤,“因为我死过一回了,不可能再死一回。”后来他找上门来请求原谅,她感情上接受不了,没有答应。不久,迪奥来到此地布道。他召集人们开会推动和解。姆比嵝村民头次听说这个概念,大为震惊。

罗莎莉亚对我说:“那天许多人都感到伤痛,纷纷说,‘和解?你怎么能想到这个,为什么要我们和解?’我没有了孩子。我家过去很富裕,有牛有羊,有银行存款,我再也拿不回来了。不过,如今我不想诅咒那个人。上帝会安排他的死法。如果有人杀了他,也不会是我。”

像这样和解的受害者与施害者人数不少,成为当代卢旺达的一大创举。我多次参加像姆比嵝村这样的活动,令人难以想像,难以理解人的精神力量。在长途颠簸回基加利的路上,我问迪奥·噶沙伽扎从其努力中得到什么启迪。

他回答说:“和解不是理论,而是实践。”

1994年以来,迪奥把大部分时间花在操办一个小型囚犯联谊布道团(Prison Fellowship),资金一直不足。他先走访监狱为大屠杀凶犯进行心理咨询,化解他们心头的怨恨。然后他寻访这些囚犯过去虐待过的幸存者。每逢囚犯获释出狱,他就劝导他以及在他手下遇难者的遗孀孤儿,最终帮他们和睦相处,成功率之高令人吃惊。

他告诉我:“有个女人一看见那个强奸她并杀害她全家的男人就厌恨不已。她说,‘我怎么能和这个杀手在一起?’过了一个来月,我们让他们在一起吃顿饭。开始要有心理准备,和她谈过去。她会说,‘很难同这个杀我丈夫和孩子的男人在一起,你怎么能叫我这样做?’我就说,‘你是卢旺达人,这个男人也是卢旺达人。我们不能把这个国家分成一边都是受害者、一边都是获释犯人。我们的命运和未来都连在一起。’这个工作很复杂。有时我要用三个月劝一名受害者。他们说,‘我夜里睡不着觉。可怕的回忆就像电影在脑海里反复回放。’你要谈话,交流情感。治疗心灵创伤要有个过程。我采用不同的方法。有人愿意听上帝的话,有人不必带着《圣经》。不过每个人,无论基督徒、穆斯林还是信奉伊玛纳[①],心中都有上帝。我说,‘怎么能怨恨以上帝形象创造的人?不能以原先环境坏为由再造坏环境。我们应该相互友爱。’我告诉他们,没有人生来就坏,而是在坏环境中长大才变坏。我们必须改变环境,改写历史。”

如今,“和解”在卢旺达成为时髦词,人人都必须支持和解。全国噶查查委员

① 伊玛纳(Imana)是卢旺达传说中的造物主神。译者注。

会和全国团结与和解委员会这两家均由妇女主管的政府机构负责指导和促进全民和解，然而一线工作都是迪奥这种自封的专家操办。

迪奥曾告诉我："我第一次去监狱布道，囚犯对我说，'你讲的不错，但不知道是不是卡加梅派你来的。'我告诉他们：'我想创建一个新卢旺达，为了我们的未来和孩子，我们需要和平。你们为什么要毁掉这个国家？为什么不改变一下？如果卢旺达人相互仇恨，国家未来何在？'起初并不容易，但三个月后全国各监狱都请我去。我们布道团成立四年后的一天，我的车坏了，老在土石路上跑，彻底报废了，无法四处奔走。有个人找到我，他很有钱，想给我一辆车。他是胡图人。我问他，'我认得你吗？'他说："不，但我听说过你的事，我希望你继续做下去，还我们以和平。'这对我帮助很大，使我明白没有不可能做到的事情，我们能够改变自己的命运。"

为什么这么多卢旺达人决定宽恕虐待自己的人？我碰到许多人，回答都一样——这是上帝的要求。卢旺达大屠杀之后的和解主要依靠宗教信仰、宗教理念和宗教语言。这一点颇有道理，因为只有在这种宗教精神背景而不是理性背景下，才能理解卢旺达人饶恕杀人凶手的深层原因。卢旺达并非十分虔诚信教的国家，其领导人并不刻意表现笃信宗教，然而卢旺达的和解主要依据《圣经新约》、寓言故事和基督境界。卢旺达的全民和解的确是政治上的需要，但其主要动力来自宗教。

> 事实上，宗教在大屠杀历史中，无论是在此之前还是在此期间，都起到了关键作用。尽管宗教发挥了负面的作用，但目前在我们社会依旧十分活跃……
>
> 人们都信教，有人甚至盲从而非出于理性……人们通过宗教缓解悲伤和无法释怀的事。如果宗教能够缓解悲痛，使人们有所依靠和寄托，我们领导人愿意鼓励他们信教。
>
> 保罗·卡加梅

当然，在卢旺达并非所有幸存者仅凭上帝的旨意马上就能接纳曾经折磨过自己的人。文化水平较高的人都不会轻易接受宗教或精神方面的影响，许多人很难战胜自己的感情。他们不仅不原谅杀人凶手,反而将满腔仇恨化作极力报复行为。

博纳旺蒂尔·尼伊比兹现任银行行长,大屠杀爆发时他住在基加利,他和一些邻居认为,最佳逃生途径是集中三辆小汽车,冲破路障到半英里外的圣家教堂。他们奇迹般成功出逃,和几百名胆战心惊的难民在教堂大院藏身两个月。博纳旺蒂尔的母亲却在自家村落死于大砍刀下。那些杀手几天里时不时闯回老人家中砍她几刀,奚落她说,"富裕儿子"毫无用处。他们后来刑满获释,博纳旺蒂尔认为这样很不公平。

我问他如何看和解问题,他说:"作为幸存者,我认为当今政府没有还我公道。政府通过法律说凡是承认参与大屠杀的人都可以重获自由回家。我全家被杀个精光,母亲被活活砍死后扔到河里。我知道是谁干的,可是他们认罪了,根据法律他们坐牢七年后获释。从政治上我理解,但作为个人我不理解。"

博纳旺蒂尔·尼伊比兹告诉我一个不言而喻的真理:"从幸存者的角度来说,要想和解几乎不可能,超出人之能力。"然而和解理念已经植入许多卢旺达人心中,并且令人惊异地开花结果。在这个国家事事都讲慎重和理性——"认真"与"正确",全民和解至关重要,缺此其他一切都不可能成功。但和解的实质却神异莫测,无法理解。

卢旺达大屠杀四年后,本可以努力避免惨剧发生的重要人物科菲·安南到访卢旺达,来到由于他推了一把才跌入地狱之火的国家。[①] 1994 年任联合国维和行动部主任的安南,应为限制联卢援助团人少力弱承担主要责任,他制止达莱尔将军收缴武器库和采取其他行动避免大规模屠杀,还不让安理会成员国代表知道达莱尔的多次真情警报和紧急求助。

卢旺达人迫切等待安南说些什么,许多人希望他不是简单道歉了事,要他解释为何他和联合国其他人如此坚决反对制止卢旺达的杀戮,乃至未来如何避免这种悲剧性误判。

---

① Shaharyar M. Khan, *The Shallow Graves of Rwanda*. London: I. B. Tauris, 2006, pp. 128-140. Colin M. Waugh, *Paul Kagame and Rwanda: Power, Genocide and the Rwandan Patriotic Front*. Jefferson NC: McFarland, 2004, pp. 115-118.

安南着陆基加利，走出机舱。达官要人列队欢迎。当局将他从机场直接送到弹洞遍体的议会大厦，卢旺达政府几乎所有成员聚集于此。外交部长首先讲话，提醒同事安南来访非同小可，大屠杀幸存者第一次有幸聆听导致联合国历史上由于不作为而导致最大失败的当事人之一解释原因。然后他请安南上讲台。

安南开头念叨了一长串联合国工作的陈词滥调。他说此访是"弥合嫌隙之旅"，表示"希望和祈望你们克服灾难"。全场听众耐心熬过冗长的开场白，不曾想安南就此结束。他没有表示悔恨，甚至不肯承认联合国在卢旺达一事上扮演了暧昧的角色。他最多说到卢旺达大屠杀是"世界悲剧"和"全世界必须为此败笔深感遗憾"。他没有指责任何机构、任何个人，似乎只能怪"全世界"。

有人称，安南的表现令人吃惊，在场政要"目瞪口呆，原以为安南能利用这个机会坦诚表态和正式道歉，以便同本国决策者重建关系，却居然如此放弃"。不少议员起身向安南喊话，要他考虑他本人以及联合国应该承担的责任。安南却置之不理，说他不是来"辩论"的。[①]

傍晚，安南作为主宾出席比齐蒙古总统和卡加梅副总统举办的正式招待会，他微笑着走出豪华轿车挥手，与列队欢迎的贵客逐一握手。他走到队尾，诧异地四处张望，暗自大吃一惊。比齐蒙古总统和卡加梅副总统均未到场，他们抵制自己举办的这场招待会，以抗议安南在议会的讲话。

> 我不再指望联合国，而是想，谁还需要联合国这样一个机构。我的建议是，碰到问题自己想法解决，因为国际社会绝不会伸手相助，即便出手也是在错误的时间采用错误的方式……
>
> 什么是联合国？真有个联合国吗？说到底，联合国就是个别大国。如果法国、美国、中国或俄罗斯不想联合国做什么，什么也做不成。然而，我们都是成员国。我们错误地以为联合国随时准备采取行动，但它从来不行动。我们应该更多依靠自己。
>
> 保罗·卡加梅

① Colin M. Waugh, *Paul Kagame and Rwanda: Power, Genocide and the Rwandan Patriotic Front*. Jefferson NC: McFarland, 2004, p. 117.

和安南一样，许多导致全世界无视卢旺达大屠杀的外国权势人物都假仁假义地道歉"当时判断错误"，抱怨"整个世界"、"国际社会"或"我们大家"无一例外都表现不好。然而，正是一个一个的人——不仅是各个机构——导致卢旺达大屠杀得以爆发，大多数是卢旺达人。不过，至少有十来个外国人其实有权或能防止这场大屠杀，或是帮助在早期制止，至少可以敦促全世界关注和讨论此事。大屠杀后这些年，他们个个不得不决断道歉多少、承认多少、记住多少。

多年后，记者问布托罗斯—加利当时为何不采取行动，他说："我没有意识到真有大屠杀，我们需要时间来了解真相。"[①]

其他因卢旺达悲剧而有损名声的人也同样泛泛而言为自己开脱。时任美国常驻联合国代表马德琳·奥尔布赖特大使1997年在非洲统一组织演讲时说："在1994年卢旺达暴行初始阶段，我们国际社会本应更加积极作为，实话实说：这是大屠杀。"[②]几个月后，克林顿总统到卢旺达访问三个小时。他说，"我这样的一些人"当时没能理解"你们陷入这种难以想像的恐怖旋涡之深之快"。[③] 时任美国国务卿沃伦·克里斯托弗对卢旺达知之甚少，他听说危机爆发后的第一个反应竟然是在地图上寻找方位，他在回忆录里用20页写波斯尼亚危机，但在索引里居然都没列"卢旺达"一词。

听任卢旺达大屠杀爆发的外国人并不都在华盛顿或纽约联合国总部工作。英国人也有责任。约翰·梅杰首相政府同美国政府携手削弱了联合国维和团的力量。但是，梅杰及其后任首相从未表示自责。

比利时更应该道歉，但也只是稍微爽快一点。2000年，比利时首相伏思达(居伊·费尔霍夫施塔特)在基加利大屠杀纪念馆对一片寂静的人群说："我承认整个国际社会对大屠杀负有巨大而沉重的责任。今天，我代表比利时政界和军方承担我国的责任。我们欠卢旺达人民一个真诚的道歉，我在此谨表歉意。"[④]

法国的罪恶感最深，挥之不去。其他国家只是没能或拒绝承认卢旺达大屠杀肆虐，密特朗总统及其政府却武装了当时的胡图政权，派兵保护那个政权，坚决支持他们实施大屠杀，帮助其中许多领导人在内战结束后逃脱，准予其中一些

---

① PBS,"Ghosts of Rwanda", *Frontline*, 2004.

② *Los Angeles Times*, Dec. 10, 1977.

③ *New York Times*, March 26, 1998.

④ *Toronto Star*, July 12, 2007.

嗜血残忍的屠杀犯在法国避难，包括哈比亚利马纳夫人，最后还帮助战败的大屠杀军队起兵夺回政权，但未成事。

大屠杀后不久，法国记者随即发表著作和文章批评密特朗政府的所作所为，人权人士愤而要求政府正式展开调查。1998年，“无国界医生”组织指出，“法国政府不应继续保持传统，对其在大屠杀中的可耻行为保持沉默。”①外交部长阿兰·朱佩气愤地回答说，没人有权质问“我们在那个时代进行人道主义干预的善意”，他绝不考虑“调查我国本应感到自豪的行动”。② 然而，压力并未消失。最后，法国议会组成调查委员会。结果认为，密特朗总统虽然知道卢旺达军队屠杀平民，仍然向其提供援助。大屠杀时期，法国和卢旺达两军合作紧密。然而调查者坚称，法国“没有鼓励卢旺达大屠杀”，那是“卢旺达人屠杀卢旺达人”，联合国也无力制止，因为“美国不想马上增派联合国军”。这份报告使法国和其他所有过失方一样，总是指责别人。

一位采访者曾质问让—克里斯托弗·密特朗，支持卢旺达旧政权是否令他彻夜难眠，他勃然大怒，“胡说八道！我拒绝回答你的问题，你想暗指我应该承担某种责任。”③

卢旺达大屠杀一年后，雅克·希拉克总统接替密特朗，发表动听感人的讲话，承认“法兰西，这个崇尚启蒙和人权的国度，这片欢迎避难的热土，不幸做出不可弥补之事。背弃诺言，将其保护的人推入恐怖妄灾。这段黑暗时刻将永远玷污我们的史迹，有损我们的历史和传统”。④

这些词句本可作为法国和卢旺达建立新型关系的基础，可惜希拉克讲的不是卢旺达大屠杀，他是讲第二次世界大战期间法国未能保护犹太人，不是法国在卢旺达的行径。他感到此时可以承认二战那段罪孽，主要是由于时间的流逝。如果高傲民族必须等到50年后才认罪的话，法国领导人要到21世纪中叶才能坦率谈及卢旺达大屠杀。

2006年夏天某个晚上，世界杯开赛。卡加梅总统家里晚饭桌上发生了一场

① Andrew Wallis, *Silent Accomplice: The Untold Story of France's Role in the Rwandan Genocide*. London: I. B. Tauris, 2006, p. 202.

② Ibid., p. 203.

③ Ibid., p. 212.

④ Ibid., p. 216.

争论，他的一个儿子宣布他支持自己喜爱的球星蒂埃里·亨利所在的法国队。他哥哥抗议说："你怎么能支持法国？他们同父亲作对！"

据卡加梅自己说，他当时笑而不置一词。几天后他飞到柏林观看世界杯决赛，并同希拉克总统聊天。他对记者说，"我们之间没有任何问题。"

然而，很快就出麻烦了。10月，卢旺达政府宣布成立委员会，调查法国在大屠杀中的行为。卢旺达官方声明称，委员会将"确认法国当局有关人士的所作所为"，并考虑"他们的行为是否需要提起刑事诉讼"。

几周之后，法国反恐案件首席法官让—路易·布鲁盖尔发表令人震惊的报告，指控卡加梅和其他九名卢爱阵人员12年前谋杀哈比亚利马纳总统。这位法官只采信认为卡加梅有罪的证人供词，拒不采纳指控其他罪犯的证据。这份报告立时见效。虽然卡加梅作为一国元首免于起诉，但是重罪指控给他的名声蒙上阴影。他的九名助手，包括先后任刚果（金）总统洛朗·卡比拉手下总参谋长、卢旺达国防军总长的詹姆斯·卡巴瑞贝将军等，被迫减少出国旅行，以免被捕。

法国外长菲利普·杜斯特—布拉奇（2005—2007年）强调提出，这些指控是"司法决定"而"不是法国政府作出的政治决定。"[①]但这毕竟是长期以来怒火中烧敌视对方的最新攻讦。自从推翻法国支持的前政权上台执政以来，卡加梅一直坚决努力削弱法国在非洲的地位。他的做法其他非洲领袖从未试过：让卢旺达脱离法国势力范围，将政府工作语言从法语转为英语，申请加入英联邦。他任命委员会调查法国参与大屠杀的事实，导致两国冲突升级。布鲁盖尔法官指控卡加梅总统及其同事涉嫌谋杀前总统之后，两国冲突终于爆发。

卡加梅雇用阵容强大的伦敦辩护律师团应对指控。他同时敦促卢旺达调查委员会加紧搜集法方共谋大屠杀的证据，特别是足以对现任或前任法国领导人提出刑事控诉的证据。随后，他又出人意料地宣布卢旺达断绝与法国的外交关系，关闭基加利的法语学校和法国文化中心。

此后几天里，卢旺达政府的反法激情高昂，官方报纸《新时代》连篇累牍发表文章，历数法国支持大屠杀政权的前科，动员民众上街示威游行或到各体育场聆听谴责法国背信弃义的演讲。卡加梅总统在基加利集会上鄙视地称法国法官无权审理他："我都不知道怎么念他的名字。"

---

① http://www.news.com.au, Nov. 27, 2006.

同法国断交这一步确实有点过激，但是符合卡加梅在这场冲突中绝不退让的立场，有几百名卢旺达儿童在法语学校读书，许多人喜欢到法国文化中心看电影、听音乐。我问卡加梅是否饶过这两家机构，他摇头拒绝。

> 这些机构都是一路货。这完全是个政治问题，不是什么技术问题。法国在伤害我们的时候使用所有隐蔽手段，包括所谓文化中心和法语学校。这些都是他们的机构，都由法国使馆经营，用来制造麻烦。我们实际有意传递这个信息，揭露他们在这里干了些什么，他们如何破坏我们的国家和政府体系。这是个明确信息。我们赶走法国大使，并非因为他本人干了什么坏事，他只是一名雇员。但是，我们不可能驱逐法国总统、外交部、军方或情报系统，我们只好象征性地驱逐大使。
>
> 保罗·卡加梅

在1994年卢旺达悲剧里，外国主要当事人中只有罗密欧·达莱尔将军曾竭力阻止大屠杀发生，恰恰只有他勇于承担个人责任。1994年夏季离开基加利前，他已经深受良心的责备，而且长久挥之不去。

他曾解释道："我是司令，我没有完成任务，而几十万人丧生，我无法仅凭一句'我尽力了'找到安慰。"[①]

达莱尔不止一次试图自杀。一度他的右臂不能动弹——显然是他回忆卢旺达杀手用砍刀和棍棒杀人而导致身心失调。每当他在街上看到一块布，总忍不住要去查看布下是否有尸首。[②] 他应加拿大军方要求录制过创伤应激症的片子。

他有些迟疑地证实，"我有自杀倾向是因为没有——确实没有其他解决办法。我痛苦万分，难以生活，总是听到杀人的声音，嗅到死尸的气味，看到杀人的场景。我彻夜难眠，忍受不了周围一片沉寂。"[③]

---

① PBS，"Ghosts of Rwanda"，*Frontline*，2004.

② Romeo Dallaire，*Shake Hands with the Devil：The Failure of Humanity in Rwanda*. New York：Carroll & Graf，2003，p. 325.

③ *Ottawa Citizen*，Dec. 13，1998.

2000年，由于拒绝停止公开讲述卢旺达惨案和不断出席战争罪审判庭作证，达莱尔被迫宣布因病退役。一个月后，他醉倒在魁北克一个公园的长凳上，昏迷不醒。他给加拿大广播公司写信说，自己患有"新一代维和损伤症"，源自"内心的愤怒和狂躁，不能融入家人、朋友和社会的正常生活，极为孤独"。[①]

达莱尔在其纽约上司不理会他有关大屠杀即将发生的多次警报之后，本可以公开于众。他本可以不经请示纽约自行搜剿联攻队的武器库，或者命令维和官兵看到平民遭到杀戮时出手干预。在大屠杀头几天，他甚至可以同卢旺达爱国阵线联手制止屠杀。如果他采取上述行动，很可能挽救许多生命，然而，他也肯定会被免去指挥权调回国，名誉扫地，甚至可能要上军事法庭。

达莱尔是否应该拒绝接受命令或以辞职方式抗议？这是有关他个性的问题。卡加梅总统也曾想到过这个问题。

> 达莱尔是个很有智慧的人，在军事方面颇有造诣。我想，虽然可能以前他不是作战指挥官，主要从事后勤等方面工作，但他对军事战略、战术和军事科学很敏锐，掌握得不错。因此，他作为一名军人，是优秀指挥官和好军官。我感到很好同他打交道。他内心很真实可靠。
>
> 尽管如此，另一个方面要从他工作的背景看。他为联合国服务，所以他不得不和联合国保持一致，这显然影响到他的行为举止，完全不同于他的个性。我记得我们经常会面，总是争论形势，特别是哈比亚利马纳被杀后的那几天。我们观察到和听自己人说，人民在逃命。我们的人听到哭叫声，得到情报说很多人被杀，等等。我就给达莱尔将军打电话，而他对我说的第一句话就是"我请求你不要采取任何行动"。我告诉他："好吧，如果没发生事，我其实不必行动。但是如果有人大开杀戒，我们在议会大厦的人面临威胁，难道我不该采取行动？难道要我坐视不救？如果你能证明足以控制局势，能够保护我们在议会大厦的人，能够保护卢旺达人，我何必采取行动？"但是，他自己无能为力，却又不让我行动！我说："这是什么意思？这是什么道理？这是什么军人？这

① Samantha Power, "*A Problem from Hell*": *America and the Age of Genocide*. New York: Basic, 2002, p. 389.

是什么战术？你想告诉我什么？什么意思？"不难看出，这些是他的弱点……我看到他的问题很严重。

我一度甚至问过他，我说，"你还在哀求总部。你什么也做不成。你为何不动用手中部队，我们联手拯救性命？如果我是你，我会打破联合国设置的障碍救人。宁愿带着违背联合国规定的内疚，但能拯救性命，而不是眼看着人们被杀，为了保全自己在联合国的工作而不违背规定，你将内疚一生。"我说，"如果我作为一名军官、作为一个人做出抉择的话，我宁愿不遵从联合国也不愿眼见着人们被杀。首要的是，这是我自己的选择。"人们可以各有判断，我有自己的判断。

保罗·卡加梅

达莱尔将军十年不肯重返卢旺达。2004 年他接受邀请参加大屠杀十周年纪念活动，他事先料到此行"如同重返地狱"，[①]结果基本没猜错。在他抵达基加利后不久的一次会上，比利时参议员、"无国界医生"组织前总干事阿兰·德泰克斯当众质问达莱尔"为何接受形同犯罪的命令，而不拯救图西人的性命？"达莱尔当时十分生气，但后来在布塔雷的卢旺达国立大学演讲时听起来他似乎同意阿兰的说法。

他在教授和学生集会上说："站在这里我要说，罗密欧·达莱尔作为部队司令的确有负卢旺达人民。"

达莱尔并不在乎分担未能保护卢旺达人的责任，尽管别人不情愿正视这一点，他鄙视那种半心半意的道歉，称之为"甩掉他们手上鲜血"的拙劣表演，他特别反对克林顿总统声称他未能认识到卢旺达发生的是场大屠杀，说那是"彻头彻尾的谎言"。

达莱尔很少接受采访，却经常公开演讲，我曾听他在芝加哥讲演。他泛泛谈及手足之情、休戚相关和全球责任，但自然不免提到卢旺达。他几次指出本质问题：卢旺达大屠杀不是远古世仇引发的部落暴力，而是几十个攻于心计、心狠手辣的政客所为。

---

① Peter Raymont dir., *Shake Hands with the Devil: The Journey of Roméo Dallaire*. White Pine Pictures, 2004.

他告诉听众："他们一小撮人开会说，'我们如何一劳永逸地解决这个问题？'其中之一直言：'好办，彻底消灭他们。'于是他们筹划屠杀 120 万图西人。他们计划周密，精确到以每十个茅棚为一个单元。"①

我曾想对达莱尔提个问题，但他不接受提问。显然，有些事情他不愿公开谈论。在许多判断错误而导致卢旺达爆发大屠杀的外国人中，只有他一人毁于力有不逮，他承担责任，别人却都想方设法推脱。

达莱尔多次现身卢旺达国际刑庭作证，有一次叙说大屠杀爆发前外国军队的撤侨行动，军人只救各自侨民，留下卢旺达人等死。他称这种做法"按人类任何标准衡量，都不可原谅。"

询问者评论道："看来你对此感到遗憾。"

达莱尔答道："实在难以想像。"②

① 达莱尔 2006 年 11 月 28 日在美国芝加哥公共图书馆的演讲。

② Samantha Power, *"A Problem from Hell": America and the Age of Genocide*. New York: Basic, 2002, p. 386.

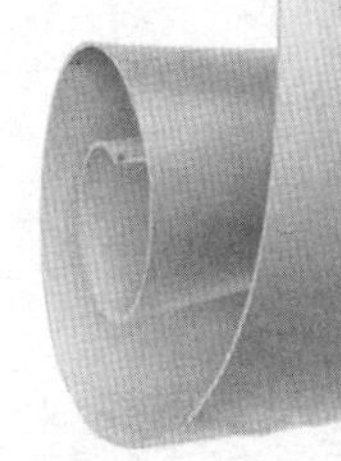

最根本的是我们必须在国内确立安全与稳定。只有在这个基础上才能创立其他。安全也意味着和解、正义，恢复能够凝聚社会和让人们和睦相处的环境。然后，才有可能实现社会、经济和政治的发展。

我一生中总爱问问题。任何一件事，我都能找出问题来。即使在我的日常工作中，读到有关事件和人物的情报，我总能从中找到问题。为什么？谁干的？是否有其他办法？这是我的一种生活方式。

保罗·卡加梅

第十六章　仅为一事出名

多年来，到卢旺达旅游看来是不经之谈。随着和平的稳固，游客开始惠顾这里。纪念品小卖部在不少城镇开张，旅馆常常爆满，导游引着大堂里一批批欧洲、美国和日本游客登上吉普车和面包车。

卢旺达恢复正常之路十分艰难，可以举出很多重大的转折点。众多象征之中，英国布拉特出版公司博览贯通的“布拉特导游丛书”2001 年首次推出一整本《卢旺达旅游指南》。该指南前言中提到，出版此书是“因为作者们希望强调，卢旺达政府翻过了声名狼藉的历史一页，这个国家现在成为安全和迷人的旅游目的地”。五年后此书再版，新版导言惊叹这个“的确令人惊叹的国家”已经“从饱经战火的废墟、骇人听闻的地方改造成为生机勃勃、繁荣昌盛、安全稳定、活力充沛的国家”。①

如今，造访卢旺达的一些游客政治成熟、贴近社会、渴望走访新千年乡村发展等项目，那里有些志愿者追随美国经济学家杰弗里・萨克斯努力消除整个地区的贫困。其他游客希望考察全民和解进展情况，会晤大屠杀幸存者或者旁听审判大屠杀刽子手。然而，许多游客多少着迷于卢旺达别有风味的自然奇观，攀登维龙加火山，观赏山地大猩猩。

我很喜欢野生动植物。只有冷漠之人才会对山地大猩猩的雄壮体魄无动于衷。从电影里看猩猩就够满足我的好奇，别人却想亲眼目睹其雄姿。每年有成千上万游客飞到卢旺达，纯为一睹山地大猩猩的风采。有些人事后形容，与大猩猩亲密接触堪称震撼人心，甚至是一种改变人生的体验。我渴望了解卢旺达的方方面面，于是决定远足一趟。不过，即将出发之际我还是感到观赏灵长目动物之旅并不适合我。

卡加梅总统也许有同样感觉。我问过他，全球仅存 1200 头山地大猩猩，其中绝大部分落户卢旺达，这对他本人意味着什么。他的回答颇为拘谨，估计和我

① Booth, *Rwanda: The Bradt Travel Guide*. London: Bradt, 2006.

一样不太自信。

> 他们是我们国家遗产的一部分。我很高兴看到不仅是我国人民珍惜他们。就是这样。他们也是我们生态保护区和整个生态系统的一部分。我们有幸拥有这些独特的生物，全世界的人都想来看一看。他们带来的旅游业也给我们创造了收入。我们很重视所有这一切。
>
> 保罗·卡加梅

研究卢旺达山地大猩猩的灵长目专家戴安·佛赛使它们扬名海外。其著作《雾中的猩猩》[①]和以此改编的电影引起全世界关注这些大猩猩，她自己也成为名人，影星西古尔内·韦佛出演戴安。在维龙加山区的18年中，佛赛长期与哈比亚利马纳政权激烈冲突。"阿卡祖"小集团权势人物参与偷猎大猩猩，她则不屈不挠坚持斗争。她同几十头大猩猩建立了亲密关系，她一度甚至认为大猩猩的性命比人类的性命更加珍贵。

"为了实现她的唯一目标——保护濒临绝种的山地大猩猩，佛赛曾开枪射杀她的敌人，绑架他们的孩子，用鞭子抽他们的生殖器，把猩猩粪抹在他们的身上，杀掉他们的牛，烧掉他们的房子，甚至送他们坐牢。"她的传记作家写道，"凡是敢威胁她那些大猩猩的人、甚至质疑她做法的人都会惹怒她，简直难以想像她那种歹毒的能量。"[②]

1985年年底某个夜晚，有人闯进佛赛的小木屋暗杀了她。一些朋友大为震惊，但并不感到奇怪。遵照其遗愿，她被安葬在卡里辛比火山（Mount Karisimbi）一个乡间墓地，同她亲自下葬的15只心爱大猩猩安眠一处，这些猩猩大多数死于偷猎者设下的陷阱。有些证据说明，哈比亚利马纳的一个妻舅参

---

① Dian Fossey, "The Imperiled Mountain Gorilla: A Grim Struggle for Survival", *National Geographic*, April 1981. Harold T. P. Hayes, *The Dark Romance of Dian Fossey*. New York: Simon & Schuster, 1980. Jack Roberts, *The Importance of Dian Fossey*. San Diago: Lucent, 1995. Bill Weber and Amy Vedder, *In the Kingdom of Gorillas: Fragile Species in a Dangerous Land*. New York: Simon & Schuster, 2001, pp. 237-255.

② Jack Robert, *The Importance of Dian Fossey*. San Diego: Lucent, 1995, p. 99.

与了暗杀佛赛,但此案始终未破。[1]

佛赛去世后数年间,许多志愿者络绎不绝地加入她的卡瑞绍科研究中心,他们同样与政府发生冲突。1990年年底,保罗·卡加梅带领几千名起义战士突然入侵维龙加大猩猩分布区。卢旺达政府军不断轰炸游击队阵地,研究中心被迫关闭。

此后一年半中,两伙躲避追捕的匪帮、大猩猩和游击队在维龙加共生共存。这些动物很聪明,知道远离那些带枪的人。卡加梅从未见过大猩猩。

> 他们看见我们就跑。我们常去发现过他们的地方,那里打过很多仗,炮弹到处开花。我们可能经过那里,但没有看到过他们。他们在那种情况下都会掩藏起来。我们部队从来不会采取所谓疏开队形并排行军,我们总是在一条道上一个挨一个走单列纵队。我们看任何方向最多不过十米远,他们完全可能观察我们,我们却看不到他们。
>
> 保罗·卡加梅

1993年,哈比亚利马纳政府向卡瑞绍科研究中心科学家传递了一条令人沮丧也是意料之中的信息——卢爱阵侵占了研究中心,盗走或销毁了计算机、大量资料等所有东西。几个月后,曾任中心主任的凯蒂·福赛特接到基加利美国大使馆转来卢旺达爱国阵线的传真,内容与政府告诉她的完全相反。

我到维龙加山麓基地采访凯蒂,她告诉我:"传真上说,他们攻占了我们的中心,拿走了所有东西,但是每件物品、每一片纸都编列了清单,转移到了安全地方。内战结束后,我们当然取回了所有东西。我们现在同军方合作得很好。他们竭尽全力保障我们继续开展工作。我想,他们在维龙加的游击队生活经历很可能有助于他们形成这种保护珍稀动物的理念。"

世上仅存的所有山地大猩猩都住在卢旺达、乌干达和刚果三国交界处一个不大的活动区内,分组群居。在卢旺达工作的科学家选出八个群体作为"适应性群体",意即人们可以探访。每个旅游者必须购买许可证,虽然价格很高——400美元,而且持续上涨——但总要排队等候一段日子。卢旺达人只需要花10个美

---

① Bill Berkeley, *The Graves Are Not Yet Full: Race, Tribe and Power in the Heart of Africa*. New York, Basic Books, 2001, p. 261.

元买证，却几乎没人去看，大多数卢旺达人还有更需要花钱的地方。

我去的那一天，头夜下榻鲁亨盖里一家小旅社，次日一大早起床，沿着新修的柏油马路驱车到邻近基尼吉的大本营。我看到有来自十几个国家、专程来探访大猩猩的观光客，听说每天只允许 56 人进山观赏。我们每七个人成一组，配一名导游，以便找到八个“适应性群体”之一。与我同行的游客大多等候了几个月以上，因此极度兴奋、满怀期待。这些动物的确颇能吸引人类的欣赏力。

达莱尔将军在大屠杀后写道：“我始终在琢磨，如果说是 80 万山地大猩猩被杀，国际社会是否会做的更多。”[①]

一些游客很容易就找到了他们要看的大猩猩群落，我却没那么幸运。我和同伴们花了三个小时爬上山坡，这坡不仅几乎垂直——或是我这么认为——而且植被过盛，导游不得不用大砍刀披荆斩棘。山上空气稀薄缺氧，我们好几个人时不时停步大口喘气。最后，我们踉踉跄跄来到一小片开阔地，找到寻觅半天的那群大猩猩：一尊巨大的雄猩猩（也就是常说的“银背”），两头雌猩猩，三个半成年猩猩和一只幼崽。导游严格执行纪律，只许我们在十米开外观赏，而且只让看一个小时。

大猩猩是熟悉人类的野兽，我们找到的那群对来客毫不在意。我们刚到时，他们抬头看看，认定我们只不过是另一群过路的灵长目动物，就恢复了倦怠的常态。他们互相爬到对方身上，相互整理毛发，摘树叶慢慢咀嚼。一头半大猩猩甚至抓住矮树枝荡向我们这边。好像为了证实此次经历的真实性，一时间只听见按相机快门的声音。四周响起雷声。我们刚看一个小时，头顶乌云就决口撒下瓢泼大雨。下山比上山稍为轻松。

好不容易回到平地，我吃力地挪过 1/4 英里泥沼才走到开阔干地。我的朋友凯茜·埃莫森开着吉普车来接我。她放弃了加拿大房地产代理商的优越生活，自称在“中年癫狂期”一时冲动移居鲁亨盖里。

她看我步履蹒跚走来，浑身湿透精疲力尽，不无同情地微笑着说：“哇，你这趟走得可不近。但至少现在你可以说找到了大猩猩。”

凯茜开车送我到鲁亨盖里公共汽车站，两小时后我就趴在千丘宾馆的床上了。第二天清早我醒来，肌肉酸痛，还有几处擦伤，衣服和鞋子散发恶臭。不过

① Carol Off, *The Lion, the Fox and the Eagle: A Story of Generals and Justice in Rwanda and Yugoslavia*. Toronto: Random House Canada, 2000, p. 82.

到晚上，我感觉良好，暗喜现在又有新的谈资，虽然我的这番经历谈不上什么英雄历险。

再一次见到卡加梅总统时，我跟他开玩笑："你根本不知道维龙加的山路有多崎岖！"

他笑都不笑："我们在那里度过了两年。"

山地大猩猩几乎是卢旺达的国家标志。一枚雄伟"银背"饰物价值5000卢郎。我也买了个大猩猩小木雕，放在我书桌上留作纪念。虽然一些外国人知道卢旺达与大猩猩有关，许多人却是另一种印象，关联词组总是卢旺达与大屠杀。

电影明星安吉丽娜·朱莉再访非洲，卢旺达报纸一专栏作家写道："安吉丽娜居然计划在纳米比亚生孩子。和我一样，你肯定会想：为何选纳米比亚而不选卢旺达呢？我们看看有关事实。纳米比亚完全是个香蕉共和国（不稳定的国家），主要由于地域空旷、卡拉哈里大沙漠以及落后的布须曼人而著称，难道不是吗？卢旺达则是一个美丽常青的国度，丘陵与河谷起伏有致，……因何而著称呢？不得不告诉你个坏消息，卢旺达仅有一事出名，那就是大屠杀。哎哟，痛心啊。"[①]

因此，许多游客自然会问能否访问某个1994年大屠杀旧址。这种地方很多，保留这些旧址的一个目的就是接待外国人。站在这些地方令人十分悲痛，许多死不瞑目的阴魂不散，到访卢旺达而不拜谒这些纪念地的话，差不多就是不尊重主人。

大屠杀纪念馆是一座低调的现代博物馆，位于基加利郊区吉苏兹。英国一家基金会设计的奶油色建筑占据了一面山坡，大门下面一泓水池，中间一柱长明火。这是非洲人哀悼中求和谐的传统象征，每年4—6月点燃，纪念1994年大屠杀的那三个月。门边一块牌子上刻着："这是我们的过去和我们的未来，我们的噩梦和我们的绮梦，我们的恐惧和我们的希望。"

走进博物馆，墙上一幅幅图片展示着卢旺达一步步走向深渊的历程。

"身份证……《胡图十诫》……胡图统治阶层……1959—1973年70多万图西人逃离卢旺达……虽有多次屠杀，法国政府继续支持哈比亚利马纳……飞机坠毁后几小时内基加利各处设起路障……尼亚马塔一座教堂及周边10000人被杀……卢旺达已死。"

---

① *Sunday Times*(Kigali), May 7, 2006.

参观这个展览馆的人比其他博物馆的参观者更加安静。很多人知道这些事实，但看到这些强烈刺激的照片、文件、视频，特别是杀手杀人的粗糙武器，他们还是惊愕无语。一间屋子的四面墙上挂满幼儿的快照，每幅照片附张卡片，记录一些小事。例如，10 岁的戴维·穆吉拉内扎死前最后一句话："联合国卢旺达援助团会来救我们。"所有卡片最后都记下令人震惊的事实：

> 菲耶特·乌姆乌赛
> 年龄：两岁
> 最喜欢的玩具：洋娃娃
> 最喜欢的食物：土豆条拌米饭
> 最要好的朋友：父亲
> 行为举止：乖乖女孩
> 死亡原因：摔到墙上
>
> 保罗·卡加梅

和大部分参观者一样，我看完展览感到筋疲力尽，各种感情复杂，很难作出令人满意的反应。基加利大屠杀纪念馆还有一个不显眼的方面，带着参观者远离现实可知世界。楼外一个大平台底下有 8 个群葬墓，落埋 258000 具遗骸，大多是 1994 年从街头和田野收集而得。多数身份从未确认，地下十英尺高的墓室里，遗骸一个叠一个，一层压一层。

258000 人！我一直没能理清头绪。

纪念馆馆长弗雷迪·乌穆坦古哈的经历和许多幸存者一样。1994 年 4 月 14 日，一伙联攻队民兵闯进他家，挥舞木棒打死了他的父母和四个姐姐。他和妹妹逃生，一连三个月在丛林里觅食、藏身、逃命和祈祷。很多人最终落网丧生，弗雷迪和妹妹幸免于难。后来，他回到学校学习地理，毕业后为勘测大屠杀旧址的外国援助团体工作，2004 年纪念中心开放时出任馆长。

我随时找机会问卢旺达人，他们是否认为卢旺达还会再次发生大屠杀。大多数人都告诉我完全可能。每次我听到卢旺达人为其政府的专制统治辩护，都以此为正当理由。他们告诉我，当前和今后多年间，唯有强势政权甚至是压制性政权才能避免另一场浩劫。

弗雷迪·乌穆坦古哈在大屠杀纪念馆他的办公室告诉我:“我们还在和解进程之中,只是刚刚开始。人们接受仇恨教育长达30年之久,一代人成长时一直听其父母和邻居灌输仇恨的说教。消除那些仇恨需要时间,很可能要等一整代人过世后才有可能,很可能要三四十年时间。这个纪念馆、我们的学校和我们领导人的讲话,都只是提供另外一种选择。很多年轻人在家里听到的还是仇恨信息。让他们听到与那些仇恨信息不同的说法,只是希望在年轻人心中引起思想斗争。我们的目标是让他们最后回到家里说,‘爸爸,你在说谎。仇恨不能解决我们的问题。’”

尽管基加利纪念馆令人迷茫,但这只是个纪念馆和群葬墓,并非大屠杀旧址。到访卢旺达的人不可能避开大屠杀旧址。某个星期天我沿着基加利南面一条土路开车到尼亚马塔,此间一座天主教教堂里曾有几千人惨遭杀害。我很容易就找到这座教堂,前面的大门关着,几分钟后有位妇女走来打开大门,陪我走进院子。教堂四周墙上布满枪弹孔和炮弹洞,一面墙上挂着我在其他大屠杀旧址都见过的横幅,上书受害者典型的遗言:“如果你认得我,如果你真了解自己,你就不会杀我。”

发生在这座教堂里的故事极其令人震惊,而在卢旺达许多地方都发生过类似事件。大屠杀开始时,这一地区周围惊恐的图西人纷纷躲进尼亚马塔教堂大院,人数多达10000人。4月14日——佛雷迪·乌穆坦古哈一家在许多英里之外丧生的那天——卢旺达政府军和联攻队冲进这个院子。他们重复在卢旺达其他地方的模式:先扔一阵手榴弹,随后冲进教堂,轮奸妇女,用自动武器轮番扫射蜷缩成一团的人群,然后用大棒和砍刀杀死幸存者。有一群人躲在教区长的住宅里死命抵抗,刽子手干脆点火烧毁了整座房子。

在教堂后院,几百个颅骨整齐摆放在架子上,就像陶器店里成排的咖啡马克杯。地面保持当年原状,四处散落着沾满血迹的衣物和骨头碎片。旁边一个棚屋里堆着难民们随身携带的物品:盘子、鞋、篮子、水罐和许多十字架,他们当时觉得躲几天就能回家。参观过纳粹奥斯维辛集中营的人都不难触景联想。

看到这些场景内心不免沉浸于悲伤,来自许多国家的参观者努力想在留言簿上写出感受,但多数只是寥寥数语。最常见的是“永不重演”。我还看到其他一些留言:难以置信;愿他们灵魂安宁;仇恨之苦果;无语;我永远永远无法理解;

没有词句可以表达此时心情；上帝怜悯我们所有人。

我只在留言簿上签名，并交给带我参观的那位女人一点捐款。然后我问她能否讲讲自己当年的经历。她避开我的目光，轻声回答，她是当地人，父母和所有兄弟姊妹都在这所教堂遇害。她认得其中一些杀手，不少都是多年的邻居，有几个还是朋友。他们大多已在监狱服刑期满后回到家中，她每天都能碰到他们。她如何忍受这些呢？

她说："和这些人住在同一个地方确实很难堪，但是我们接受，除此之外还有其他选择吗？我们能怎么办呢？"

在卢旺达有很多这样的地方。一天，我到基伍湖附近采访，在湖畔的基布耶镇吃午饭。湖边有船可以租用。从不错的旅舍能看到湖心几个小岛上林木茂盛青翠，景色闲适恬静。我进城路上途经一座教堂，那里曾有 4000 人死于屠杀。再往前走看到基布耶体育场旁边一块空地前面的栅栏上挂着个标识牌。

"此处安葬着 10000 余人。1995 年 4 月 26 日，卢旺达共和国总统巴斯德·比齐蒙古在此主持正式悼念仪式。"

大猩猩旅游和大屠杀旅游这两项都是卢旺达兴旺成长的产业。还有更多美景可供好奇的游客享受。他们可以在基伍湖游泳，去尼雍圭[①]原生态雨林远足，或到阿卡盖拉国家公园观赏大象、河马、鳄鱼和十几种羚羊。然而，这些地方同许多非洲国家的景色并无二致，我想看的是独特的卢旺达。欣赏传统的舞蹈表演，参观尼岩扎的古朝之都，访问布塔雷的国家博物馆，这些都是典型的卢旺达景点，但我还是不满足。还没有人提供全面且纯粹的卢旺达旅游项目，我只好自己策划。

当今卢旺达的故事可以说始于卡基图姆巴这个边境小镇，1990 年 10 月 1 日卢旺达爱国阵线战士就是从乌干达跨过这里发起他们"打回祖国"的战斗。卢旺达人告诉我，除非过境去乌干达，没人光顾那里。我是个例外，因为战争始于那里，所以我想去参观。

我找到一个 1990 年打进边境的老战士，他同意陪我去卡基图姆巴。到了那里我才明白为何此地对旅游者毫无吸引力，看来就是个寂静的边界前哨，一座普

---

① 目前的译法"纽恩威"(Nyungwe)的译音与当地方言中的发音相去甚远，因此本书中译为"尼雍圭"。译者注。

通小桥横架在卢旺达和乌干达两国分界的姆万巴浅河上。然而，眼前场景还是深深唤起我的想像。我的同伴在一旁回忆，有助于我遐想：几百名卢爱阵战士整齐有序地跨过这座小桥，挺进他们长期丧失的故乡。当年的界牌依旧立在桥头，布满弹孔，"欢迎来到卢旺达共和国"。如果有个卢旺达历史博物馆，这块牌子肯定是镇馆之宝。不到一英里之外，当年的造反部队司令弗雷德·卢威杰马将军在战争打响第二天牺牲，倒地前喊出最后一句话："那个笨蛋打中我了！"

弃医投戎的约瑟夫·卡雷梅拉告诉我："弗雷德是个很难相处的家伙。他带兵打仗总不放心部下，自己冲在最前面，以便了解现场战况。结果，他死于掩护撤退的敌军枪下。"

我望着这面山坡想到，如果那天弗雷德·卢威杰马没有阵亡，卢旺达此后的历史很可能与现在不同。保罗·卡加梅可能永远不会成为卢爱阵领袖和卢旺达总统，甚至卢爱阵可能打不赢那场战争。"弗雷德同志"真是死于敌方子弹？卢爱阵内部以及一些外界人士都表示怀疑。[①] 他们认为——虽然没有任何证据支持他们的说法，目击者也坚决否认——他被卢爱阵内部另一个竞争派别的两名军官打死，那两个头领几周后也中埋伏丧生。

卢爱阵一位前成员告诉我，那一幕"在我们组织内部引起好一阵紧张，但很快就不再摆上桌面谈了。大家都随着组织的说法，他们中埋伏阵亡"。[②]

我和陪同开车从卡基图姆巴沿着布满奇石的崎岖山路继续蜿蜒前行。20 世纪 90 年代初期，交战双方在此激烈拉锯。我们经过一座山峰绰号"萨拉热窝"，这一带山坡上曾有许多人死于炮火轰击和步兵冲锋。最后，我们才到达此行第二个目的地——姆林地茶园，战争中大部分时间卡加梅在这里设立总指挥部。现在，茶园部分恢复生产。幸好如我所盼，当年卡加梅及其军官们在炮击时隐蔽的地下掩体保持原状，房顶吊下一盏灯，四周墙壁贴着胶合板。附近有家小旅社，当年卡加梅在其中的圆柱形石头阳台上接见过许多来访者。联合国维和部队的达莱尔

① *African Research Bulletin*. London: Oct. 1990, No. 9874. Learthen Dorsey, *Historical Dictionary of Rwanda*. Lanham, Md.: Scarecrow, 1994, pp. 31, 361-362. Karim Essack, *Civil War in Rwanda*. Dar es Salaam, Tanzania: Forem, 1991, pp. 32-36. Bruce D. Jones, "Civil War, the Peace Process, and Genocide in Rwanda", Taisier M. Ali and Robert O. Mathews, eds., *Civil Wars in Africa: Roots and Resolution*. Montreal: McGill-Queen's Unversity, 1999, p. 83. Kamukama Dixon, *Rwanda Conflict: Its Roots and Regional Implications*. Kampala: Fountain, 1993, p. 46.

② 作者私下采访。

将军也多次到访这里。我不难想像两人在芳香的桉树下激烈辩论。

回到基加利，我寻访1994年发生过一系列事件的各处原址。有些地方比较容易找，如黄色粗笨的议会大厦，600名卢爱阵战士在战争最后阶段于此修筑堡垒；阿马霍罗体育场，联合国卢旺达援助团曾在此设立总部，成千上万惊恐万分的难民在大屠杀期间藏身于此，达莱尔将军也在这里圈养过一群宠物山羊。其他一些地方只有在当地人帮助下才能找到，比如哈比亚利马纳总统飞机坠落的场所，次日时任总理阿加特·乌维林吉伊马纳惨遭杀害的院子，又过几个小时后卢旺达政府军残杀10名比利时维和官兵的现场。

我想探访这些地方的原因是我喜欢设身处地站在创造历史的现场。恰如几年前在德国寻访马丁·路德宣布同罗马教廷决裂的教堂，或是1917年俄国内阁在圣彼得堡开会和布尔什维克冲进来夺取政权的房间。但我完全出于别的原因最喜欢卢旺达的一个地方——基加利西南的尼亚米拉姆博，这个街区在这个从不鼓励离经叛道的国家里最纵横恣肆、最不正经。

一位卢旺达朋友告诉我："住在尼亚米拉姆博的人绝不会搬到其他地方，但是不住在那里的人也避之唯恐不及，认为它很不好。"

我第一次去尼亚米拉姆博探险时并不了解情况。带我去的是比利时建筑师安德烈·韦布吕让。他自20世纪80年代定居基加利，卢旺达人对他颇有争议。据他说从没有在家吃过饭，因此在基加利是找地方吃饭的最佳权威人士，他知道每处餐馆和排挡。他很谦虚，但出版过指南，逐个给餐馆评级。

有一天我对安德烈说："带我去个卢旺达人常去吃饭的地方，我想尝尝和千丘宾馆西餐不一样的饭菜。"

他说："去个室内没有地板、冰箱、菜单，不能点菜，不找余钱，招待既不会法语也不会英文的地方，行不行？"

我叫道："太棒了！"

再一个周六晚上，安德烈、他的卢旺达女友、我的同事西亚克·卡奴马和我四人挤进安德烈的破旧丰田车，穿过夜色笼罩的城市。晚上9点，基加利大部分店铺都已关门，但尼亚米拉姆博大街小巷一片热闹，酒吧和餐馆熙熙攘攘，门窗洞开，飘出令人兴奋的非洲音乐。街边小贩坐在小烤架前叫卖烧烤肉串和其他美味，我在卢旺达其他地方从未见过这种景象。基加利其他山头晚间很难看到出租车，但这里出租车前呼后拥、开着震耳的收音机在街上缓慢行驶。车身喷图怪异，车名略显猥亵，如珍（妮弗）—洛（佩兹）、空军一号。街上店铺家家开业，裁缝、鞋匠和修收音机的都坐在小凳子上和顾客开玩笑、讨价还价。一对对男女牵手搂抱，人们欢愉销魂，纵情享乐，这是在卢旺达最不像卢旺达的地方。

卢旺达为数很少的穆斯林最先聚居于尼亚米拉姆博，他们在哈比亚利马纳总统执政时期备受歧视，所以抱团求安全。他们无缘享受公立的学校、诊所、体育俱乐部和社区中心，就自己修建相关设施。在上世纪七八十年代，难以融入主流社会的其他卢旺达人加入这里，来自邻国特别是刚果的难民也聚集于尼亚米拉姆博，并带来新的观念和习俗。要说这个街区是反正统文化的中心未免夸大其辞，但它确实是个吸引形形色色喜欢相伴的外来者之处。他们形成了一个小社会，不屑遵循卢旺达的许多社会常规。

穆斯林占卢旺达总人口不到10%，但在尼亚米拉姆博却人数可观。从表面上看，他们那种禁欲道德准则与这个社区相互宽容的风气截然相反，但实际上确实在看来混乱的地方维持着某种程度的秩序。尼亚米拉姆博有很多酒吧，流连其中的女孩子很多，但在这个人口密集的城市街区犯罪率却出奇得低。许多商贩仅凭诚信经营，小轿车停放路边从不上锁。

最可敬的是，1994年尼亚米拉姆博是卢旺达绝无仅有的一处大多数人拒绝杀害邻居的地方。[①] 近百名图西人藏在此处几座清真寺里，没有一人被拒之门外，没有一人被出卖丧生。

安德烈带我去尼亚米拉姆博的那天晚上，穿着时髦逛街的人摩肩擦背，他不得不慢开缓行，最后停在貌似人行道的地方，没有锁车，领着我们慢慢地穿过人群。我们跟着他走进一扇没有标记的木门，房间里面昏暗，没铺地砖，落坐在摇摇晃晃的木桌前。一名招待走过来，安德烈伸出四个手指头，几分钟后端上四瓶冰镇啤酒。这家店没有冰箱，但店主同旁边有冰箱的朋友做交易，所以有冰啤。我们喝上几口后走到露天厨房，只见一个简单的烤肉架，上面摊满滋滋作响的羊排是唯一的主菜，还有一盘炸土豆，那是唯一的辅菜。饭菜端上桌，羊肉硬得嚼不动，但是周围的气氛足以补偿饭菜的不足。离开时我问安德烈餐馆的名字，他告诉我有两个：有人叫它“福法纳之家”，有人称之为“小店”。这家店的选址也是典型的尼亚米拉姆

① *Christian Century*（Chicago），Dec. 13，2005.

博方式，位于土路，与两端两座大清真寺的距离相等。没有门牌号码。

饭后我们在热闹拥挤的街上散步，直到半夜。我这才理解，为什么许多从未屈尊到此一游的卢旺达人也认为这里是国家中心城市的一个组成部分。这使我联想起当年卢爱阵战士打仗冲锋时总爱喊的斯瓦希里语口号："坚持下去，直到我们抵达尼亚米拉姆博！"

我光顾过那里几次，有时白天去，有时夜里去。我意识到，绝不能美化这样的地方。住在这里的人大多极为贫困，在酒吧同顾客说笑的姑娘常常才十来岁就想出卖肉体挣钱换饭吃。这里和卢旺达其他地方一样，希望照亮未来，但未来似乎依旧遥不可及。

我想在卢旺达探访的另一处是塔姆布维，即保罗·卡加梅两岁前住过的房屋，当年国王的司机就在这里救其一家死里逃生。有一天，我去见那个区的区长，问他能否告诉具体方位，他抱歉地摇了摇头，显然担心泄露消息会落得破坏安全的指责。我请卡加梅的一名助手给他打电话，他才妥协并主动提出带路。那个星期天早晨，我们如约在他办公室会合，随后沿着大路开车，又拐进高低不平的土路行进几英里。区长告诉我，卡加梅家的老房子已经倒塌，还解释说每次屠杀图西人之后，邻居都会拆掉逃跑的图西人房子，把砖头、门扇、房梁等物件收为己有。

我们一路颠簸。区长看到一位面相高雅的老汉，络腮白胡，身穿深色外套，手拄拐杖。区长把车停在路旁，向我介绍此人。他年老背驼，但一派王者仪态。他说，1959 年前他是王室警察，认得卡加梅的父亲。

这人告诉我："他有 60 头牛，国王想让他当酋长，但他不干。"

我一时心血来潮，就问这位可敬绅士，他是否认为 1959 年比利时人下药毒杀穆塔拉三世国王，他毫不犹豫地回答："绝对是他们，百分之百肯定。国王去布隆迪见他们前，他同朋友反复告别，过去不曾如此。他还把钱都散发给众人，似乎感到他们会杀他。他情愿此事发生在布隆迪，担心如果发生在这里，他的子民会奋起反抗。他不希望为此承担责任。"

我们又往前开了一段，然后停泊路边弃车步行。我们走在狭窄的田间土道上，欢笑的儿童很少见人来访，所以都围上来看，也有一些大人，有人冲着区长大声说话，他翻译给我听。

“他们问我们来这里干什么，我说明来意后他们感到惊奇。从来没人来找过这个地方。”

最后，我们来到一小片香蕉林边上的空地，邻人说此处就是卡加梅第一个家舍的遗址。他们认得这个地方是因为当年前院长着一棵柑橘树，如今还在。后来我问卡加梅在他家院子里是否有棵柑橘树，他回答说：“有，我记得很清楚。”

我们周围的人群中没有一人见过幼年卡加梅，但几个人说有位妇女叫泰蕾兹·姆坎坎扎，她住在附近，做过卡加梅的保姆。我们找到她的乡村小屋，此地房子都一个样，既没有窗户也没有地板。她拄着拐杖站在门外，身穿颜色鲜艳的蜡染长袍，光彩照人。区长告诉她我们来此的目的，她起初有些迷惑，随后有点紧张，最后我想是受宠若惊。她请我们进屋喝牛奶。我问她是否意识到她照顾的那个幼儿命中注定成就大事，她揶揄地看着我，很自然地回答“我怎么知道？”

她告诉我：“保罗·卡加梅出生在医院，第二天就回到家里。我在他们家干活，他母亲出门时我就照看他。我不知道他后来干什么，直到他当上副总统。有一天我在报纸上看到他的照片，马上就认出是他。后来，他母亲请我去基加利做客，那可真是荣光。我们一起照了张相。”

如果我是卢旺达导游，我还会带游客去一个地方，那是许多外国人像找圣杯那样热切寻觅之处——尼罗河源头。卢旺达人很早就知道尼罗河发源于自己祖国。“尼罗河之源”是卢旺达最畅销瓶装水的牌号。我历次访问卢旺达，见过一家小餐馆、一家旅馆和一个加油站也用此名。现在则是正式名称。

众多探险家几个世纪以来痴迷于寻找尼罗河源头。他们的理由是：埃及是文明的伟大源泉；尼罗河哺育了埃及；因此尼罗河源头肯定也是——至少象征性地是现代文明和生命之源。古代埃及人、希腊人、波斯人和罗马人都力图找到尼罗河的源头，他们历次失败成为经典传奇。艺术家都喜欢把尼罗河描绘成男性神祇，但是他的头却都看不清楚。

维多利亚女王时代的英国盛行跋涉万里深入偏僻之地探险，自信有余的探险家大卫·利文斯通和理查德·伯顿冒着生命危险寻找尼罗河源头。1858 年，约翰·汉宁·斯皮克成为第一个发现内陆海的欧洲人，他称之为“维多利亚湖”。他认为在注入维多利亚湖的诸多河流当中，乌干达金甲镇附近那条河就是尼罗河的源头。伯顿不同意其论断。两人这场时代之争惊动了皇家地理协会。直到今天，乌干达政府印发的地图仍在金甲旁边注明“尼罗河之源”。

有关斯皮克说法的质疑导致此后一个半世纪许多人到此探险，有些探险家声称在此地或其他某处找到了“真正的源头”，有些人干脆自认失败，还有人认为尼罗河可能不仅一个源头。2005 年，南非一队探险家声称尼罗河的真正源头是卢旺达境内一条流入维多利亚湖的小河。一年后，英国和新西兰的三位探险家——第四位在他们 8 天 4000 英里传奇般的探险旅程中逝世——宣布，他们不仅证实斯皮克之说，并且找到了那个地方。[①] 源头是位于卢旺达尼雍圭茂密雨林心脏地带的“天然溢洪道”。那是一个泥浆洞，从地下冒出略带咸味的水，湍湍流入卢卡瑞拉河(Rukarera)。据说，这是尼罗河最远的一条支流。19 世纪德国探险家理查德·坎特(Richard Kandt)发现的那个源头离此仅 10 英里远，但他当年没有其现代后裔的全球定位技术。

2006 年，探险队队长尼尔·麦格瑞戈(Neil McGrigor)欢欣鼓舞，在卫星链路上宣布：“所有伟大名人都没能找到尼罗河的源头——我们今天找到了！”他在圣地上加注说明“尼罗河最远的源头”。最诱人的一个历史奥秘最终得以破解——并将与世隔绝许久的小国卢旺达推到世界的正中心。

但是，这个谜团真的破解了吗？[②] 乌干达旅游部长愤而拒绝接受此说，坚称金甲才是尼罗河的源头。尼罗河流域倡议组织(Nile Basin Initiative)与相关国家政府合作保护尼罗河，其中一位专家颇懂外交地表示，尼罗河很可能并不存在一个“真正的源头”。[③] 这位专家的说法马上引来卢旺达环境部长愤然回应，坚称不再存在任何疑问，呼吁大家“停止误导世界”。[④]

这场辩论升级之际，卡加梅总统召开月度例行记者招待会。有人问他对此事的看法，其回答出乎一些人的意料。他没有陶醉于卢旺达新近获得的荣耀，置之不理有关争论，他似乎认为那是愚蠢之举，不过是长期不断却终将毫无意义的帝国主义魔幻小说的最新章节而已。后来我告诉他，我对其回答颇感吃惊，他摇摇头说，其他探险家日后某天可能会发现另一个“真正的源头”，这类问题应该归地理学家关注。

---

① *Telegraph*(London), April 1, 2006. Reuters, April, 2006.

② *New Times*(Kigali), June 18, 2006.

③ Ibid., Aug. 8, 2006.

④ Ibid., Aug. 14, 2006.

我觉得这个问题还是留给国际上的专家去解决，如果你大肆渲染此事，就显得你收买某些人按你所愿做文章。但是这些都是探险家们独立考察研究的结果，而且运用了现代技术。我们希望由他们去讲。事实不言自明。我们很高兴也很自豪，但是我们不想树立反对派，好像我们急于获得这种荣耀，以致可能贿赂别人说谎。这些事很可能适得其反：今天它在这里，明天又在那里。最好是在研究中有个坚实的基础，而不是急于下结论并声称源头在此。

保罗·卡加梅

尼雍圭雨林茂密无间，大部分地方无路可寻，很难穿越密林达到其中心。迄今为止，无人带引游客到世界上传说最盛的所谓“河流源头”观光。然而，这是我个性旅游计划的一部分。我这样安排行程：山地大猩猩象征卢旺达在宇宙演变中的位置，尼罗河源头代表卢旺达的殖民历史，卡加梅旧居体现其现代苦难的情感，卡基图姆巴界桥标志图西人“武装回国”的起点，战场遗址和大屠杀纪念馆传达 20 世纪 90 年代的恐怖，最后漫步尼亚米拉姆博街巷，在国家严肃和正确的文化中添加少许趣味的调料。这些地方连在一起，则反映出一个国家渴望在自身历史中找到某些价值，有助于其建树更好的未来。

我想西方确实对我们有些不公。他们不希望我们自立，不希望同我们发展伙伴关系，不希望我们成为有判断力、价值观和自身文化的人。这是西方经济政策的另一种表现形式。我们不能在这里加工自己的咖啡，要送到其他国家加工，然后再从他们那里买回来。即使在政治方面，我们永远不能从学习民主或治理的学校毕业。我们永远要让人带大，听人教诲，听人指挥，接受来自西方的想法和做法。永远不能毕业。

保罗·卡加梅

第十七章　日益扩展人脉

有天晚上，我在纽约市康奈尔大学俱乐部同十几位“卢旺达之友”共进晚餐，听他们赞叹那个国家和讨论帮助它的计划。在座的没有慈善家、前外交官，没人长期关注过非洲。有两位客人是教士，其他多为企业老总，其中有一位基金经理、一位退休银行家、一位葡萄酒商。这类美国人不会成为“布隆迪之友”或“巴拉圭之友”，然而卢旺达却能吸引他们，而且常能让这些自鸣得意的百万富翁转而热心于扶贫事业。鲜有其他发展中国家能够如此深入美国社会，没有一个能够在美国依仗如此富有能量的新朋友人脉网。卢旺达为何如此成功？

那晚在康奈尔大学俱乐部，每位客人都要说说自己同卢旺达的缘分。有人提起他认识的第一名卢旺达人是圣公会主教约翰・卢西亚哈纳[①]：“你们都知道约翰主教，对吧？”多数人都点头，少数人不知道。

那人讲道：“长话短说，一旦你初识约翰主教，告辞时肯定会想，‘这是我一生中遇到最棒的人。’然后你会倾囊相助捐钱给卢旺达。”

不到1/4的卢旺达人是英格兰圣公会教徒，约翰主教甚至不是卢旺达圣公会高级主教，却是最活跃和有影响的教士。他秉性热忱，激情满怀，直言不讳，四处奔波。出于宗教上的巧合——或是他所说“上帝的安排”？——约翰结识了许多富有的美国基督徒。他们崇拜他，因此当他请这些人帮助其祖国克服困难时，他们欣然同意。在支持卢旺达事业的许多外国人之中，约翰主教结集的这个团体能量最大。

他告诉我，“这个圈子越搞越大，人脉越积越广，来者不拒。这不是为教会或是教徒服务，我们的宗旨是为卢旺达服务，为卢旺达人民服务。”

约翰主教个矮粗壮，脸庞浑圆，鼻子扁平，耳朵很大，典型的胡图人长相。每当他遇到自以为了解卢旺达的外国人，他总喜欢让他们猜测自己的出身。多数说他是“胡图人”，他就顽皮地笑着纠正。他说，他不但是正宗的图西人，而且说

① 2010年6月，约翰・卢西亚哈纳出任民族团结与和解委员会主席。译者注。

明非要把卢旺达分成两个民族是愚蠢的想法。

在动荡的20世纪50年代，卢旺达王室奄奄一息，新的胡图国家崭露头角，约翰·卢西亚哈纳当时在鲁亨盖上中学，喜欢几何，梦想成为工程师。1962年他16岁时，针对图西人的暴力浪潮冲击当地。他随家人逃到刚果，后又辗转到乌干达，沉入卢旺达难民当中。

一个寒冷的下午，我们坐在鲁亨盖里他所辖教区开办的旅社庭院里。卢西亚哈纳回忆道："我同时丧失了梦想和祖国，成了无国可归的难民。我离开眼前这个美好家园，放弃本来属于我的遗产，当然感到愤懑和绝望。"

同其他有文化的年轻流浪者一样，卢西亚哈纳在难民营当老师。他逐渐认定此生使命就是教育下一代，有朝一日带领卢旺达难民回国。"我不想让同胞成为街头流浪儿，他们应该性格坚强，出类拔萃，上帝会用他们中间的一些人来拯救祖国。"

1972年，卢西亚哈纳日益笃信基督教，考入乌干达一家神学院。毕业后成为堂区牧师，一直升到副主教。他在主教建议下前往美国宾夕法尼亚州匹茨堡的圣公会三一神学院深造。他在美国到处巡游布道，结交了很多朋友。毕业后他回到乌干达，他的孩子都在那里出生，自己也加入乌干达籍。他想主持布道教堂度过余生，"但当卢爱阵诞生后，我听到内心有个声音在呼唤"。

内战和大屠杀毁灭卢旺达之际，卢西亚哈纳在乌干达。战火停息后不久，他回到鲁亨盖里，90年代后期当地爆发叛乱再度遭殃时也未离开。这些年里他到美国四处奔走，像新获灵感的先知一样惠众传道。待到卢旺达北部最终安定下来，他已网罗了一批热心支持卢旺达的美国人，其中最铁杆的是一些抵制英格兰圣公会高层的美国圣公会异见人士。

20世纪90年代，保守的美国圣公会教徒对英格兰圣公会自由随便的立场、特别是支持同性恋主教的做法不再抱任何幻想。他们在其他国家的圣公会教徒中寻求支持，发现非洲牧师最同情自己。非洲一些主教赴美"收养"教徒，约翰主教1998年同意接受阿肯色州首府小石城14名"脱派"教徒。和其他一些美国人一样，他们拜服约翰主教，捐款支持他的卢旺达事业。2006年，其中一位热心商人戴步思·凯文甚至辞去工作，携家移居基加利，按约翰主教的建议筹建微型贷款银行。

某个周六下午，我和戴布思及他的孩子们在千丘宾馆游泳池旁共进午餐。他告诉我，他不喜欢临时性寄宿生活，从小石城全数运来家里的电器。他在卢旺达找不到适合其孩子的学校，便与朋友一起创建了基加利国际学校。他跟许多支持卢旺达的虔诚教徒一样，认为这里政治条件好，替上帝行道有理想的环境。

戴布思说："卢旺达是个榜样，这里的教会和政治领导层携手努力改变现状。这是我在当今世界看到的最佳样板。卡加梅允许教会参与国事并发挥作用，他们有共同的目标，政府以后会转而管束教会，但当前国家需要得到所有能争取到的帮助。一个国家发展200年后，人人享受清洁饮水、学校教育、医疗保障，那时的民众需求可能更加多样化，但此时此刻在卢旺达他们的意见一致。"

约翰主教对戴布思这样的人有感召力，并不仅仅因为他有人格魅力，是虔诚的基督徒，愿意帮助穷人，而且还因为他是天生的企业家。戴布思有时开玩笑说，同约翰主教做生意他总是吃亏。这位主教多次布道启迪人生，常用推销员的说辞总结——或暗示或直言，视情况而定。他巧妙地结合福音派新教语言、非洲的救赎说法和自力更生主张，激励美国数百基督徒为卢旺达做好事。

阿肯色州投资银行家戴尔·道森[①]经常访问基加利，他说自己多年来遇到的最有天赋的领袖人物是沃尔玛超市创始人山姆·沃尔顿。道森受沃尔顿超级创业精神的启发，一生从事收购、重组和兜售公司的职业，人到中年时已经相当富有。他夫人也是个成就非凡的证券经纪人。他告诉我，正当他"准备走出国门寻找下一个公司兼并"之时，突然感到人生并不圆满，重新考虑如何度过有意义的"后半生"。恰逢此时他在小石城邂逅约翰主教，立刻觉得心灵顿悟，认定"眼前此人的领导水平堪与山姆媲美"。

戴尔解释说："我过去以为，毕生侍奉基督教就意味着要做布道人或传教士。但是约翰告诉我，'你可以继续做自己一生做过的事，那些你擅长的事，但不要再建公司，可以建学校和其他发展项目。'……他一语中的，我感到基督看着我说：'戴尔，我尽可能说明白点，这就是我想让你做的事，我要你做出的奉献。'现在我就在做这些事，打算做到死为止。我一生的使命就是在美国和卢旺达之间搭起一座桥梁，改变两端人民的生活。"

这种决心产生什么结果呢？作为约翰牧师队伍中的战士，戴尔·道森首先

① 戴尔·道森(Dell Daoson)：卡加梅总统国际咨询委员会创始人。译者注。

募捐筹资并在鲁亨盖里建起了一所教会寄宿学校。该校2001年开始招生,逐年稳步扩展。几乎所有学生都是孤儿。他们到校时大多从未见过厕所,从未用过牙刷,从未睡过床板。学校教育十分严格,除了教知识课还传授基督教德育,纪律严明。

这种教育很快结出硕果。2005年,桑莱斯(Sonrise)学校——不是我在看见招牌前想的"日出"(Sunrise)——学生在全国统考的得分高于卢旺达所有其他学校。[①]

由于大部分学生都有一段悲惨身世,这个学校展示了强大的教育感化能力,也是卢旺达最有前途的发展动力之一。学生知道他们将成为精英团队,毕业后一起工作改造卢旺达。该校的成功在于约翰主教能够鼓动戴尔·道森等人。

我花了一个下午同约翰主教交谈,随着太阳落山人影拉长,他说的很多话听起来似曾相识。这位热忱的民族主义者鄙视比利时("我们国家遭到比利时的肢解和毁灭")、其他发达国家("发达世界一直等到死尸烧尽冲下马桶才想起要救人")和西方人权组织("他们深受殖民心态的影响")。他监管的发展项目之所以成功完全因为卢旺达十分安全,"如果大兵时不时来抢东西、拆窗户,我不可能建成学校。"他总是回到自力更生的主题:"没有人帮我们,我们必须自己做。"

听约翰主教说话,我感到他的观点和卡加梅总统十分相近。他们不常在一起工作或公开露面,但他们有着相同的基本信念、激情和雄心。主教告诉我,卡加梅给卢旺达带来"模范的治理",从而"解放我们的能力、能量和精力"。

他接着用最喜欢的福音派教义术语说:"总统具有独特的天赋。他能够治愈整个民族,就像良药,这是上帝给我们的恩赐。我想他是上帝特意为卢旺达民族开的一剂神圣药方。他可能不这么看,但我这么看。这绝非巧合,也不是运气。这是神谕,目的是让他医治全体国民的创伤,为所有非洲国家树立榜样。"

这两位杰出人物的关系基于他们共同具有卢旺达未来发展的大胆愿景、清新有效的作风,强调创业精神、私人企业作用和自力更生以及方向明确的缜密规划。但有一个区别,约翰主教的主要特征是身体力行基督教信仰,卡加梅虽然是个受过洗礼的天主教徒,但他很少去教堂,并不凸显虔诚之状。他俩是卢旺达著名教士和世俗总统之间的联盟。我对约翰主教说,这有点奇怪,他顿时怒容

---

① http://www.mustardseedproject.org.

满面。

他问："你怎么定义'宗教'？那不是主教的神袍。卡加梅有自己的人生观。他甚至比所谓宗教人士更有宗教精神。完全取决于你怎么看宗教。他可能私下祈祷，我不知道。但他做出了成绩。有些人用语言布道，有些人用行为布道，用生命传教，我们只在必要的时候才用语言布道。"

卡加梅总统不像约翰主教那样全力引进虔诚基督教徒到卢旺达搞宗教，似乎并不关心人们的宗教动机。他告诉我，他钦佩约翰主教对宗教使命"极为现实、极为务实"的态度。

> 卢西亚哈纳这个人很有意思。他有家室，深知我们的文化传统。他是上帝的人，却也有创业精神。他做的事情创造自身价值，并且影响他人。他为人们提供基本需求，帮助他们自食其力。很少有人像他这样集所有优点于一身。
>
> 保罗·卡加梅

一些基督教徒青睐卢旺达，同约翰大主教并无关系。许多人来卢旺达出于对大屠杀的震撼或是看到大屠杀幸存者和施害者相互和解而深受鼓舞。他们访问卢旺达后深信，卢旺达真像《基督教世纪》杂志报道的那样，成为"全球基督教试验宽恕新模式之地"。[①]

美国康涅狄格州格林尼治三一教堂的伊恩·科隆牧师听闻大屠杀后深为震惊，他派其教区100多名教徒到卢旺达发展项目工作。美国加利福尼亚州森林湖马鞍峰教会大教堂(The Saddleback Megachurch in Lake Forest)牧师里克·沃伦是励志畅销书《标杆人生》(*The Purpose Driven Life*)的作者。他访问卢旺达后认定，卡加梅总统是"十分出色的基督徒领袖"，给卢旺达带来"希望与和解精神"。沃伦是美国福音派新教领袖之一，呼吁在宗教实践方面进行"革命"，"实现新愿景"，主张社会活动与宗教信仰共生共荣。他送志愿者到卢旺达，声称要变卢旺达为"世界首个目标明确的国家"。

---

① *Christian Century*, March 31, 2004.

沃伦接受采访时说："我爱上了这个国家，我说，'主啊，让我知道你保佑什么，让我参与其中。'我认为上帝保佑卢旺达。"[1]

2005年沃伦的教会在加利福尼亚州阿纳海姆镇天使体育场隆重庆祝成立25周年。有一位外国领导人出席，就是保罗·卡加梅。沃伦在布道时激动地大喊："上帝将利用你改变世界！"显然，他是说给公众和卡加梅听。[2] 两年后卡加梅说，沃伦以"极为有用的"方式"把我们同许多人联系起来"。[3]

> 我喜欢听里克·沃伦同我讲话。他谈到要结合社会上很重要的三种责任：国家、企业、宗教。勤于创业妨碍信仰上帝或虔诚做事吗？会削弱国家及其与社会的关系吗？这不会妨碍你同时关注另外那两方面的事。
>
> 保罗·卡加梅

白人基督徒如此突然关注卢旺达，不可避免地暴露出其中的讽刺意义。基督教福音派信徒涉足非洲一个多世纪的历史极为复杂。非洲一些血腥罪恶发生之时，传教士一声不吭，甚至在一些国家助纣为虐——如在卢旺达，比利时传教士推动摧毁传统文化，他们设计的政治和社会制度最终导致1994年大屠杀。如今，传教士重返此地"提供帮助"，有人高兴有人怀疑。一位报刊专栏作家批评政府电视台竟然播放美国传教士乔伊斯·梅耶的布道。

他写道："这些公开自称基督教虔诚信徒的人，强行把他们的信仰填鸭般塞给我们的社会。新福音派新教运动慢慢渗透卢旺达社会方方面面，不管我们喜欢不喜欢。"[4]

其实并非如此，许多美国人青睐卢旺达与宗教毫无关系。其中不少人是大公司总裁，他们认为卡加梅具有企业家精神：他像个苛刻严厉的经理，确定目标、注重绩效、严惩渎职，甚至订阅《哈佛商业评论》。他每次访问美国时一般不见国会议

---

① *New Yorker*, Sept. 12, 2005.

② *Los Angeles Times*, April 18, 2005.

③ *Houston Chronicle*, Jan. 6, 2007.

④ *Focus* (Kigali), June 21-July 6, 2006.

员，却会见好市多(Costco)、柏克德(Bechtel)、谷歌(Google)等大公司的总裁，一谈就是几个小时。总裁们对卡加梅的钦佩跃然纸上，常见于商业刊物，《财富》杂志就有《为何首席执行官喜爱卢旺达》一文。[①]

还有些非洲裔美国人在美国为卢旺达游说，人数不断增多。其领袖同其他人一样，初闻大屠杀消息时甚为震惊，但仅仅十年后有些人就认为卢旺达堪称非洲的成功范例。安德鲁·扬于2005年、2006年两度访问卢旺达，第二次归来称卢旺达"是值得我们大家学习的国家"。[②] 总部在洛杉矶的慈善集团"希望行动"(Operation Hope)总裁约翰·布莱恩特访问之后佩服备至，不仅立项为卢旺达人"融资扫盲"，而且在鲁亨盖里附近买地计划建房。芝加哥著名非裔美籍广播电台播音员菲丽希娅·米德布鲁克访问卢旺达并摄制了一个多小时的纪录片，介绍所到之处后总要说一句她"爱上卢旺达"。美国国会外事委员会非洲分会主席新泽西州国会议员唐纳德·佩恩称赞卡加梅总统是"正人君子领袖，推动卢旺达前进，工作出色"。[③] 昆西·琼斯填写《名利场》杂志问卷时把卡加梅总统同西德尼·鲍迪和纳尔逊·曼德拉并列为"现实生活中的英雄"。[④]

同世界多数领袖相比，卡加梅在持各种政治立场的群体中拥趸更多。美国许多共和党保守派公司总裁和基督教徒，佩服他有自力更生精神、深信企业才能推动发展和不喜欢外援等理念，许多左翼人士也心悦诚服，欢欣鼓舞地支持他坚定反对帝国主义。阿尔及利亚出生的激进人士丹尼斯·鲁梅唐[⑤]几十年来一直在非洲帮助发展。他告诉我，他钦佩卡加梅是因为他敢于反对"世界强权势力，他们现在依旧企图从非洲拿走并不属于他们的东西"。

他说："如果你想站在左翼这边，如果你真的进步，你应该喜欢这个事业。这是非洲发展和真正独立的事业，这里发生的一切是21世纪非洲的伟大希望。"

卢旺达对美国人有着独特、强大的吸引力，包括虔诚的基督徒、企业总裁和非裔美国人，还有一些理论家推介卢旺达经验(有的从右翼立场说，有的从左翼立场看，众说纷纭)。不少自由理想主义者同样感受到这种巨大的吸引力。南波

① *Fortune* online, March 29, 2007.

② Atlanta Journal & Constitution, Aug. 22, 2006.

③ Payne speech at Third Annual Rwanda Conference, Morristown, N.J., Sept. 23, 2006.

④ *Vanity Fair*, July 2007. 西德尼·鲍迪(Sidney Poitier)：巴哈马演员、作家、驻日本大使。译者注。

⑤ 丹尼斯·鲁梅唐(Dennis Roumestan)：加拿大正义与平等基督教基金副会长。译者注。

士顿妇女团体募捐在卢旺达东南的尼亚马塔建女子学校，华盛顿州立大学学生假期到卢旺达南方前途无量的基兹镇帮助开办网吧。大部分人先是听说卢旺达大屠杀，后来了解到民族和解又惊得目瞪口呆，往往到卢旺达逗留一段时间，最终顶礼膜拜卡加梅。他们回美国后都满腔热情，渴望与人交流对卢旺达的看法。

这种人脉网络虽然数量可观，但尚未给卢旺达带来多少实惠。卡加梅殷勤结交的美国公司，没有一家在卢旺达大举投资，里克·沃伦设想的“基督教会引领发展运动”刚刚起步。如果“卢旺达之友”不仅赞美卢旺达，而且采取相应行动，他们可以为卢旺达的未来做出重大贡献。

1994 年以来蜂拥而至卢旺达的不仅是远方那些理想主义者，还有成千上万一生大部分时间流亡海外的图西人。

许多流亡者童年时代离开卢旺达，有的出生在国外，甚至从未见过“祖国”。他们曾支持卢爱阵打回家园，但是，卢爱阵的胜利并未带来喜悦。国内 80% 的图西人在大屠杀中遇难，世界各地几乎所有图西人家都有亲戚丧生。面对这种恐怖灾难，完全可以理解许多流亡者还是想留在国外，然而他们却纷纷赶回卢旺达。

> 海外卢旺达人在两个方面做出了巨大贡献。在斗争期间，他们这些人作出的重大贡献就是筹款，我们急需用钱。他们还开展外交工作，无论在哪里碰到什么人，都解释我们如何斗争。后来，有些人回国直接参加重建工作。他们放弃原有工作，承担重建我们国家的责任。他们带来某些新观念、新理念、新思想、他们在国外学到的新东西。这些无疑都产生了巨大影响。大屠杀和其他一些事的一个重要诱因就是国内人思想闭塞，同外部世界毫无联系。归国卢侨改变了这种局面，带回来新的影响。这是对发展的一大贡献。
>
> 保罗·卡加梅

1994 年后，成千上万流亡者回到卢旺达加入政府。查尔斯·穆瑞甘德放弃了在美国华盛顿特区霍华德大学医学院生物数据统计学系主任的工作，回基加利历任要职，最后出任外交部长。约翰·卢西亚哈纳主教等宗教人士回国帮助重立道德和信仰。但是，大部分人并未引起公众关注。有些人自办企业，有些人帮助不知所措的大屠杀幸存者。我在卢旺达无论走到哪里都会看到他们。

他们都是文化程度高、富有积极性的海归卢侨，在其他非洲国家从未见过这么多归侨。

这些先驱者中最优雅的索朗·卡塔热贝一出场就会引得众人瞩目。她身材高挑，端庄漂亮，明眸闪亮胜过她喜爱的银手镯。她最吸引人的是自信十足。这个女人足以征服纽约或巴黎，而她却选择了基加利。

“卢旺达是个穷国，但我们正走上伟大征程。”有天下午，我问她为何选择与众不同之路，她滔滔不绝地说，“我想我们可以办成想做的任何事情。我们有办法、有动力、有好的领导。正逢其时！”

与同辈的卢旺达流亡者一样，索朗并非出生在她热恋的祖国。其童年在1959年父母流亡的布隆迪度过，全家多次迁徙——父亲辞世时她尚年幼，他“有点像革命者，像共产党，我也不敢肯定”——她在好几个非洲国家经历贫苦生活，最后落脚肯尼亚，成为敦豪国际航空快递公司经理。卢爱阵1990年开战时，她像其他富有的海外图西人一样，遇到卢爱阵筹款者请求她每月捐赠部分收入。她心甘情愿地捐助，但从未对政治产生兴趣，用她自己的话说，“对卢旺达毫无概念。”

她回忆道：“我们在内罗毕收集大衣，送给前方打仗的小伙子，仅此而已。后来我看到美国有线新闻网报道大屠杀，我开始改变想法。我真切感到自己就是受害群体一员，我若在国内也会被砍死。”

索朗是敦豪集团的明星，在伦敦接受半年培训后出任命博茨瓦纳分部经理。卢爱阵在卢旺达取胜掌权后，她至今也不知为何犹豫不决没有马上回国。直到1996年年底，她才首次回到从小就知道是家乡的卢旺达。

“我说不出来当时那种深刻感受。”十年后她回忆此事时仍旧不知所措地摇头。“我心中有幅美景，但比不上这里乡间的一片郁郁葱葱，一眼望不到天际，满目山丘。一出飞机舱门就有回家的感觉。我见到素不相识的亲戚，其中有个姑奶奶拿出一张单子，记着大屠杀死难的80多个亲属和亲戚。那次给我一种强烈的归属感，我启程返回博茨瓦纳时忍不住哭了。”

敦豪集团在基加利只有一个小办事处，索朗找不到合适的工作。此外，20世纪90年代后期卢旺达仍旧动荡不定，游击战和严酷平暴行动不断，到90年代末才恢复正常。索朗获得大有可为的工作——国家旅游局局长。

她说："我只干了一年半。我在美国公司的那份工作很好，而且完全习惯于私人企业。国家旅游局的工作令人十分沮丧。我太天真，不懂如何做个好官僚，就辞职了。敦豪集团要我回去并派我去南非，但那里也不舒服。工作本身很好，但我觉得自己只有在卢旺达才高兴，所以当杜杜打电话来，我马上回国。"

索朗的哥哥杜杜在加拿大好几家餐馆工作过，想在基加利开个餐馆。兄妹俩想到办间雅座酒吧，带个户外平台，装修成圆锥形棚屋，提供快餐和非洲特色菜，营业到深夜，主要面向常住的和旅游的外国人以及卢旺达年轻专业人士。他们给酒吧取名"共和国"。

她说："我们希望的格调氛围，与其说是酒吧不如说是厨房，自己家的延伸——不那么正式和沉闷，而是同朋友聚会的地方。"

2004年1月的某个晚上，"共和国"酒吧开业，这可以看作卢旺达现代社会史的一个转折点。那天晚上，显然可以看出卢旺达已经产生一个新阶级，很时髦、国际化，而且雄心勃勃。如果说强大的中产阶级是国家稳定之关键，那天晚上酒吧的人群说明卢旺达已经上路。

索朗回忆道："我们十分成功，令人惊奇，杜杜和我都不敢相信。我们没搞什么广告，只告诉几个朋友星期四晚上来聚一聚。有人在门口统计来客数量，居然超过700人。大家都希望有这么个去处，不全是看好菜式或氛围，也不是因为打烊晚，主要是时机好。很多年轻人刚从大学回来，不想坐在千丘宾馆与旅游者混在一起，还得付高昂费用。所以，这是个恰好的时机、恰好的概念。"

索朗认为她的餐馆不仅是份生意，也是对建设新国家的贡献，是对内心召唤的回应。同其他归国流亡者一样，她本能地觉得与卢旺达紧紧相连，尤其她在流亡中长大，40岁前从未见过祖国，发自内心对祖国的眷恋令人吃惊地强烈。

"我不知道大屠杀期间在国内的那些人是否像我一样眷恋卢旺达。"一次她自嘲道，"许多人流血牺牲，我们如今才能这样，我们这些在国外的人感到应该把仅有的积蓄投到这里。我从来没有后悔做出这个决定，我在很多地方生活过，也有机会在其他地方生活，但只有这个地方适合我。"

"共和国"酒吧里人群熙攘，那种亲密无间的气氛象征着新卢旺达前途无量。然而，大多数卢旺达人依旧每天劳作在贫瘠的山丘上。德豪塞拉·克鲁格在尼岩扎附近的一座小山上开创"伸出双手"项目。德豪塞拉和索朗一样为祖国复兴作出巨大贡献，但是形式大不一样。她发起的项目专注于教育孤儿和向寡妇传授新技术。

寻找德豪塞拉的山头并不容易，但见到她后我很快就痴迷忘返。她是个生气勃勃的小个子中年妇女，本应养成稳重性格，却依旧激情似火。

德豪塞拉随父母在1973年一次针对图西人的大屠杀中逃离卢旺达，后来嫁给一名德国兽医，定居巴伐利亚州诺尔瑙小镇。1989年，她决定返回祖国。此后13年里，她经常来往于尼岩扎和诺尔瑙，大部分时间用于帮助尼岩扎一家防治艾滋病的小诊所。1994年，诊所在战争和大屠杀的压力下关闭。德豪塞拉在诺尔瑙远观祖国的悲剧。

她告诉我："我在家里听到的消息都是'卢旺达完了，忘了它吧'。但我不能。大屠杀结束几个月后，我在那家诊所治疗过的一个男孩给我写信说，'你也忘了我们。'那封信像把刀子戳在我心上，我必须做点什么。"

1994年9月，德豪塞拉回到一片废墟的故乡，一起工作过的14名同事中有10人被杀。德豪塞拉和其他人一样，难以忘怀这段痛苦经历。

她回忆道："我不能理解发生的一切。我问自己，'我们是些什么人？难道卢旺达是个杀人的民族？我跟这些人有关系吗？'我十分震惊，我认识和帮助过的人互相残杀，一个人怎么能下手杀孩子？这些人内心想什么？我过去总把祖国看成天堂，突然它竟然毁于如此邪恶之举。我告诉人们我是卢旺达人，他们吓得直往后缩。我问自己许多问题，我想，不，这样的事情绝不能再发生。我必须做些什么，真正做到'绝不能再发生这样的事'。"

令德豪塞拉吃惊的是，她在诺尔瑙的邻居，包括与她宗教信仰不同的天主教牧师，都在她首次筹款时就捐了好几万美元。她用这些捐款在尼岩扎附近一条崎岖土路的尽头买了一小块地，雇一些当地人平整土地盖房。我去山头那一天，很多小孩到处跑，个个跑来同德豪塞拉拥抱。

"伸出双手"营地有好几个花圃、一架牲口棚、一所有60个儿童的幼儿园、一座大厅用来教授舞蹈、说书、编筐等传统技艺。德豪塞拉雇木匠为寡妇们新建房害,雇一些劳动力耕种黄豆地,雇妇女做豆浆、豆茶和豆腐。"伸出双手"项目还为当地 300 名孩子支付了学费和购买了课本,钱都来自德豪塞拉不断在德国募捐积攒的善款。

"我们教授道德规范。"我们坐在她的门廊,看着园子以及远处恬静的湖泊。"如何与他人共同生活?'我的邻居'意味着什么?这个国家很长时间不搞道德教育。我们要同产生那场战争的心态做斗争。人们总说'我杀人是因为政府要我们去杀人'。我们想办法教育他们,每个人都应该是具有独立自由意志的个体。"

德豪塞拉和我刚吃完午饭,开来一辆吉普,走出一位穿长连衣裙的高个子庄重女士。她和德豪塞拉相互拥抱。我觉得她们的感情非同一般,但一时不明就里。原来访客是欧仁妮·姆萨伊迪瑞,她关于大屠杀的诗集不厚但很犀利,吸引了许多欧洲粉丝。[①] 女诗人在大屠杀爆发时远离卢旺达,无力挽救其母亲和亲戚,只能用诗句抒发悲伤心情。

姆萨伊迪瑞女士现在独自主持教授少女谋生手工艺技巧的项目,她来告诉德豪塞拉一个好消息:她刚说服某援助机构捐赠七部旧缝纫机。我问她回到悲剧现场有何感受,她用打动众多读者的那种流畅而又痛苦的语言回答。

"我第一次回村,盯着每个人看,是不是这个人杀了我母亲?还是那个人?最后我找出了那个凶手。他从不承认自己有错,只是说'那是政府让干的'。我很难帮助他那样的人,那些屠杀凶手。我看到他们在我房子里干活,就会想,'这些人都是刽子手、大罪犯!'他们却都说'这不是我的错'。这真可怕,令人心寒。但是,想到我们的国家和未来,我想,和解才是唯一的出路。"

访问过"伸出双手"项目的人自然都备受鼓舞,我也如此。但是,如果不了解这个项目,乍一看到众多寡妇、孤儿以及其他历受折磨的人,听闻他们曾经蒙受何等恐怖和恶魔残酷折磨他们并将永远折磨其灵魂,则给我留下另一种印象。踏访此地之前,我已在卢旺达采访数周,读了几十本有关大屠杀的书,知道整个过程。任何深入了解卢旺达的人有时总会感到,卢旺达的历史足以冲垮凡人的

---

① Eugénie Musayidire, *Mein Stein Spricht: Texte der Trauer, der Verzweiflung, des Zorns, der Anklage und des Protests über die Ermording Meiner Mutter Während des Völkermords in Rwanda 1994*. *Germany: Horlemann*, 1999.

理智和意识。至今依然裹挟绝大多数卢旺达人的那种悲伤和痛苦如潮水般汹涌，局外人永远无法感同身受，这种痛苦狂潮至少有时会吞噬一切思绪和理智。

第二天早晨，我坐在千丘宾馆游泳池旁的树荫下整理采访记录。忽然，毫无先兆地，我仿佛看到昨天孩子们奔跑的景象以及他们家人蒙难的噩梦，就像电击穿透全身。我抬头想恢复镇静，一眼看到身穿比基尼的欧洲少妇坐在酒吧喝饮料，杯上插个精致小纸伞，反而令我更加心慌意乱。我大口喘气，全身哆嗦，感到自己浑身都在冒着火舌，止不住大哭。最终，我恢复了理智，看到其他客人众目睽睽，举座皆惊。

我想，他们难道不知道在卢旺达何事令人声泪俱下？

又过了一天，我基本恢复正常，想到自己确实身处卢旺达。事后我突然醒悟，如果千丘旅馆的游客只是隐约了解一点大屠杀，如果他们不是来了解卢旺达的悲剧，如果他们认为这里和别国一样景色如画，也许更好。这正说明这个国家曾经长期处于恐怖悲剧之中，现在终于开始恢复正常。卢旺达历史不是一部大屠杀史诗，就像柬埔寨、德国或美国不仅有大屠杀史一样。那些国家在历史上也发生过大屠杀，但是它们有丰富的经历盖过历史上最悲惨的一页。如今，卢旺达也有理由盼望未来与过去判若天渊。原因之一就是许多像索朗·卡塔热贝和德豪塞拉·克鲁格这样长期流亡海外的兄弟姊妹从远方回到令其心碎但依旧热恋的故土。

按非洲标准来讲，从基加利向西北蜿蜒曲折至基伍湖的双车道公路是条好路，沥青铺就，保养不错，而且具有非洲罕见、卢旺达更是独一无二的特点：有一小段路有路灯照明。夜间在一片黑暗中开车，总要减速以免撞倒路人，突然路面沐浴在一片光亮中，开上几英里，仍在惊叹不已之时，却又重返漆黑。

我第一次夜过此地时就想，卢旺达政府为何在所有公路中单挑这里安路灯？朋友的解释令我大吃一惊，政府没有选这段路，没有竖路灯，也没有交电费，这些都是热拉尔·西纳的功劳。

西纳是未来卢旺达活生生的象征，是卡加梅梦想中的国家模范公民。他年轻时前途颇为黯淡。其父是自给自足的小自耕农，没钱送他上学，他与生俱来就该像祖先一样几个世纪耕作小块土地，耐心伺候肥力消退的土壤，靠种土豆或木薯为生。但他心中火花未泯,热拉尔·西纳和卢旺达一样,除了自身潜质以外,没有什么资源可以开发,但这种潜质实际上颇为丰厚。

有天早晨,我们在他山丘连绵不断的领地中心攀登陡坡。他诚挚地告诉我,“我生来就有创意,喜欢创新,很小的时候就梦想有机会自己创业,梦想自己做生意。”

西纳生于1963年,20岁出头入行当蛋糕师,专做婚庆蛋糕。和其他卢旺达人一样,他在1994年暴力大动乱中丧失了绝大部分财产,但是年底又重开蛋糕铺。他自有雄心,新政权也有壮志,两厢结合,他趁势开拓事业。现在,生意向多方面发展。

西纳为两英里公路段提供照明的原因在于,他在那里有一连串企业:一个杂货店外带面包坊、一家餐馆、一处提供外卖的快餐店、一幢汽车旅馆、两间干净的公共厕所。这是卢旺达唯一的公路服务区,小汽车、卡车和长途公交车经常在那里停泊休息。综合服务区只是西纳独特创制的卢旺达皇冠上的珠宝之一。

西纳有个说法:创造附加值。由于卢旺达市场狭小,任何东西都不可能大量生产,他认为就地加工才是出路。20世纪90年代中期他经营水果出口,不久便醒悟,水果价格太低,不可能保障好收入,而且价格随着他自己不能控制的因素大幅波动,许多水果还未卖掉就变质腐烂,不得不倒掉。他不再出口鲜果,转而生产和出口水果加工产品,现已成为东非地区生产果汁、果酱、蜜饯和香蕉啤酒的主要厂商,并且出产和销售以卢旺达辣椒作原料的瓶装辣汁调料。

他告诉我:“非洲其他国家都不做这些。他们活力不足,总爱睡觉,而卢旺达已经苏醒。”

西纳需要大量水果加工产品。他说服加工厂周边的2000家农户放弃耕种糊口作物,改种水果。他开车带着农艺师逐户教农家种水果,收获季节收购农户所有出产,整个小区域的农民都从绝对贫困跃到相对贫困水平。

他在公路休息区附近的田里保留了示范农场,卢旺达人可以来此学习种植闻所未闻的作物。他从乌干达买来香草种子,从南非引进杏树苗,从肯尼亚带来坚果树,还有全国唯一的香料植物园,引种香芹(法国香菜)、罗勒(兰香)、百里香(麝香草)、迷迭香、黄春菊(洋甘菊)。几乎天天都有附近好奇的农户到此上课,逐渐吸引了更多远道而来的农户来此上课。他们不付任何费用,甚至只要他们想试种新识作物，西纳保证收购所有产品。

示范农场旁边有木材车间，生产西纳各家企业所需锯材。另有一家砖厂，西纳主要雇用妇女制砖。畜牧园则用精制饲料喂养猪、鸭、鸡，远处还有兔舍、蜂箱和鱼塘。

卢旺达中北部许多农户数代以来与世隔绝，所处的偏远丘陵地带没有道路，西纳为其收购水果的所有村寨修砂石路通车。在一条路的尽头，他还为当地孩子们建起学校，完全免费，教授英语、法语、斯瓦希里语和卢旺达语。

一群孩子在西纳学校外边一棵树下上课。我走近他们，孩子们大眼扑闪，笑脸粲然。老师做了个手势，这些穿蓝色校服的孩子们起身相互看一眼，齐声用英语背诵："客人早上好。很高兴见到你。"

我问这些六七岁的孩子长大想做什么，他们个个理想远大，一个想走遍世界，一个要当总统。但最普遍的抱负正是我猜到的：做个像热拉尔·西纳那样的人。

无论是小汽车还是大卡车，只要在西纳的休息区附近出故障，司机都能免费住进其汽车旅馆。他在这个区给每家农户一头牛或山羊，此后四年用牛奶或羊奶还贷，西纳打算用鲜奶开发下一个大企业，建成生产高质量酸奶和奶酪的机械化奶制品厂。对非洲发展感兴趣的外国人很快就能落脚西纳学校附近在建农家乐旅店。他还想自建风力发电网。跟这样一个人相处几个小时，就感到和在卢旺达其他地方参观一样，颇有些应接不暇。

西纳告诉我，他喜欢和记者聊天，"我从你问的问题中学到很多。"我问他如何看卢旺达的未来，他马上笑容满面。

"我们的目标是到 2020 年建成一个摆脱不发达状况的国家。我想我们能够成功。我们的最大优势在于我们有好领导，他们激发和鼓励人民奋斗。坏领导往往毁掉国家的丰富潜力，这是非洲的现实情况。这里恰恰相反。人们看到，只要努力工作就能改善生活。每个国家在一定时期都不发达，我们卢旺达的问题是，不仅经济落后，思想也不先进。我们必须改变这一点。教育是出路，人们有了文化就有主意，就能让国家站起来。我就有很多梦想。我喜欢卡加梅总统，因为他鼓励我去实现这些梦想。"

西纳从未找政府要过一分钱，自己掏钱安路灯、修路、支付学校老师工资。

有一次他到基加利参加企业大会，卡加梅总统做主旨演讲，从人群中挑出他举例，赞扬他的成就。当时他十分激动，这鞭策他继续努力。

> 他有着文化不高者的那种热情，但他很现代，很能创业，以他独有的方式十分多产。他想努力、想创新、想干事。我想，这一点很重要。我们需要更多这样的人，而不是那些文化水平更高的毕业生。那种人回来就吵架，想找工作又找不到，也不会自主创业。我看他是个值得推举的人物，我们人民都应该培养他那种人生态度。他是个勤奋的人。看得出来，他想有所成就，想赚钱。他也是一个好榜样，大家都喜欢他，看到像他这种背景的人都能发家致富。许多人并没认识到自己也有这种潜质。我愿意鼓励人不要自暴自弃，如果这个人能做到，为什么他们就做不到？
>
> 保罗·卡加梅

西纳干成很多事，也有很多主意，很难说出他最突出的优点。我有自己的答案，除了他永无止境的热情之外，我印象最深的是他没有受过正规教育，父母都是胡图大众中的穷人，没给他留下什么有形的遗产。尽管有这些不利因素，他还是成为卢旺达消灭贫困之战的前线指挥。他相信命运给了自己一个历史性机会，他要充分利用。

2007年出任驻美国大使的卢旺达外交官詹姆斯·基蒙尤同我谈起西纳时说："西纳做蛋糕师、激情果（百香果）汁商那段时间，我只听人提起过。后来我在外国看到他的产品，听到有人说'热拉尔·西纳刚在日内瓦获得一枚奖章'。慢慢地我才了解到他的成就之大。我就想：如果他上过学，他还会干出些什么？"

我不花多少时间考虑某些批评。这些批评不合时宜、断章取义。那些提意见的人只会对付一般情况。我们不同于一般情况。我有一种习惯，不太看得起不了解实际情况的人，那种人看不到我们面临问题的深度和广度。这些人一无所知，却想教训我们。他们想做榜样，但他们不配。他们想让别人仿效，可惜他们不值得仿效。

我认为人权包括一切。殖民和其他历史原因造成的贫困受苦也是侵犯人权。如果解决这个，也就解决了人权问题。西方那些人回避这一点，甚至不肯谈及。他们逃避落在自己肩上的这个重大罪责。这不是仅在这里或那里杀个把人的问题，我们是在讲屠杀许多社会和民族的问题。

保罗·卡加梅

第十八章 渴望与人比肩

一大早我被千丘宾馆一层房间窗外的阵阵喧哗吵醒，起身看去，只见焦躁不安的一群人围住一个人，他身穿加拿大军装，头戴联合国维和部队的蓝色贝雷帽，人们脸上写满绝望，用各种语言冲他叫喊。

那位军官厉声道："这个旅馆在联合国保护之下！没有危险！"

我很快走下楼梯，经过军官身旁时看到他军装上的名字是达莱尔。几步远的旅馆院子大门外，突然出现原木和破车搭成的简易路障。前后聚集凶相毕露的年轻人，眼睛暴凸，手挥棍棒和砍刀。他们恶毒地盯着大门，看上去急于大开杀戒。

这些人是根据罗密欧·达莱尔将军痛苦的回忆录《与魔鬼握手：人性败走卢旺达》拍摄电影的演员。尽管我知道这是模拟十多年前发生的惨剧现场，但仍然具有强大的冲击力，说明自从那场悲剧以来卢旺达走过了漫长的道路。当前的成功主要依靠保罗·卡加梅的努力。这将是他一生的最大成就、还是他能继续取得难以想像的更大成功？

我问卡加梅如何安排其时间，他告诉我："工作第一，家庭第二，阅读第三，体育第四，访亲探友第五。"

一天下午，我和现任卢旺达政府的一位高官、卢爱阵老战士喝啤酒。他告诉我，生活在维龙加山脉寒冷火山上，战斗经年，随后重建破落的卢旺达，都是"难以想像的大挑战"。然而，同他认为自己一生压力最大的任务相比，这些都不足挂齿，更难的是同保罗·卡加梅搭档玩网球双打。

他说："如果你漏掉一个球，恐怕他想杀了你！"[①]

卡加梅告诉我并非如此。漏球可以原谅，但他不能容忍不尽全力。

谁都想赢球，这毫无疑问。我扑救每一个球。有时我不满意我的搭档，特别是他放弃救球。他应该扑上去！没打赢没关系，但不能不尽

① 作者私下采访。

力。我就是想努力争取。

保罗·卡加梅

卡加梅首先力争摆脱卢旺达的贫困。他对此最关注,并成功起步,令许多毕生投身于消除贫困的人们惊叹不已。不过,发展并非卢旺达面临的唯一挑战。卢旺达领导层还必须在人人习惯于排他性政治的这个国家建立包容性政治制度。这就需要在自由和安全之间建立一种极为棘手的平衡。

卢旺达是个令人惶恐不安的社会。人人心中对大屠杀记忆犹新,唯恐再历浩劫。有一天,我在基加利听到某人打电话给广播电台脱口秀栏目,大声狂叫他和其他胡图人很快就会重拾砍刀"完成未竟的任务"。我的一个朋友很晚从一家旅游小店聚会回家,告诉我她无意间听到一伙醉醺醺的图西酒客痛骂胡图人,发誓尽一切可能永不让其翻身。一所中学的学生上数学课,老师出题问,若有108个图西人,"你杀掉98个",还剩几个?[①] 2007年1月,尼亚噶塔热区长称大屠杀意识"是一种传染病",并斥责"大多数人都染上了这种思想"。[②] 两个月后的《新时代》报报道,就在最近,噶查查法庭几十个证人和法官惨遭暗杀。[③] 同一周,基伍湖附近一座大屠杀纪念馆遭遇爆炸,显然是从刚果潜入卢旺达境内的胡图民兵所为。[④]

五六次这种引人注目的袭击爆炸就能吓得捐助方和外国人逃离卢旺达,毁掉这个国家取得的许多成就及其未来的繁荣。唯有强大且有效的保安机构才能防范这类袭击。卡加梅总统是训练有素质、经验丰富的情报高手,和世界别国元首一样懂得建立、指挥和利用这类机构。人们不会怀疑,如果有人打电话给广播电台叫嚣再搞大屠杀,几小时内他就会被捕。

坊间激烈辩论这种安全和社会控制是合理还是过度。其背后则是更大的争论:卡加梅总统是谨慎的领导人、限制自由仅为保护人民安全,还是镇压成性、过分渲染威胁以保护其个人专权?只有在卢旺达,西方人权组织同外交官和扶贫

---

① *New Times*(Kigali), June 27, 2006.

② Ibid. ,Jan. 27, 2007.

③ Ibid. , Jan. 16, 2007.

④ Ibid. ,March 16, 2007.

团体之间观点大相径庭。

一天，某欧洲外交官在基加利同我共进午餐。他告诉我："这里人们所想的和我国内上司所想的截然不同。"

这种意见冲突是生活在卢旺达的西方人之间的主要日常话题。我有一次访问卢旺达，外交使团议论纷纷，传言时任美国大使迈克尔·艾瑞提[1]和美国国务院就即将发表的有关卢旺达人权报告激烈争辩。华盛顿官员写了好几段文字，称卢旺达是个备受压抑的国家，艾瑞提大使拒绝批准这份报告，因为报告内容与他所见所闻完全不符。其他西方国家大使同样花很多时间试图说服各自国内同事，卢旺达在当前这种一触即发的环境下堪称足够自由。但是，往往是对牛弹琴。

英国大使杰里米·马凯迭（Jeremy Macadie）是个勤于思考的苏格兰大块头。一天下午，我们在他办公室喝茶，墙上挂着伊丽莎白女王画像。他说："如果用西方一般标准衡量，问卢旺达人在下次大选时能否有机会选一班全新团队换掉现任政府，答案是'不会'，因为这里不是一个民主国家。不过，如果问'这个政府是否为普通大众的利益工作？是否努力确保人民有饭吃？是否有计划使国家摆脱贫苦？'答案为'是'。关键在于如何定义民主。在这个国家，首要问题是和平与安全。为人民提供食物、清洁饮水、医疗卫生和教育机会也很重要。卢旺达领导人是否尽其所能在各级地方为国内大多数贫困人民改善条件？是。他们是否努力建设让所有卢旺达人都能长期享受和平与进步的国家？是。他们是否鼓励反对派政党表达自己的意愿？不是。那些同总统想法不一样的人是否有机会表达？是的，但是不能按我们所熟悉的那种方式表达反对意见。"

每当我访问卢旺达，我都同几乎所有在此设使馆国家的外交官会面。他们所有人，包括被驱逐前的法国大使，毫不吝惜溢美之词赞扬卡加梅总统及其政府。有一位外交官告诉我，卢旺达社会是"孕育暴力的培养基"，而且"对下一代必须采取临时措施，直到他们培养自己认同卢旺达族为止"。另一位告诉我，卢旺达领导人"正在干一番大事业"。还有一位外交官抱怨外国首都流传"大量有关卢旺达的错误信息"。这位大使说："有些人出于这种或那种原因痛恨卡加梅，把他的政府说成一伙谋杀犯。这里的人权状况不那么好，但我认为正在不断改

---

① 迈克尔·艾瑞提（Michael R. Arietti）：2005—2008年任美国驻卢旺达大使。译者注。

善。这里不是天堂,但也不像有些人说的是地狱。”

他所指的“某些人”是总部设在美国和欧洲的人权组织。他们否认几乎所有住在这里的外国人对卢旺达的看法。他们不认为卢旺达是个充满希望和前途的国度,而是暴君统治下充满恐惧的地方,人们不敢说心里话,执政当局不择手段,包括使用残忍暴力强加于人。

> 有些人不断针对我们说些愚蠢无聊的和不公正的话。他们并不知道我们防范发生的是什么。这种坏事没有发生,其实他们应该告诉人们这一点。所以,我蔑视他们,有些时候,某些这种人总想显示自己比其他人都懂得尊重人权、民主和良治。我不知道他们在想什么。我蔑视他们。我的确十分看不起他们。
>
> 保罗·卡加梅

“大赦国际”断言,虽然全世界都开始“把卢旺达说成成功范例”,其实在这里记者面临“恐吓、骚扰和暴力”,人权卫士“被迫逃离这个国家,生怕遭到迫害或任意逮捕”。[①] “自由之家”称“卢旺达过渡性司法体制基本上偏袒一方”,而且在公民自由方面“走下坡路”。[②] “无国界记者”组织根据自己定的新闻自由标准给各国打分,在其考察的167个国家中把卢旺达排在倒数第四。[③] “人权观察”组织则说,任何批评卢旺达政府的人都面临以提倡“大屠杀意识形态”罪名起诉之风险。[④]

“人权观察”组织是卢旺达领导人最不喜欢的一系列组织之一。他们认为它发起了疯狂反对卡加梅总统及其政府的“圣战”。他们反感它的一个原因是“人权观察”组织卢旺达问题首席专家爱丽森·德弗格(1942—2009年)口无遮拦地批评卢旺达政权。她在世界各国首都游说,警告决策者和立法者:赞扬卢旺达全力摆脱贫困的报告掩盖了很多黑暗的做法和镇压。她深度了解卢旺达,长期发

① *Country Report*. London: Amnesty Internationa, 2006.

② Sara Rakita ed., *Countries at the Crossroads 2006*. New York: Freedom House, 2005.

③ Reporters Without Border, *Annual Report*, 2007.

④ Human Rights Watch, *World Report*. New York: Human Rights Watch, 2006.

展线人，成为卢旺达政府最头疼的对手，其名讳在总统府雾露贵桡村(Urugwiro Village)的走廊里是句骂人粗口。

2007年，卢旺达前国家情报与安全局长埃曼纽尔·恩达希罗告诉我："上次我见到她，我告诉她我们不要继续争吵，而要试着合作。她说'很难。'我就说，'爱丽森，不管我们对卢旺达人权状况有多大分歧，你能否至少同意无论根据什么标准我们都是在改进？'她却说'没有'。"

爱丽森·德弗格是个精力集中的娇小女人。不同的人对她看法不同，有人说她是不屈不挠的人权卫士，她批评卡加梅的动机是出于热爱卢旺达，但也有人说她是个毫无理性地仇恨卡加梅总统的疯子。我在美国见到她，她表示担心卡加梅政府引领卢旺达重返火坑："那种司法体制完全是偏向。指控81.8万胡图人搞大屠杀，却不说有人犯战争罪。如果你问卢爱阵，他们说，'我们处理了所有战争罪指控，全部结案。还有人要指控就提出来，我们愿意调查。'但人们显然不敢。一些人心中酝酿着很危险的想法，他们对自己说，'对胡图人来说，没有公平可言。'他们没有直面此事说：'我们的人干了坏事，但是事出有因。'他们现在拖延和拒绝采取行动。这会导致什么？失望情绪激化上涨，催生'双重大屠杀'的想法，认为图西人的所作所为比胡图人还坏。这当然是胡说，但是越来越多的人相信。如果不解决这个问题，就会给极端分子提供不可估量的可乘之机。不妨设想，如果胡图人认为政府对其不公，卢旺达的长远未来将会是什么？如果只有一方获得公正待遇，谈什么和解？但他们有些人不关心公正，这不是政府优先考虑的问题。他们优先考虑发展，而把公正看作累赘。他们不知道办公室外十英里的人们在想些什么，不了解这些人心中的深仇大恨。他们使胡图人感到不平等、不公正，这十分危险。"

许多国家限制言论自由，以便保持一定程度的社会和谐与民族团结。爱尔兰禁止"仅凭种族、肤色、国籍、宗教、民族或出生国家"就用"威胁、诽谤或者侮辱性"语言骂人。在英国，煽动种族仇恨要判刑坐牢七年。印度禁止在不同宗教集团之间公开鼓励"不和或敌意、仇恨或恶意"。希特勒《我的奋斗》不允许在德国出售。法国禁止公开表达反犹太人的思想。瑞典人不得公开"威胁或蔑视国家、民族或其他社群"。

上述国家发生冲突的风险都不如卢旺达那么大。海外反政府人士和一些人权斗士一道指责卢旺达颁布针对“修正大屠杀史”和“大屠杀意识”的法律是禁止公开辩论，可能引起民怨爆发。这些责难激怒了一些卢旺达人。他们认为西方人权斗士都是无知的空想家，完全脱离现实世界，受文化偏见蒙蔽，痴迷于个人权利。他们质问，社会权利何在？政府提高人民生活水平，保障其人身安全，保障其孩子上学读书而非整日劳作，这些难道不是改善人权？有些人权卫士回答说，这些都是发展问题，不是人权问题。我的朋友索朗热·卡塔热贝等人则绝不赞同。

有一天她抱怨道：“西方人跑到我的餐厅问我，‘难道你不受压制？’搞得我十分恼火。这些人应该知道，如果为了安全采取控制措施，完全是因为 1994 年的动乱。我们需要这种控制，我们希望有所控制。我们很幸福，不要来烦我们。我不喜欢谈政治，但是卢旺达是个自由和安全的地方，这就是我想要的，那些谈人权的什么东西凭什么非要说我不自由？”

几乎所有在卢旺达的外国人都同意索朗热的说法，其中一人对我说：“跟我听到的相反，说这个地方十分封闭和镇压成性，我看到的恰恰相反。”我看到的也同样。住在卢旺达的外国人才看得真实。“人权观察”组织和其他一些人权组织披露了卢旺达一些滥用权力的现象，他们确实做了好事，但他们没能把这些现象放到更大的背景下来看，因此，过于苛求卢旺达政府。

卢旺达正处于难以想像的脆弱时期，卢旺达领导人力求创立一种能适合这个国家独特需要的治理体系。在威权统治的保护伞下，他们稳定社会，走上奔向更好未来的道路。这是普通卢旺达人最关心的。他们对政治或意识形态不感兴趣，大多数人认为自己的生活慢慢在改善。他们对卡加梅一手集掌大权并无意见，并不担心他会成为独裁者。

不过，即使认为西方人权组织有关卢旺达的报告没有全面讲述该国情况，这些报告仍旧值得品味。卡加梅总统本来可以回应他们说，他不相信这些报告、但会调查每个指控。相反，他却是愤怒地谴责和否认。“人权观察”组织发表了一份报告，说 20 名卢旺达人据称死于警察拘留所，卡加梅在基加利对记者说，提出这种指控的人“很可能吸过毒，神志不清”。①

---

① Human Rights Watch, “*There Will Be No Trail*”: *Police Killings of Detainees and the Imposition of Collective Punishments*, July 2007. *New Times*(Kigali), Aug. 15, 2007.

2004年,卢旺达自告奋勇首批接受新创建的非洲"同行审查",因此广受赞誉。同行审查机制旨在给非洲人一个机会进行自我评估,而不要西方人来评价。调查组经过详细研究后发表了一篇200页的报告,基调十分积极,赞扬卢旺达"恢复得极好"。不过,报告最后也说道,"司法独立有所不够","严重关切"噶查查法庭的合法性,政府应该适时考虑"开放观念和权力竞争的政治空间"。[①] 卡加梅总统没有冷静反省这些结论,而是贬之为根据"过于笼统草率的分析方法"得出的"简单化论点"。

两年后,发生了同样的事。联合国开发计划署发表了一篇犀利而且深入的报告《将2020远景规划变为现实:从恢复重建到可持续的人类发展》。[②] 报告赞扬卢旺达创造了"十分有利的制度和政策环境",在本地区的增长率最高,并在东部和中部非洲保持了惩治腐败的最好纪录,因而奠定了"持久和平的基础"。不过,报告也列出卢旺达经济中"关键的结构性瓶颈",说该国"政治自由度低",并敦促政府集中精力促进农业发展,限制人口增长,改善收入分配,而不必鼓励私营企业、建设基础设施或开发计算机技术。卢旺达内阁没有理会这份报告,而是发表决议谴责。财政部国务部长奉命出面宣称,报告含有"重大错误,完全歪曲了事实"。[③]

游击队领导通常自信无限。他们习惯于用"非我族类"的镜片看世界,怀疑自己小圈子之外的任何人。没有这些特质,卡加梅不会打赢那场战争,不会开始重振这个众人视为不能复活的国家。然而,考虑到权力普遍具有腐蚀性,在缺乏势均力敌制衡机制的政治体制内更是如此,这种心态也会带来麻烦。成功的国家元首都认为批评很有用处。但是,卡加梅在首个总统任期的前半段尚未完成这种转型。

他过去的一位助手耸耸肩膀说:"不管他想为卢旺达做什么都是对的。其他人必须服从,否则就是敌人。"[④]

---

① African Peer Review Mechanism, *Country Review Report of the Republic of Rwanda*. Midrand, South Africa: 2005.

② United Nations Development Program, *Turning Vision 2020 into Reality: From Recovery to Sustainable Human Development*. New York: UNDP, 2007.

③ *New Times* (Kigali), Aug. 15, 2007.

④ 作者私下采访。

新加坡的李光耀和马来西亚的马哈蒂尔等专制型现代派领袖都是卡加梅的榜样。这些人都在改造自己国家时强行限制民主，这种模式也许的确适合卢旺达。然而，他们不可能永远在位。如果卡加梅执政两个七年总统任期——这是宪法允许的最长期限，而且他还公开谴责某些非洲领导人企图修宪延长任期——他只能干到 2017 年。[①] 他不睡觉的每时每刻都在工作，争取到那时候卢旺达人都生活得更加富裕和满足。但是，如果他不能引导国家过渡到更加开放的政治制度，他的成就和遗产可能面临危险。

卡加梅完全有条件指导卢旺达社会按标准模式开放。他君临政治舞台，绝对控制军界。即便他认为真正自由的选举可能导致卢旺达再发生大屠杀——这种可能性的确存在——他还是可以使卢爱阵实现党内民主，并扩大其政府的政治基础。

一位前内阁部长告诉我："否则，某个时刻就会出现激烈的暴力冲突。而且很难说卡加梅会像上次那样再次取得胜利……由于 1994 年大屠杀等原因，至今胡图人的抵制很难成事。现在很容易叫他们'这些刽子手！'但随着时间流逝，这种说法日益站不住。卢旺达存在这种强烈的抵制势力，虽然没有公开，但存在于人们内心。如果无从疏导，会在某个时候爆发。"[②]

卡加梅总统最喜欢的一个论点是卢旺达需要建立强势体制。如果这样的体制形成，势必挑战他本人。不过，一时还看不到这种前景。从基层镇长到将军以至最高法院法官，卢旺达官员都怕卡加梅发怒。

这是由于卢旺达人习惯见到强人就发抖，也是由于卡加梅生性苛求下属。强势体制在卢旺达发展较慢还有另一个原因。如果卢旺达记者、人权斗士、律师、检察官和法官能够完全自由行动，有些人就会调查过去的凶杀和失踪案件。至少有些调查无疑会发现政府或卢爱阵的一些人有罪。如果控告他们，有些人很可能辩解说他们获得了上司准许或奉命而为，甚至牵扯到总统本人。

这可能就是卢旺达领导人主张"团结与和解"而不像南非同行提倡"真相与和解"的原因。

这个担责问题关系到卢旺达的未来。只要卢爱阵不能直面自身历史、害怕

---

① *The Monitor* (Kampala, Uganda), July 5, 2006.

② 作者私下采访。

算总账，它就不会允许出现真正独立的机构。同样，这种畏惧也会影响政治。如果未来有位总统候选人许诺要调查1994年以来针对卢爱阵的各项指控，卢爱阵不得不决定是否能让这人当选。

长期追随卡加梅的一名亲信告诉我："不可能知道下届领导人会干什么。这个斗争很激烈，甚至关系到生死存亡。"[①]

即便没有卢旺达人能够提出担责问题，外国人也会提。[②] 一些国家通过法律允许本国法官调查世界任何地方损害人权的案例，西班牙相关法律授权广泛。2008年，一名西班牙法官竟然起诉了40名卢旺达军官，包括时任总参谋长的詹姆斯·卡巴瑞贝将军，指控他们在卢爱阵1994年掌权后犯下一系列暴行。虽然卡加梅总统作为国家元首免于起诉，但是这位法官说他也掌握了对总统不利的证据。

一些长年观察卡加梅总统的人说，其个性和治国方法不断改进。一名崇拜者告诉我："一开始他很暴躁，不适合做需要团结各方力量的总统。"另一个人观察了卡加梅2003年当选总统后头两年的做法后说："他逐步成为一名政治家，眼界逐渐开阔。"

这位分析家说："他的思想在升华。他日臻成熟，其思想也更成熟。他花更多的时间考虑问题，他周围有一批知书达礼并见过大世面的行家里手。"[③]

历史表明，卡加梅将继续独揽权力，不会让给别人。领导人一般都这样，即使受限于法律、体制和传统的领导也会不懈力争掌握更多权力。在卢旺达并没有上述限制，卡加梅总统可以随心所欲掌握权力。他几乎不可能不去充分利用这种现实优势。当他有把握自己选择正确时，何必要让别人做关键性决策？

非洲至今远远落后于发达世界，并不仅仅因为其领导不好，而是非洲国家面临的挑战也难以应对。凝聚一盘散沙般的社会，彻底改变国人的心性，这些都是极为困难的任务。卢旺达是个贫困的社会，几代人的苛政几乎使之瘫痪，将其改造成幸福、稳定和繁荣的社会，任务极为艰巨。

卢旺达走向更好未来，不乏人才资产。卢旺达可以依靠富有远见的领导、活跃的归侨以及可观的外部支持。国土面积不大常被视作劣势，但也可以成为优

---

① 作者私下采访。

② *Los Angeles Times*, Feb. 7, 2008.

③ 作者私下采访。

势。袖珍国家看来更易于治理。即使有精心设计的发展计划，也难说能用一两代人的时间使尼日利亚、刚果那样庞大复杂的国家摆脱贫困。但在卢旺达这个小国，似乎至少还有可能。

卢旺达受益于有人所说的“大屠杀欠账”[1]。因为卢旺达人不久前遭遇浩劫，其领导人渐渐开发出明显的道德优势。“大屠杀欠账”给他们一种自由通行证，得以拒绝别人的批评，“你们这些外人当年眼看着我们的人民惨遭屠杀不管，现在你们没有资格指责我们。”这能堵住一些人的嘴，但无助于建设幸福平和的社会。

也许，不幸的是，卢旺达之未来——甚至改造整个非洲的发展大业之未来——很大程度上完全落在一个人肩上。现实中这个人恰好是保罗·卡加梅，这恐怕是天意。他推翻一个独裁政权并制止一场大屠杀，从而名垂青史。他又接着乘胜稳定卢旺达社会并把它引上走向繁荣的道路，这个成就更大。这些成就也为他带来更大的挑战。

> 卢旺达不能让大多数人每天生活开支不及1美元。绝对不行。多数人仅能糊口，就不可能进步，也不会有前途。尽管有治理、领导和政治方面的错误，我们自己能够实现我们需要的发展。我们渴望能和别人一样，希望能和发达世界一样。有些国家四五十年前的发展水平跟我们国家一样。他们前进了，把我们甩在后面。我们为什么不能达到那个水平呢？这是我不断问自己的一个问题。
>
> 保罗·卡加梅

卡加梅打算办成过去从未办到过的事情：用一代人的时间让这个非洲国家脱贫致富。为完成这个任务，他必须从本国几个世纪的社会、政治畸形发展当中辟出一条新路。这个历史包袱极为沉重。他没有先例可循，而他和所有人一样都是自身以往经历的产物，这个挑战和世界其他领袖面临的挑战一样巨大。

当代人能否活着看到卢旺达摆脱贫困、长期稳定与繁荣以及多数人统治呢？审慎的外人都不敢贸然做答。卡加梅总统能否抛弃专制倾向，则更不能确定。

---

① André Sibomana, *Hope for Rwanda: Conversations with Laure Guilbert and Hervé Deguine*. London: Pluto, 1999, pp. 118-120.

他和卢旺达都在进步。理性者冷静考虑卢旺达面临的种种困难，恐怕不敢打赌说卢旺达人一定能成功，但不抱任何希望也未免失于偏颇。

公正看待卡加梅总统所面临形势的人都能看到两点。首先，他成就非凡。今日卢旺达与1994年大屠杀后大多数人所猜想的卢旺达之间判若天渊，令人惊叹。

其次，在现代非洲，卡加梅令世人瞩目。所有期望非洲变好的人都寄希望于他。其他领袖都没有在如此短时间里做出如此多成就，其他领袖都没有为非洲大陆带来如此令人振奋的希望。

但是，除了这两大非凡的成就之外，同样有两大棘手的挑战。

第一个挑战来自大屠杀后卢旺达的独特环境。大量昔日杀手及其支持者还在卢旺达。跨过边界，在刚果以及其他远处地方，还存在急于摧毁卡加梅政府所创造一切的邪恶势力。在这种环境下，如果让卢旺达实行欧洲式民主实属荒唐，很可能导致另一场大屠杀。大多数卢旺达人都明白这一点，他们的理解以及他们渴望稳定和目睹初步繁荣，使得他们支持政府。这一特殊时期能持续多久、将来会怎么样改造，仍旧无法确定。

第二个挑战与卢旺达无关，而与人类本性有关。卢旺达没有民主或宪制的传统，周边地区也没有形成这种传统。在这种环境下，领导人容易通过某种形式趋向腐败。对卡加梅来说，当务之急不仅是找到社会发展和个人权力之间的适当平衡，而且必须抵制腐败倾向。

这位非凡人物如何克服他及其民族面临的众多挑战，并没有路线图。现在的卢旺达令人激动兴奋，但它面前的路还很长。这也正是它令人激动兴奋的原因。

如果卡加梅能够实现他心中鸿图的一半，他就能名垂非洲历史。如果他能够完全实现鸿图，全球穷国领袖都会学习卢旺达的经验，天使乐团会在天上大唱赞歌。他的梦想有多少可能实现？这是我问他的最后一个问题。

> 经历了这么多事，我们可以实现梦想。我们可以减少贫困人口，减少依赖捐助资金的程度，真正开发我们国家。我们可以做到，我们渴望做到。我们确信不疑——十分、十分坚定。我们希望实现梦想，而且我们能够实现梦想。
>
> 保罗·卡加梅

参考文献

Aardema, Verna. *Sebugugu the Glutton: A Bantu Tale from Rwanda*. Grand Rapids, Mich.: William B. Eerdmans, 1993.

Adelman, Howard, and Astri Suhrke, eds. *The Path of a Genocide: The Rwanda Crisis from Uganda to Zaire*. New Brunswick, N. J.: Transaction, 1999.

Adolph, Frederick. *Duke of Mecklenburg-Schwerin. In the Heart of Africa*. London: Cassell, 1910.

African Peer Review Mechanism. *Country Review Report of the Republic of Rwanda*. Midrand, South Africa:2025.

African Rights. *Father Hormisdas Nsengimana: Accused of Genocide, Sheltered by the Church*. London: African Rights, 2001.

African Rights. *The Gisimba Memorial Center: No Place to Fear: A Tribute to Damas Mutezintare Gisimba*. London: African Rights, 2003

African Rights. *Joseph Ruyenzi: Witness to Genocide*. London: African Rights,1997.

African Rights. *Rwanda: Broken Bodies, Torn Spirits: Living with Genocide, Rape and HIV/AIDS*. London: African Rights, 2004.

African Rights. *Rwanda: The Insurgency in the Northwest*. London: African Rights,1998.

African Rights. *Rwanda: Not So Innocent: When Women Become Killers*. London: African Rights, 1995.

African Rights. *Witness to Genocide: John Yusufu Munyakazi, the Killer behind the Refugee*. London: African Rights, 1997.

Aguilar, Mario I. *The Rwanda Genocide and the Call to Deepen Christianity in Africa*. Nairobi, Kenya: Amecea Gaba, 1998.

Albright, Madeleine. *Madam Secretaty : A Memoir*. New York: Miramax, 2005.

Amnesty International. *Report 2007 : The State of the World's Human Rights*. May 2007.

Amnesty International. *Rwanda : Amnesty International's Concerns since the Beginning of the Insurgency in October 1990*. March 1991.

Amnesty International. *Rwanda : Arming the Perpetrators of Genocide*. June 1995.

Amnesty International. *Rwanda : Ending the Silence*. Sept. 25, 1997.

Amnesty International. *Rwanda : Gacaca : A Question of Justice*. Dec. 17, 2002.

Amnesty International. *Rwanda : The Hidden Violence : "Disappearances" and Killings Continue*. June 1998.

Amnesty International. *Rwanda : Mass Murder by Government Supporters and Troops in May 1994*. May 23, 1994.

Amnesty International. *Rwanda : Persecution of Tutsi Minority and Repression of Government Critics 1990—1992*. May 1992.

Amnesty International. *Rwanda : Reports of Killings and Abductions by the Rwandese Patriotic Army, April—August 1994*. Oct. 20, 1994.

Anyidoho, Henry Kwami. *Guns over Kigali*. Kampala, Uganda: Fountain, 1998.

Bale, John. *Imagined Olympians : Body Culture and Colonial Representation in Rwanda*. Minneapolis: University of Minnesota, 2002.

Barnett, Michael. *Eyewitness to a Genocide : The United Nations and Rwanda*. Ithaca, N. Y. : Cornell University, 2002.

Barnett, Michael. "The UN Security Council, Indifference, and Genocide in Rwanda", *Cultural Anthropology*, 2002, Vol. 12(4).

Berkeley, Bill. *The Graves Are Not Yet Full : Race, Tribe and Power in the Heart of Africa*. New York: Basic Books, 2001.

Berry, John A., and Carol Pott Berry, eds. *Genocide in Rwanda : A*

Collective Memory. Washington, D. C. : Howard University, 1999.

Bilinda, Lesley. *With What Remains : A Window's Quest for Truth in Rwanda*. London: Hodder & Stoughton, 2006.

Bodnarchuk, Kari. *Rwanda : Country Torn Apart*. Minneapolis, Minn. : Lerner, 2000.

Bond, Patrick. *Looting Africa : The Economics of Exploitation*. London: Zed, 2006.

Booth, Janice, and Philip Briggs. *Rwanda : The Bradt Travel Guide*. London: Bradt, 2001 and 2006.

Braeckman, Colette. *Rwanda : Histoire d'un Genocide*. Paris: Fayard, 1994.

Burleson, Derick. *Ejo : Poems, Rwanda 1991-1994*. Madison: University of Wisconsin, 2000.

Calderisi, Robert. *The Trouble with Africa : Why Foreign Aid Isn't Working*. New York: Palgrave Macmillan, 2006.

Carr, Rosamond Halsey and Ann Howard Halsey. *Land of a Thousand Hills : My Life in Rwanda*. New York: Viking, 1999.

Chrétien, Jean-Pierre. *The Great Lakes of Africa : Two Thousand Years of History*. New York: Zone, 2003.

Church, J. E. *Forgive Them : The Story of an African Martyr*. Chicago: Moody, 1967.

Clapham, Christopher ed. *African Guerrillas*. Oxford, U. K. : James Currey, 1998.

Clark, John F. ed. *The African Stakes of the Congo War*. New York: Palgrave Macmillan, 2002.

Clay, Jason W. *The Eviction of Banyaruanda : The Story behind the Refugee Crisis in Southwest Uganda*. Cambridge, Mass. : Cultural Survival, 1984.

Cohen, Jored. *One Hundred Days of Silence : American and the Rwandan Genocide*. Lanham, Md. : Rowman and Littlefield, 2007.

Commission of Inquiry in the DRC. *International Non-Governmental Commission of Inquiry into the Massive Violations of Human Rights Committed in the Democratic Republic of the Congo — Former Zaire — 1996-1997*. Montreal: International Centre for Human Rights and Democratic Development, 1998.

Courtemanche, Gil. *A Study at the Pool in Rwanda*. New York: Alfred A. Knopf, 2003.

Crawford, Barry. "From Arusha to Goma: How the West Started the War in Rwanda", *Afica Direct*, Feb. 17, 1995.

Cruvellier, Thierry, et al., eds. *Augustin Cyiza: Un Homme Libre au Rwanda*. Paris: Karthala, 2004.

Dallaire, Roméo. *Shake Hands with the Devil: The Failure of Humanity in Rwanda*. New York: Carroll & Graf, 2003.

De Lame, Danielle. *A Hill among a Thousand: Transformations and Ruptures in Rural Rwanda*. Madison: University of Wisconsin, 2005.

Des Forges, Alison, et al., *Leave None to Tell the Story: Genocide in Rwanda*. New York: Human Rights Watch, 1999.

Destexhe, Alain. *Rwanda and Genocide in the Twentieth Century*. London: Pluto, 1995.

Dorsey, Learthen. *Historical Dictionary of Rwanda*. Lanham, Md.: Scarecrow, 1994.

Durch, William, J., ed. *UN Peacekeeping: American Politics and the Uncivil Wars of the 1990s*. New York: St. Martin's, 1996.

Easterly, William. *The White Man's Burden: How the West's Efforts to Aid the Rest Have Done So Much Ill and So Little Good*. New York: Penguin, 2006.

Eltringham, Nigel. *Accounting for Horror: Post-Genocide Debates in Rwanda*. London: Pluto, 2004.

Essack, Karim. *Civil War in Rwanda*. Dar es Salaam, Tanzania: Forem, 1991.

Essack, Karim. *Rwanda: The International Significance of the*

Liberation Struggle. Dar es Salaam, Tanzania: Thackers,1996.

Feil, Scott R. *Preventing Genocide: How the Early Use of Force Might Have Succeeded in Rwanda*. New York: Carnegie Corporation, 1998.

Fossey, Dian. "The Imperiled Mountain Gorilla: A Grim Struggle for Survival", *National Geographic*, April 1981.

Freeman, Charles. *Crisis in Rwanda*. Austin, Tex.: Raintree Steck-Vaughn, 1999.

French, Howard W. *A Continent for the Taking: The Tragedy and Hope of Africa*. New York: Vintage, 2004.

George, Terry, ed. *Hotel Rwanda: Bringing the True Story of an African Hero to Film*. New York: Newmarket, 2005.

Gourevitch, Philip. *We Wish to Inform You That Tomorrow We Will Be Killed with Our Families: Stories from Rwanda*. New York: Farrar, Straus & Giroux, 1998.

Greenberg, Keith. *Rwanda: Fierce Clashes in Central Africa*. Woodbridge, Conn: Blackbirch, 1997.

Gribbin, Robert E. *In the Aftermath of Genocide: The U.S. Role in Rwanda*. New York: iUniverse, 2005.

Guillebaud, Meg. *Rwanda: The Land God Forgot*. London: Monarch, 2002.

Hatzfeld, Jean. *Life Laid Bare: The Survivors in Rwanda Speak*. New York: Farrar, Straus & Giroux, 2007.

Hatzfeld, Jean. *Machete Season: The Killers in Rwanda Speak*. New York: Farrar, Straus & Giroux, 2005.

Hayes, Harold T. P. *The Dark Romance of Dian Fossey*. New York: Simon & Schuster, 1990.

Heremans, Rogers. *Introduction á l'Histoire du Rwanda*. Kigali, Rwanda: Editions Rwandaises, 1973.

History Channel. *Rwanda: Do Scars Ever Fade?* 2004.

Hochschild, Adam. *King Leopold's Ghost: A Story of Greed, Terror and Heroism in Colonial Africa*. Boston: Houghton Mifflin, 1998.

Human Rights Watch. *Beyond the Rhetoric: Continuing Human Rights Abuse in Rwanda*. June 1993.

Human Rights Watch. *Genocide in Rwanda April—May 1994*. May 1994.

Human Rights Watch. *Rearming with Impunity: International Support for the Perpetrators of the Rwanda Genocide*. New York: Human Rights Watch Arms Project, 1995.

Human Rights Watch. *Rwanda: A New Catastrophe?* Dec. 1994.

Human Rights Watch. *Rwanda: Taking Peace and Waging War*. Feb. 27, 1992.

Human Rights Watch. "*There Will Be No Trial*": *Police Killings of Detainees and the Imposition of Collective Punishments*. July 2007.

Human Rights Watch. *Uprooting the Rural Poor in Rwanda*. May 2001.

Human Rights Watch Arms Project. *Arming Rwanda: The Arms Trade and Human Rights Abuses in the Rwanda War*. Jan. 1994.

Hyman, Lister. *U. S. Policy toward Liberia 1922 to 2003: Unexpected Consequences*. Cherry Hill, N. J.: African Homestead Legacy, 2005.

Ilibagiza, Immaculée. *Left to Tell: Discovering God amidst the Rwandan Holocaust*. Carlsbad, Calif.: Hay House, 2007.

International Committee of the Red Cross. *Cri d'alarme du CICR au Nom des Victims de la Tragédie Rwandaise*. Geneva: ICRC, 1994.

International Crisis Group. *Five Years after the Genocide in Rwanda: Justice in Question*. April 7, 1999.

International Crisis Group. *International Criminal Tribunal for Rwanda: Justice Delayed*. June, 2001.

International Crisis Group. *Uganda and Rwanda: Friends or Enemies*. May 4, 2000.

JAM International. *Voices of Rwanda*. Nairobi: Camerapix, 2003.

Jefremovas, Villa. *Brickyards to Graveyards: From Production to Genocide in Rwanda*. Albany: State University of New York, 2002.

Jennings, Christian. *Across the Red River*. London: Phoenix, 2001.

Jones, Bruce D. "Civil War, the Peace Process, and Genocide in Rwanda", Taisier M. Ali and Robert O. Matthews, eds. *Civil Wars in Africa: Roots and Resolution*. Montreal: McGill-Queen's University Press, 1999.

Jones, Bruce D. *Peacemaking in Rwanda: The Dynamics of Failure*. Boulder, Colo.: Lynne Rienner, 2004.

Kagame, Paul. *The Rwandese Patriotic Army Operation Code of Conduct*. Phototcopy, 1991.

Kamukama, Dixon. *Rwanda Conflict: Its Roots and Regional Implications*. Kampala, Uganda: Fountain, 1993.

Keane, Fergal. *Season of Blood: A Rwanda Journey*. London: Penguin, 1995.

Khan, Shaharyar M. *The Shallow Graves of Rwanda*. London: I. B. Tauris, 2006.

Kinghoffer, Arthur Jay. *The International Dimension of Genocide in Rwanda*. London: Macmillan, 1998.

Koff, Clea. *The Bone Woman: Among the Dead in Rwanda, Bosnia, Croatia and Kosovo*. London: Atlantic, 2004.

Kuperman, Alan J. *The Limits of Humanitarian Intervention: Genocide in Rwanda*. Washington, D.C.: Brookings, 2001.

Kutesa, Pecos. *Uganda's Revolution 1979 — 1986: How I Saw It*. Kampala, Uganda: Fountain, 2006.

Lawrence, Carl. *Rwanda: A Walk through Darkness... into Light*. Gresham, Ore.: Vision House, 1995.

Lebor, Adam. *"Complicity with Evil": The United Nations in the Age of Modern Genocide*. New Haven, Conn: Yale University, 2006.

Lemarchand, René. *Rwanda and Burundi*. London: Pall Mall, 1970.

Lemarchand, René. "Rwanda: The Rationality of Genocide", *Issue: A*

Journal of Opinion, 1995, Vol. 23(2).

Leonard, David K., and Scott Strauss. *Africa's Stalled Development: International Causes and Cures*. Boulder, Colo.: Lynne Rienner, 2003.

Linden, Ian, and Jane Linden. *Church and Revolution in Rwanda*. New York: Manchester University, 1977.

Madsden, Wayne. *Genocide and Covert Actions in Africa, 1993-1999*. New York: Edwin Mellen, 1999.

Mamdani, Mahmood. *When Victims Become Killers: Colonialism, Nativism and the Genocide in Rwanda*. Princeton, N. J.: Princeton University, 2001.

Maquet, Jacques J. *The Premise of Inequality in Rwanda: A Study of Political Relations in a Central African Kingdom*. Oxford, U. K.: International African Institute, 1961.

Marchal, Colonel Luc. *Rwanda, La Descente aux Enfers: Témoinage d'un Peacekeeper December 1993—Avril 1994*. Brussels: Labor, 2001.

McCullum, Hugh. *The Angels Have Left Us: The Rwanda Tragedy and the Churches*. Geneve: World Council of Churches, 2004.

McEvedy, Colin. *The Penguin Atlas of African History*. London: Penguin, 1995.

Melvern, Linda. *Conspiracy to Murder: The Rwandan Genocide*. London: Verso, 2004.

Melvern, Linda. *A People Betrayed: The Role of the West in Rwanda's Genocide*. London: Zed, 2000.

Misser, Franois. *Vers un Nouveau Rwanda? Entretiens avec Paul Kagame*. Brussels: Luc Pire, 1995.

Mowat, Farley. *Woman in the Mists: The Story of Dian Fossey and the Mountain Gorillas of Africa*. New York: Warner, 1987.

Mujawiyera, Eugenie. *The Rwanda Tutsis: A Tutsi Woman's Accout of Hidden Causes of the Rwandan Tragedy*. London: Adonis & Abbey, 2006.

Musayidire, Eugénie. *Mein Stein Spricht: Texte der Trauer, der Verzweiflung, des Zorns, der Anklage und des Protests über die Ermording Meiner Mutter Während des Völkermords in Rwanda, 1994*. Bad Honnef, Germany: Horlemann, 1999.

Museveni, Yoweri. *Sowing the Mustard Seed: The Struggle for Freedom and Democracy in Uganda*. London: Macmillan, 1997.

Mushikiwabo, Louise, and Jack Kramer. *Rwanda Means the Universe: A Native's Memoir of Blood and Bloodlines*. New York: St. Martin's, 2006.

National Curriculum Development Centre. *A Guide to Civic Education: Life Skills for Rwandan Primary Schools*. Kigali, Rwanda: National Curriculum Development Centre, 2004.

Neuffer, Elizabeth. *The Key to My Neighbor's House: Seeking Justice in Bosnia and Rwanda*. New York: Picador, 2001.

Neumann, Hildegard. *Kennen Sie Ruanda? Das Vergessene Paradies im Herzen von Afrika*. Munich: Sebstverlag, 1978.

Newbury, Catherine M. *The Cohesion of Oppression: Clientship and Ethnicity in Rwanda 1860—1960*. New York: Columbia University, 1988.

Njera, Frank, et al., "War and Mental Disorders in Rwanda", *World Psychiatry*, Feb. 2006, Vol. 5(1).

Nyrop, Richard F., et al., *Rwanda: A Country Study*. Washingtion, D. C.: U. S. Government Printing Office, 1982.

Odom, Thomas P. *Journey into Darkness: Genocide in Rwanda*. College Station: Texas A & M University Press, 2005.

Off, Carol. *The Lion, the Fox and the Eagle: A Story of Generals and Justice in Rwanda and Yugoslavia*. Toronto: Random House Canada, 2000.

Omaar, Rakiya. *Rwanda: Death, Despair and Defiance*. London: African Rights, 1995.

Orth, Rick. "Rwanda's Hutu Extremist Genocidal Insurgency: An Eyewitness Perspective", *Small Wars and Insurgencies*, Spring 2001, Vol. 12(1).

PBS. "Ghosts of Rwanda", *Frontline*, 2004.

Péan, Pierre. *Noires Fureurs, Blancs Menteurs: Rwanda, 1990—1994*. Paris: Mille et Une Nuits, 2005.

Peterson, Scott. *Me against My Brother: At War in Somalia, Sudan and Rwanda*. London: Routledge, 2000.

Phillips, Tom, ed. *Africa: The Art of a Continent*. London: Prestel, 1999.

Pierce, Julian R. *Speak Rwanda*. New York: Picador, 1999.

Pottier, Johan. *Re-Imagining Rwanda: Conflict, Survival and Disinformation in the Late Twentieth Century*. Cambridge, England: Cambridge University, 2002.

Power, Samantha. *"A Problem from Hell": America and the Age of Genocide*. New York: Basic Books, 2002.

Pro Mundi Vita. *Ruanda: Strength and Weakness of the Christian Centre of Africa*. Brussels: Pro Mundi Vita, 1963.

Prunier, Gérard. *The Rwanda Crisis: History of a Genocide*. New York: Columbia University, 1995.

Rakita, Sara, ed. *Countries at the Crossroads 2006*. New York: Freedom House, 2005.

Raymont, Peter, dir. *Shake Hands with the Devil: The Journey of Roméo Dallaire*. White Pine Pictures, 2004.

Reader, John. *Africa: A Biography of the Continent*. New York: Alfred A. Knopf, 1998.

Reed, William Cyrus. "Exile, Reform and the Rise of the Rwandan Patriotic Front", *Journal of Modern African Studies*, 1996 Vol. 34(3).

Republic of Rwanda. *2020 Vision*. Kigali, Rwanda: Ministry of Finance and Economic Planning, 2002.

Republic of Rwanda. National Curriculum Development Centre. *A Guide to Civic Education: Life Skills for Rwandan Primary Schools*. Kigali, Rwanda:

NCDC, 2004.

Reyntjens, Filip. *Again at the Crossroads: Rwanda and Burundi, 2000—2001*. Uppsala, Sweden: Nordic Africa Institute, 2001.

Richards, Audrey. *Economic Development and Tribal Change*. Cambridge, Mass.: EAISR, 1954.

Rieff, David. *A Bed for the Night: Humanitarianism in Crisis*. New York: Simon & Schuster, 2002.

Rittner, Carol, et al., eds. *Genocide in Rwanda: Complicity of the Churches?* St. Paul, Minn.: Paragon House, 2004.

Robert, Jack. *The Importance of Dian Fossey*. San Diego: Lucent, 1995.

Rucyahana, John, with James Riordan. *Bishop of Rwanda: Finding Forgiveness amidst a Pile of Bones*. Nashville: Thomas Nelson, 2007.

Rusesabagina, Paul, with Tom Zoellner. *An Ordinary Man: The True Story behind "Hotel Rwanda"*. London: Bloomsbury, 2006.

Sachs, Jeffrey D. *The End of Poverty: Economic Possibilities for Our Time*. New York: Penguin, 2005.

Schürings, Hildegard, ed. *Ein Volk Verlässt sein Land: Krieg und Völkermord in Ruanda*. Cologne, Germany: ISP, 1994.

Semujanga, Josias. *Origins of the Rwandan Genocide*. Amherst, N.Y.: Humanity, 2003.

Shawcross, William. *Deliver Us from Evil: Peacekeepers, Warlords and a World of Endless Conflict*. New York: Simon & Schuster, 2000.

Shyaka, Anastase. *Conflits en Afrique des Grand Lacs et Esquisse de leur Résolution*. Warsaw: Dialog, 2003.

Shyaka, Anastase. *The Rwandan Conflict: Origin, Development, Exit Strategies*. Kigali, Rwanda: National Unity and Reconciliation Commission, 2005.

Sibomana, André. *Hope for Rwanda: Conversations with Laure Guibert and Hervé Deguine*. London: Pluto, 1999.

Snyder, C. Albert. *On a Hill Far Away: Journal of a Missionary Doctor in Rwanda*. Indianapolis, Ind.: Light and Life, 1999.

Stassen, Jean-Philippe. *Deogratias: A Tale of Rwanda*. New York: First Sceond, 2006.

Strauss, Scott. *The Order of Genocide: Race, Power, and War in Rwanda*. Ithaca, N. Y.: Cornell University, 2006.

Tadjo, Veronique. *The Shadow of Imana: Reflections on the Rwandan Genocide*. London: Adonis & Abbey, 2006.

Temple-Raston, Dina. *Justice on the Grass: Three Rwandan Journalists, Their Trial for War Crimes, and a Nation's Quest for Redemption*. New York: Free Press, 2005.

United Nations. *Comprehensive Report on Lessons Learned from United Nations Assistance Mission for Rwanda (UNAMIR), October 1993 — April 1996*. Dec. 1996.

United Nations. *Final Report of the Commission of Experts Established Pursuant to Security Council Resolution 935*. Dec. 9, 1994.

United Nations. *Interim Report of the Commission of Experts Established in Accordance with Security Council Resolution 935*. Oct. 4, 1994.

United Nations. *Report of the Independent Inquiry into the Actions of the United Nations during the 1994 Genocide in Rwand*. Dec. 15, 1999.

United Nations Development Program. *Turning Vision 2020 into Reality: From Recovery to Sustainable Human Development*. New York: UNDP, 2007.

United Nations Security Council. *Final Report of the Panel of Experts on the Illegal Exploitation of Natural Resources and Other Forms of Wealth in the Democratic Republic of the Congo*. New York: UNSC, 2002.

U. S. Committee for Refugees. *Exile from Rwanda: Background to an Invasion*. Washington, D. C.: U. S. Committee for Refugees, 1991.

U. S. Department of Defense and Department of State. *Congressional*

Presentation for Security Assistance Programs, Fiscal Year 1993. Washington, D. C.: U. S. Government Printing Office, 1993.

U. S. Department of State. *Briefing*. Washington, D. C.: Federal News Service, 1994.

Uvin, Peter. *Aiding Violence: The Development Enterprise in Rwanda*. West Hartford, Conn.: Kumarian, 1998.

Uvin, Peter. *Human Rights and Development*. West Hartford, Conn.: Kumarian, 2005.

Uvin, Peter. *The Introduction of a Modernized Gacaca for Judging Suspects of Participation in the Genocide and the Massacres of 1994 in Rwanda: A Discussion Paper*. Brussels: Belgian Secretary of State for Development Cooperation, 2000.

Van der Meeren, Rachel. "Three Decades in Exile: Rwandan Refugees 1960—1990", *Journal of Refugee Studies*, 1996, Vol. 9(3).

Vanderweff, Corrine. *Kill The Neighbor: One Man's Incredible Story of Loss and Deliverance in Rwanda*. Boise, Idaho: Pacific, 1996.

Vansina, Jan. *Antecedents to Modern Rwanda: The Nyiginya Kingdom*. Madison: University of Wisconsin, 2004.

Waller, David. *Rwanda: Which Way Now?* Oxford, U. K.: Oxfam, 1997.

Wallis, Andrew. *Silent Accomplice: The Untold Story of France's Role in the Rwandan Genocide*. London: I. B. Tauris, 2006.

Watson, Catharine. "War and Waiting", *Africa Report*, Nov. — Dec. 1992.

Waugh, Colin M. *Paul Kagame and Rwanda: Power, Genocide and the Rwandan Patriotic Front*. Jefferson, N. C.: McFarland, 2004.

Weber, Bill, and Amy Vedder. *In the Kingdom of Gorillas: Fragile Species in a Dangerous Land*. New York: Simon & Schuster, 2001.